法 律 实 证 研 究 丛 书

Empirical Research of Law and Litigation

总主编 宋英辉

雷小政 /著

法律生长
与实证研究

The Growth of Law and
Empirical Research

北京大学出版社
PEKING UNIVERSITY PRESS

图书在版编目(CIP)数据

法律生长与实证研究/雷小政著. —北京:北京大学出版社,2009.8
(法律实证研究丛书)
ISBN 978 - 7 - 301 - 15662 - 9

Ⅰ. 法… Ⅱ. 雷… Ⅲ. 法律 - 研究方法 Ⅳ. D90 - 3

中国版本图书馆 CIP 数据核字(2009)第 145652 号

书　　　名:法律生长与实证研究
著作责任者:雷小政　著
责 任 编 辑:刘雪飞　孙战营
标 准 书 号:ISBN 978 - 7 - 301 - 15662 - 9/D·2390
出 版 发 行:北京大学出版社
地　　　址:北京市海淀区成府路 205 号　　100871
网　　　址:http://www. pup. cn　电子邮箱:law@ pup. pku. edu. cn
电　　　话:邮购部 62752015　发行部 62750672　编辑部 62752027
　　　　　　出版部 62754962
印 　刷　 者:北京山润国际印务有限公司
经 　销　 者:新华书店
　　　　　　650 毫米×980 毫米　16 开本　18 印张　293 千字
　　　　　　2009 年 8 月第 1 版　2009 年 8 月第 1 次印刷
定　　　价:33.00 元

内容摘要

在日常生活中,对于多数人而言,传统、权威、宗教和权力等因素依旧是主要的知识来源。神话、迷信、未经证实的信念与预感等方式也可能带来某种可靠的确定感,产生可怕的行为动力。经常怀疑周围"常识、常情、常理"的人可能被看做"神经病"。令人伤心的是,在我们周围,一些信誓旦旦、言之凿凿的法律"学说"、"观点"、"论点"等——有的甚至披上"定理"、"公理"、"定律"的华丽外衣——经过实证研究发现,它们实际上只是"半生不熟"的研究假设,或者"一吹就破"的学术泡沫。它们未经过长期的司法实践的检测,就被"赶鸭子上架",不仅解释力差,而且践行力也差。通过实证研究证明周围知识的真假、善恶,或者建构新的关于真、关于善的知识,这是人类反思传统"思辨研究"和"炉边归纳"的结果。它并不是包治百病的灵丹妙药,但堪称"方法论上的一次革命性突破"。它并不是十全十美的灵通宝玉,但堪称"制度建设中最重要的工具之一"。当然,与自然科学以及社会学、人类学、民族学等社会科学相比,法律领域的实证研究起步较晚,但具有特殊的方法体系和运行特征。

本书分章梳理法律实证研究的基本范畴、基本方法,总结国内外一系列研究项目的成败得失,进而专项论证:进行科学、合理的法律实证研究,需要制定科学的规划设计、选择合适的研究方式、进行定性与定量的资料分析、把握研究中的伦理责任和风险管理、保障评估的有效性并确立可持续的推广计划等。其中,法学家和司法精英的贡献必不可少。一方水土养一方人。在中国经济开放、政治民主、民族优抚等过程中,进行实证研究并推动改革,积累了许多经验和教训。但是,以实证研究方法变革中国法学研究范式,优化中国法律变革道路,中国学术界和司法实务部门对此还比较陌生。缺乏实证精神是中国法律现代化中最大的拦路虎。本书预测,法律实证研究在中国的时代即将到来。法律实证研究,有利于当代中国通过"更少的法律",实现"更多的秩序"。当然,法律实证研究必须结合当前转型社会的制度需求、社会语境、研究基础和学力储备等因素进行有序安排,既不可固步自封,也不可盲目飞行。

序

在现代社会中,要实现一良善的法律秩序,不仅需要国家权威的扶持、社会基础的支撑,来自法学理论的指引也不可或缺。在小政的《法律生长与实证研究》中,其预设的逻辑基础是,随着社会发展的多元化、复杂化,每一种法学理论"只具有部分和有限的真理";任何人都不可能根据某个单一的、绝对的因素或原因去创造或解释法律制度。在方法论上,相互之间如果不进行借鉴、吸收,或者综合改造,就很难建构理想的"法律大厦"。对此,博登海默有一经典的描述:"法律是一个带有许多大厅、房间、凹角、拐角的大厦,在同一时间里想用一盏探照灯照亮每一间房间、凹角和拐角是极为困难的。尤其当技术知识和经验受到局限的情况下,照明系不适当或至少不完备时,情形就更是如此了。"①

法律生长的方向如何?在比较自然法学、历史法学、分析法学等法学理论的基础上,本书主张法社会学的"超越"之处在于,注重社会的利益诉求、法律的实用性以及社会效果等,深化了法治主义中的实证研究倾向,促进了法学研究方法的深刻变革。实际上,20世纪中叶以来,中外许多法学家在著作中纷纷引入社会学的研究方法来解决法律问题。庞德的话精妙地概括了其中的危机感和必要性:"生活在法律的气氛中而不顾全全部尘世间和人的因素的法律修道士,不可能将实际的原则恰当地适用到有血有肉和变动不居的社会。"②

在反思传统法制变革的基础上,本书倡导法律实证研究,旨在要求法律人应以经验和观察,而非思辨和推理为基础去分析社会事实和法律现

---

① 〔美〕博登海默:《法理学——法律哲学及法律方法》,邓正来译,中国政法大学出版社1999年版,第198页。

② 〔德〕K.茨威格特、H.克茨,《比较法总论》,潘汉典等译,贵州人民出版社1992年版,第439页。

象。强调定性研究和定量研究相结合的法律实证方法是迄今为止实现法治主义实证性、本土化的最优选择。为此,本书比较了国内外一系列法律实证研究项目范本,着力阐释、论证了实证研究对于法律的健康、有序生长具有独特价值,而且路径通达。

从 2004 年以来,在我主持或参与的一系列课题中,譬如刑事和解制度研究、刑事强制措施研究、我国证据制度的理论与实践问题、职务犯罪侦查中强制措施的立法完善、恢复性司法与中国刑事诉讼法改革、保释和中国强制措施制度改革、中国司法制度的基础理论问题研究等,都强调通过实证研究方法获取研究结论。小政作为我指导的硕士研究生、博士研究生,积极参与了上述法律实证研究项目。他勤奋好学,在课题具体实施方面接触了很多一手的、直接的研究素材。本书通过描述法律实证研究在中国的"本土化运动",试图告诉大家,任何促进中国法治的努力都必须与中国的现实国情相适应,否则可能造成"错爱皮毛当骨髓"、"种植柑橘收获枳橘"的尴尬。

小政在其博士论文《刑事诉讼法学方法论》中倡导刑事诉讼法学研究方法的系统转型,主张结合社会学、经济学、民族学、宗教学等强化刑事诉讼法实证研究。实证研究刑事诉讼法的权威性、民族性、宗教性、阶层性和社区性等因素,不仅有利于增进刑事诉讼法的科学性,而且有利于实现刑事诉讼法的本土化。《法律生长与实证研究》是他继《刑事诉讼法学方法论》之后的又一力作。

本书的特色在于:

一、体现多元视角。本书总结了社会学、人类学等领域相对成熟的实证研究方法,在比较的基础上突出法律实证研究的特殊性。其不仅关注刑事法律、行政法律、诉讼法律等公法、强制法领域的实证研究,而且对民商法等私法领域的实证研究也多有涉猎。

二、突出中国问题。本书较为全面,系统分析了法律实证研究的规划设计、研究方式、资料分析、伦理责任、风险管理、评估和推广、法律人贡献等。这些理论分析的落脚点,均在中国当前转型社会的法治问题上,不乏对中国问题的忧虑意识和对未来"和谐"的憧憬。

三、强调切身体验。本书总结了许多切身的知识体验,辅之以形象的个案、生动的语言,颇有趣意。

四、坚持学术指向。实证研究确实费时、费力,而且结果不可预料。通过实证研究做学问需要考验一个人的责任感和公益心。本书在行文中不乏对学术规范的推崇、对"伪实证主义"的批判。依据伦理责任,本书对"伪实证主义"所衍生的"走马观花"、"弹冠相庆"、"弄虚作假"等现象进行了认真反思。

实证研究在中国法学研究中还处于"非主流"状态。它还有很漫长的路要走。在《法律生长与实证研究》出版之际,借拉德·布鲁赫的话共勉:"法律犹如航船,虽由引航者引导出航,但在海上则由船长指挥,循其航线而行驶,应不受领航者支配,否则将无以应付惊涛骇浪,风云变幻也!"①

宋英辉

2009 年 7 月

---

① 转引自王泽鉴:《民法实例研习·基础理论》,中国政法大学出版社 1997 年版,第 129 页。

目　　录

引言 法律实证研究的知识体验

一、究竟什么是知识，知识来源于何处

究竟什么是知识，知识来源于何处？我们经常会萌发这样的疑问。从小到大，我们发现知识伴随我们左右，知识的传播也无处不在。从稚嫩的咿呀学语，到长年的学校教育，再到繁杂的职业事务，我们都在不断进行知识的输入或输出。许多知识，之所以被我们接受并认为是正确的、有益的，往往是源自传统、权威等因素的作用。

不难发现，许多低年级的小学生都相信——"地球是圆的"。当你询问他"为什么地球是圆的"，他们可能这么回答：这是书本上白纸黑字写的；这是老师教我们的；大家都这么说啊；这是我爸爸或妈妈说的……"书本"、"老师"、"大家"、"爸爸妈妈"等传统、权威因素是小学生获得知识的重要来源。（参见图引言-1）当你将确凿的证据摆在他面前：一本更加权威的书上写着"地球是椭圆形的"，或者许多科学家运用物理学、地理学、天体学等证明"地球是椭圆形的"过程，或者用"神七"载人飞行中拍摄的地球照片直接给他看……可以预见，你将看到他困惑的眼神，甚至挠挠脑袋、吐吐舌头。

之所以会这样，根据心理学、人类学等研究，儿童处于认知结构的非自主阶段，服从传统、权威等因素是其天性，符合道德判断能力的发展轨迹；而且，他们可以藉此获得因"顺从、可爱"的奖赏（如"好孩子"的赞扬）、逃避因"叛逆、古怪"的惩罚（如"坏孩子"的贬损）。①

实际上，我们接触的大多数知识，是源自传统、权威等因素的作用。即使在理性、规范的学术研究中，不难发现，许多研究结论经常引用"名人

---

① 杨国枢等：《华人本土心理学》，重庆大学出版社 2008 年版，第 398 页。

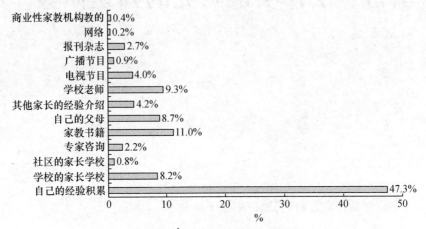

图引言-1 未成年人的知识来源

全国妇联 2007 年"全国未成年人家庭教育状况抽样调查"课题,调查区域涉及 10 个省(自治区、直辖市)的 28 个市(区、县),收回有效答卷 11529 份。据统计,未成年人的知识来源,按顺序排列在前五位的是:自己经验的积累、家教书籍、学校老师、自己的父母和家长学校。

名言"的知识理性来强化或论证自己。当发现一解释力强而具有较大"普适度"的理论时,许多学者可能表现出那种"欣喜若狂"的情感。在法理学界,人们津津乐道的一个事例是,陈爱娥博士在将当代法学方法论大师卡尔·拉伦茨的《法学方法论》翻译成中文版时,引用了莎士比亚的一句诗——我们历尽了千辛万苦,终于在乱麻中采获了这朵鲜花——描述她在翻译时的喜乐。① 在庄严、复杂的法律变革中,依据传统、权威等因素,往往可以增添"底气"。当引进一项新制度时,来自传统与权威的因素往往成为论证正当性的依据之一。中国检察制度的接生人——沈家本、伍廷芳等在阐述确立检察体制的立法缘由时,为减少旧有势力和习俗的阻力,采用的是托古改制的上奏策略:"远师法德,近仿东瀛,其官称则参以中国之旧制,亦既斟酌中外得所折中。查推官之名肇自有唐,相传甚古,然历代皆属外僚,不系京职。考宋时大理有左右推事之称。拟改推官为推事。司直官称,亦缘古制,惟名义近于台谏,拟改总司直为总检察厅丞;改司直为检察官。"②在分析华人社会中人的一般行为取向时,杨国枢先生分析了四类主要的特征或内涵,即家族取向、关系取向、权威取向和

---

① 〔德〕卡尔·拉伦茨:《法学方法论》,陈爱娥译,商务印书馆 2003 年版,序言。
② 北京市地方志编撰委员会:《北京志 政法卷 检察志》,北京出版社 2007 年版,第 2 页。

他人取向。他认为："家族团体、人际关系(角色关系)、社会权威及一般他人四者,构成中国人之生活圈中的主要社会环境与网络,社会取向就是个人融入这种社会环境或网络,庶几乎与之合而为一的一套生活方式。"①其中,家族内的权威往往外化,促成华人对于权威的天然警觉与敏感,对权威不加怀疑的崇拜习惯,以及一种挥之不去的对权威的依赖感。服从权威作为一种自我呈现的方式,往往能够接近家族或社会的资源占有与控制。

　　除了传统、权威的因素之外,权力、宗教等因素也是重要的知识"源"。在一定的历史条件下,这些因素之间可能互相组合、交替出现,影响知识的传播。在国家与国家之间,或在一国内部,我们发现,经常会有一些部门或机构依托军事力量或政治权力强制推行一些被标签为"先进"或"优越"的文化模式、知识体系。前者的例证常见于殖民主义时代,"西方中心主义"论是其典型。在当前经济全球化的背景下,这种类型知识的输出也未消隐,在局部地区甚至十分强盛。至于后者,在当前世界各国内部更是"家常便饭"。奉行"自上而下的知识生产"模式,往往成为一国实现文化政策、履行教育功能的一种重要方法。我们也经常向"灵魂深处"探寻知识的来源,而且这些认识往往被赋予先验性、确凿性的属性。大法官吴经熊在《法律哲学》中描述中国人的心智结构时,其对"地方性知识"和"宗教性本源"的推崇深入"骨髓"。他指出:"我们既非向东,亦非向西,而是向内;因为在我们的灵魂深处,藏蕴着神圣的本体(Divine Essence),那是我们真正的家园……我们的精神生命是一个不息的旅程,开始于当下,而在天国找到完满的善终。"②法律在大法官吴经熊的心目中具有信仰的价值和地位,来自宗教情结的感染和浸润不容忽视。美国学者伯尔曼对法律与宗教关系的考证享誉世界。他指出,西方法律浸渍了基督教的影响,基督教所具有的仪式、传统、权威和普遍性的特征,在法律的制度和价值层面同样存在。"西方法律体系的基本制度、概念和价值都有其11、12世纪的宗教仪式、圣礼以及学说方面的渊源……西方法律科学是一种世俗的神学。"③

----

① 杨国枢等:《华人本土心理学》,重庆大学出版社2008年版,第195页。
② 吴经熊:《法律哲学研究》,清华大学出版社2005年版,第11页。
③ 参见〔美〕伯尔曼:《法律与革命》,贺卫方等译,中国大百科全书出版社1993年版,第200—201页。

但是,真理与谬误往往同行。坦诚地说,许多知识,我们只能含糊其辞地、自以为是地,甚至是似是而非地"清楚"着,如果真正较真,我们可能谁也说不清楚。奥古斯丁描述了存在于人类心智结构中的这样一种普遍感受:"没有人问我,我倒清楚,有人问我,我想说明,便茫然不解了。"①只是在人类生活和社会秩序中,我们往往不愿意那么较真。而且,一些"潜(下)意识"领域也被证明是不可观察、量化的,但是依然支配着知识的传播。作为普通人,我们生活在常识的世界。马克斯·韦伯形象地将人类认识社会事实的一般性习惯描述为两种梦魇般的方式:一种"材料狩猎神"方式,对事实的欲壑只希冀通过档案材料、统计巨册和调查表格予以填满,对于新观念的精致毫无感觉;另一种是"意义狩猎神"方式:由于总是贪餍新观念的精美,而忽视通俗而有效的观察和表达,进而败坏了对于事实的鉴赏力。② 这致使许多人痛苦:要么在社会事实的性质判断上授人以柄,要么在社会事实上的数量描述上谬误不断……

深层次的问题在于,即使是"常识",也隐蕴着风险:许多曾经获得正统性地位的常识被证明是可怕的谬论。意大利自然科学家伽利略主持的"比萨斜塔实验"就证明了"重的物体比轻的物体下落得快"(亚里士多德语)这一主宰人们上千年的常识属于谬误。在概念主义法学理论中,他们对立法者的知识理性,尤其是逻辑能力和思辨能力,进行了浪漫主义的建构,信奉立法者能设计出一部部完美无瑕、经世不衰的"法典"。历史证明,正如拿破仑帝国的悲壮谢幕一样,超越社会条件和人性基础的"概念帝国"多有"乌托邦"成分。③

传统、权威、宗教、权力等知识"源"的知识输出可能被证立或证伪。人的逻辑能力和思辨能力被事实证明不仅不是万能的,反而经常漏洞百出。实证研究,本质上是一种方法论,是一种通过体验式经验获取知识的途径。它要求对我们通常接受为真、为善的知识进行检验,证明它是真是假,是善是恶;进一步,在证伪的情形下,还可根据经验和方法论建构一种

　　① 〔古罗马〕奥古斯丁:《忏悔录》,周士良译,商务印书馆 1994 年版,第 87 页。
　　② 〔德〕马克斯·韦伯:《社会科学方法论》,韩水法、莫茜译,中央编译出版社 1999 年版,第 60 页。
　　③ 实际上,《拿破仑法典》并不是这种法典最突出的典型。这种并不光彩的荣誉落在一七九四年腓特烈大帝颁布的《普鲁士民法典》头上。这部法典包含了大约一万六千条条文,对各种特殊的"事实状态"的调整都作了明确规定。〔美〕约翰·亨利·梅利曼:《大陆法系——西欧拉丁美洲法律制度介绍》,顾培东、禄正平译,知识出版社 1984 年版,第 33 页。

属于真、属于善的知识模式。在各个知识领域,均不乏通过实证研究及其经验式体验证立或证伪的实例。

释迦牟尼心向佛学的故事不无实证色彩。根据佛教经典,释迦牟尼,本姓乔达摩,名悉达多,是古印度一王国的王子。他从王宫直接出家——走向研修佛学的道路,就与其社会观察有关。悉达多少年一直在王宫过着无忧无虑的生活。但当他有次走出王宫,遇见了三个人之后,便陷入了沉重的思考:第一个人骨瘦如柴,衣衫褴褛,靠在一堵墙上,向过往的行人嘶声乞讨;第二个人是个驼背,白发如霜,皮肤被晒得黑黝黝的,上面的皱纹密密麻麻,在地上艰难地爬行着;第三个人躺在地上,好像在睡觉,但是两眼瞪圆,直勾勾地,四肢僵硬硬的,生命之火明显熄灭了。问过辅导教师之后,悉达多才知道自己所遇见的“人”分别称谓“乞丐”、“病人”和“尸体”。回到王宫,他一人独处,默默思考,顿时忧心忡忡。原来,他发现了贫困、疾病和死亡这三大人世悲苦。相形之下,释迦牟尼感受到了宫廷生活的傲慢、奢侈和无趣。于是,他决定与世无争,进入佛门研习入世、出世之道。①

如果说释迦牟尼的“实证研究”多有偶发性因素,那么,在自然科学中多数实证研究却是另外一番模样——很多自然科学研究成果来自长期、枯燥、反复的“实验室”式的操作。譬如,“1605 农药”,其名称的由来就是其最终研制成功之前经历了 1605 次实验。与释迦牟尼的“猎奇出宫”、一路保安措施相比,我们惊奇地发现,许多成果斐然的自然科学家却有着“玩命”式的经历或者体验:富兰克林差点被电死、居里和居里夫人差点被辐射死、李时珍差点被毒死、达尔文差点被咬死、拉瓦锡差点吸纯氧而死等。令人扼腕的还有“猩猩之母”的悲痛故事。美国科学家戴安·弗西(1932—1985 年)全身心热爱非洲猩猩的自然研究和法律保护。为此,她在非洲针对猩猩进行了长期的“蹲点”观察研究,她在其专著《薄雾中的大猩猩》中写道:“我和‘贝特叔叔’有着美妙的接触。它是个天使,带着全队跨过陡峭的悬崖来到我这边,蒂吉特最后过来,它慢悠悠的样子看上去好像并不是很乐意,不过它最终还是来到我身边,温柔地抚摸我的头发……我真的希望自己能够给予它们什么作为回报。”因为对猩猩的实证研究和法律保护计划得罪了保守主义者和既得利益集团,1985 年

---

① 参见“宗教故事”,http://www.hbsz.cn/tushu/77/kwdw/ts077055.pdf;最后访问日期 2008 年 11 月 18 日。

年底弗西被残忍地杀害于丛林小屋。她的墓志铭是:没有谁像她那样热爱大猩猩。在这些"玩命"式的经历或者体验背后,其实隐藏了一个基本命题:科学理论需要实证研究,知识中的精华往往隐蕴在危险当中。中国的一句俗语概括了其中的成本与收益关系——不入虎穴,焉得虎子!1845—1847 年,风华正茂的美国超验主义作家梭罗,单身只影,拿了一柄斧头跑进了无人居住的瓦尔登湖边的山林中隐居。通过《瓦尔登湖》,他不仅为我们勾勒了一幅世外桃源的仙境,而且告诉了我们:原汁原味在于自然,原汁原味在于体验。他特别提起了谁能吃到真正的水果——"当夕阳西沉时,到美港山上,大嚼其越橘和浆果,再把它们捡拾起来,以备几天内的食用。水果可是不肯把它的色、香、味给购买它的人去享受的。要享受那种色、香、味只有一个办法,然而很少人采用这个办法。如果你要知道越橘的色、香、味,你得请问牧童和鹧鸪。从来不采越橘的人,以为已经尝全了它的色、香、味,这是一个庸俗的谬见。从来没有一只越橘到过波士顿,他们虽然在波士顿的三座山上长满了,却从没有进过城。水果的美味和它那本质的部分,在装上了车子运往市场去的时候,跟它的鲜丽一起给磨损了,它变成了仅仅是食品。只要永恒的正义还在统治宇宙,没有一只真正的越橘能够从城外的山上运到城里来的"。

在社会学科中,许多传世之作也直接来源于实证研究。与上述自然科学中惊心动魄的实证研究相比,一些社会科学的实证研究则是纯属意外,甚至有些"迫不得已"。譬如,英国著名人类社会学家马林诺夫斯基,在 1914 年至 1918 年之间对新几内亚东面"特罗布里恩德群岛"土著人的观察研究。1914 年,马林诺夫斯基参与一考察澳大利亚的项目,结果,第一次世界大战爆发,他回国不能,只能滞留澳大利亚和新几内亚。于是,他就在特罗布里恩德群岛从事土著人实地研究。他自己也像土著人一样生活,观察他们的日常生活和工作。在此基础上撰写成了《西太平洋的航海者》、《原始人的犯罪与习俗》等经典的实证研究著作。(参见图引言-2)①不过,凡是实证研究都有其类似的伦理规则——其中最为核心的是坚持科学精神。在社会科学的实证研究中,来自社会条件和人性基础等的制约比起自然科学更为明显。在中华民国时期,严景耀为进行犯罪学研究,进入北京京师第一监狱做一名"志愿犯人"。他为亲尝铁窗滋

---

① 　参见〔英〕马林诺斯基:《西太平洋的航海者》,梁永佳、李绍明译,华夏出版社 2002 年版;〔英〕马林诺夫斯基:《原始社会的犯罪与习俗》,原江译,法律出版社 2007 年版。

味,和犯人同吃、同住、同生活三个月。严景耀以诚挚、热情的态度以及实事求是的精神,使犯人受到极大的感动和教育,赢得其尊敬和信任——犯人像对亲人一样对严景耀吐露心里话;有些犯人甚至放声痛哭,申诉衷情。自 1928 年至 1931 年,严景耀结合"蹲点"实证研究和大量个案调查,在燕大社会学系出版的《社会学界》发表了"北京犯罪之社会分析"、"中国监狱问题"、"犯罪学书目"、"北平犯罪调查"、"北平监狱教诲及教育"、"刑罚概论"、"犯罪概论"等实证研究论文,影响深远。

图引言-2　马林诺夫斯基的调查研究

马林诺夫斯基(Bronislaw Malinowski,1884—1942)正在进行调查研究。他建构以客观民族志记载田野调查研究成果的方式,并开创最早的社会人类学课程,故有人称他为"民族志之父"。

在自然科学以及社会学、人类学等社会科学领域,科学方法论和交叉学科正在发挥越来越重要的作用,促进实证研究在获取、传播知识领域的功能。但是,通过实证研究获取知识也遭遇很多挑战。实证研究需要人来进行,而且运行在社会中。这导致实证研究的"二重风险":

第一,知识的复杂性。根据野中郁次郎(Nonaka)论述,知识与背景、与信息相关;除了可以通过阅读材料或教材,参加会议和查询数据库获得显性知识(Explicit Knowledge),我们的生活充斥着大量隐性知识(Tacit Knowledge):它们与行动相关,难以量化和信息化,往往难以直接获得,即使获得也不能言传。①

第二,方法的可欲性。实证研究似乎想实现"授人以鱼,不如授人以渔"的理想。获得前者仅供一饭之需,学会后者则终身受用无穷。实际上,方法内部存在自然科学、社会科学之间的差异;方法在不同学科之间也有深浅不一的界限。科学作为一种思考研究的方法是可欲的,但最好想象它不是存在于书本当中,或者机械技术当中,或者内含在数字当中;而是存在于无形的心智结构中。② 这对将科学盲目等同书本、机械技术、数字的人来说,是一种沉重的打击。

在获取和传播知识上,实证研究有许多有力的竞争者。在日常意义上,对于许多人而言,神话、迷信、未经证实的信念与预感等方式也能带来可靠的确定感,产生可怕的行为动力。大部分的人类沟通发生在小团体的人们中间,他们比较认同现成的、相互共识的经验和认识。这在一定地域和时间条件下,根据"多数人的选择",传统、权威、宗教和权力等因素依旧是我们主要的知识"源"。只有科学家们和少数对真、对善有着偏好的人,才"光荣而艰巨"地肩负这样一种使命——通过实证研究证明周围知识的真假、善恶,或者建构新的关于真、关于善的知识。

二、为什么要对法律进行实证研究

当你问及一个法学院的学生,"为什么说法律面前人人平等是民主社会的一个核心特征",我想,不少学生也会这么回答,"这是任何一本法理书都说到过的","这可是某某总统或教授的经典表述","这不是常识吗",或者很自主而模糊地告诉你,"我觉得大概或应该是这样的"。往往很少人会较真:这究竟是一个应然命题,还是一个实然命题;一旦真的做到人人平等,社会真是处于民主状态,还是已乱成一锅粥?

来自法律的困惑,与上述关于知识的疑问是一致的。法律实证研究首先是对传统法学思辨研究的反思与补充。很多法学理论以及立法、司法建言被提炼出来,往往是源自传统、权威、宗教以及权力等因素。(参见图引言-3)在自然科学家面前,许多法学家和立法者虽然常表现得异常激

---

① 〔日〕野中郁次郎、竹内弘高:《创造知识的企业——日美企业持续创新的动力》,李萌、高飞译,知识产权出版社 2006 年版,序言。

② 〔美〕Kenneth Hoover,Todd Donovan:《社会科学方法论的思维》,张家麟译,刘佩怡校,韦伯文化事业出版社 2001 年版,第 4 页。

昂、坚定,但在实证研究面前,他们往往会神态"发蔫"或感到心虚:一些信誓旦旦的法学理论——"学说"、"观点"、"论点"等,有的甚至披上"定理"、"公理"、"定律"的华丽外衣——经过实证研究发现它们实际上具有较差的确定性和普适度;许多言之凿凿的研究结论实际上属于"半生不熟"的研究假设,未经过长期的司法实践的检测,就被"赶鸭子上架"——不仅解释力气差、践行力也差。

图引言-3　江平教授所题"法治天下"石碑

法治天下,实质是指用法治的精神真正体现到我们的宪法中,能够贯彻在我们的行动中,能够实施在我们每一项政策中。可是,面对众多法律,哪些是符合法治的精神的呢?

"半生不熟"理论的盛行,不乏威权主义、国家主义、功利主义等的因素的消极影响,但在一定历史条件下也有学力不足、知识旧化等方面的原因。在法律的生长上,强调根据一手资料对法学理论进行检测和建构的实证研究逐步兴起。

在法律的生长中,人们对立法者、法官等司法者理性的推崇由来已久,可以说"根深蒂固"。根据传统的"立法至上模式",大家信奉立法者的理性能建构完善的法律大厦。但是,该模式受到了一系列的质疑:(1)立法机关进行的成文法改革是剧烈的。正义不会在狂风暴雨中出现,只有循序渐进才能追求到她。(2)成文法改革必然带来僵化的结果,不可能再退却或妥协。用立法委员的反复实验过程代替法官的反复实验过程显然是愚蠢的。(3)成文法改革具有不可避免的滞后性,而法官造法则总是及时的。(4)用成文法替代判决,只是转移了权威的中心,却没有增添智慧。(5)成文法具有普遍性,而案情总是千变万化的。① 由此,在法律的生长中,传统"立法至上模式"进行了反思,立法者逐渐走出"象牙塔"或"会议室",强调对社会事实的客观把握和经验总结。新兴的"法官造法模式"主张,法官可以运用逻辑或类比、历史、习惯、正义、道德和社会福利等方法创造性地改变法律的微观结构。② 但是,法官理性真的比立法者理性高明吗? 来自司法专横、司法腐败、司法怀疑等的大量实例表明,"法官造法模式"中同样有"顽逆"或者"脆弱"的一面。

在法律的生长上,法律实证研究不啻为一次革命性的突破。它承认"法律必须稳定,却不能静止不变"——法律具有不确定性。③ 难能可贵的是,它并不完全依赖立法者或法官等司法者的理性。它将法律变革的主导性力量从传统的立法者、法官等司法者扩展到包括法学家群体、社会机构与民间团体、普通自然人、少数人群体等在内的一般性主体,增进了法的开放性和民主性。

在法律的生长上,法律实证研究除了强调多元主体的参与外,还强调严格的程序控制、有效的方法评估。目前,法律实证研究的以下作用是显而易见的:

其一,可望在一定程度上弥合"立法至上模式"和"法官造法模式"的裂痕,甚至超越二者的区分。可以期待,法律实证研究不止真诚地告诉我们法律是什么,还可用以建构法律应该是什么。在经济全球化、法律全球化的背景下,我们看到大陆法系对判例法的逐步重视,英美法系中制定法越来越多。法律实证研究正在消除法系之间的二元距离。

---

① 〔美〕本杰明·N.卡多佐:《法律的成长 法律科学的悖论》,董炯、彭冰译,中国法制出版社 2002 年版,第 67 页。

② See Miranda v. Arizona, 384 U. S. 467 (1966); Harris v. New York, 401 U. S. 222 (1971); New York v. Quarles, 467 U. S. 649 (1984).

③ 美国大法官卡多佐在分析法律重述时提供了深刻的论证。他指出,即使日渐完善的美国法律体系也存在许多客观上的令人忧心的不确定性:(1)对普通法基本原则缺乏一致的认识;(2)使用法律术语不严谨;(3)法律条款粗制滥造并互相冲突;(4)事实基本一致的案件,适用法律原则时却试图另眼相看;(5)卷帙浩瀚的判例;(6)法官与律师的无知;(7)新型法律问题的数量与性质。其中,判决的芜杂是造成法律不确定性的最重要原因。〔美〕本杰明·N.卡多佐:《法律的成长 法律科学的悖论》,董炯、彭冰译,中国法制出版社 2002 年版,第 5 页。

　　其二,可望在一定程度上医治"官方法"和"民间法"之间的傲慢与偏见。日本法学家千叶正士正是基于对美国印第安人、加拿大爱斯基摩人和澳大利亚土著居民法律文化的实证研究,描述了"官方法中心主义"的诸多弊端,论证了尊重少数人习惯、保护少数人权益的法律变革意义和法律秩序价值。[①]　法律实证研究促进了法律多元主义的发展。

　　其三,可望在一定程度上缓解法制变革中的集权性、专断性。根据实证研究,法律的生长将愈加开放、民主:除了立法者、法官等司法者的理性外,来自传统、权威、宗教、权力等因素的综合作用,来自研究者的知识贡献都必不可少。

　　在西方国家,科学方法论的探讨和学科交叉的影响,促进了它们在法律领域经常运用实证研究来检测法学理论和立法、司法建言,而且方法较为得当、技术相对娴熟。在美国、英国、德国等国家,其法律领域实证研究由来已久,而且在当代社会形成以下基本特征:(1) 研究领域已基本囊括各部门法;(2) 研究内容已基本囊括各种法律信息;(3) 研究方式在推陈出新上较为发达;(4) 研究结论在评估与推广上保障性强;(5) 注重研究方法的对外输出;等等。而在中国,实证研究处于初级起步阶段,还未成为法学界的主要研究方法,总体上呈现出以下特征:(1) 实证研究仍居弱势地位;(2) 基本移植自发展中的社会学;(3) 受制于法律内外的诸多因素;(4) 许多项目受到外国机构资助;等等。

　　在研究意义上,探讨法律实证研究,最为基础而又核心的问题是在当前社会情境下如何认识其对法律科学化、法治主义的具体功能;相对于其他学科在规划设计、研究方式、风险管理、伦理责任、情境沟通、资料分析与评估推广上具有怎样的个性或特质。对于前者,本书在第一章"法律实证研究中的基础理论"、第二章"法律实证研究的比较范本"中将专门论述;对于后者,本书第三章至第九章分别阐述了法律实证研究中规划设计、研究方式、风险管理、伦理责任、情境沟通、资料分析与评估推广在实证研究中的共性与个性。作为总结,本书还在第十章探讨了法律人在法律实证研究中的应有立场与积极贡献。

三、中国为什么需要法律实证研究

　　中国为什么需要法律实证研究? 可以说,法律实证研究与中国社会

　　① 〔日〕千叶正士:《法律多元》,强世功等译,中国政法大学出版社 1997 年版,第 226 页。

转型、中国法律变革以及中国法学发达具有密切关系。来自中国社会、中国法律、中国法学的发展需求是深化法律实证研究的制度根源。

归纳起来，法律实证研究在中国要解决的核心问题是，在转型社会的社会情境下，中国法律的生长模式如何？是持续进行"政府主导法制模式"，还是转化为"社会演生模式"，抑或继续一种中间路线？

忆古思今，在中国法律发展史中，严格意义上的法律实证研究是一个新兴课题。自鸦片战争后，中华法系修例逐步偏离唐律以来的技术传统，既不定期，也不规范。在清末变法前夕，中华法系已然出现诸多"病患"，其在律典上的僵化和落伍，在司法技术上的保守立场，伴随法律内容上的不合理，甚至残酷性，遭受的批评和非议不断。譬如，当时学术界意识到中国古代律学缺乏实证精神，其所反映的法学方法侧重辩证方法，注重玄思冥想和观念演绎，轻视事实的归纳和考证。正如严复在《名学浅说》中指出的，"吾国向来为学，偏于外籀，而内籀能事极微"[1]；拘泥言辞、思维笼统模糊，伴生分析方法不发达，导致中国古代法典用词多歧义、缺乏明确界说。这与日益重视法律实证研究的西方法律制度形成鲜明对比。

纵有迷惘和误区，终有"拨云见日"之时。在清末变法中，随着法律移植的发展、社会学方法的引入等，中国开始尝试一些法律实证研究。譬如，清末民间习惯法的调查、犯罪学调查等。但是，由于社会情境、学力状况、法律制度等方面的原因，进程曲折、收效不大。由于传统皇权秩序的影响，加上封建官僚集团的反对，很大程度上造成修律官员在中国近代法制变革上的一个突出通病：在考察各种法制时，比较的方法受到政治目的的冲击，未充分考虑西方刑事司法制度和理念与中国皇权秩序实现融合的可能性——在修律的动机上，很重要的方面在于捍卫王权统治，消弭社会危机，而不是真正还权于民、实行宪政。民国四年（1915 年）北洋政府在申令法制局修正法令时进行了系统的反思："近年制定法令，颇有未见施行者。推其原故，由于立法之始，或出于理想未尝调查实际，或泥于画一而不知事变之无穷，以至于可行之法，亦视为具文，寝失效力。"[2]缺乏实证精神是中国法律现代化最大的拦路虎。

---

① 严复对中国旧学弊端，强调归纳方法，他指出："内籀云者，察其曲而知其全者也，执其微以会其通者也。外籀云者，据公理以断众事者也，设定数以逆众然者也"。见〔英〕赫胥黎：《天演论》，〔清〕严复旧译、杨和强、胡天寿白话今译，光明日报出版社 2007 年版，严复译自序。

② 北京市地方志编撰委员会：《北京志·政法卷》，北京出版社 2007 年版，第 329 页。

　　这方面的教训在新中国成立后仍在继续。我国在 20 世纪中叶全面引入苏联法学理论与方法,纵有其法律变革的诸多进步意义,但也不可忽视存在这样的问题——未充分考虑苏联与当时中国在社会情境、法学状况等方面的差异性。实际上,苏联在法制变革之初,其实证精神较为浓厚,诸多法律制定和修改是基于当时恶劣的国内环境和国际环境展开。列宁指出,当时还存在着浓厚的封建残余,各地方的旧习惯势力仍保留着原有的不文明传统,许多人希望"照旧生活"而不愿意遵守苏维埃国家的法律。苏联人的社会主义法制建设需要明确的前提是:"我们的全部生活中和我们的一切不文明现象中的主要弊端就是纵容古老的俄罗斯观点和半野蛮人的习惯,他们总希望保持同喀山省法制不同的卡卢加省法制。"①可惜的是,后来的苏联法学理论和方法较长时间内脱离其社会条件和人性基础,走上了阶级分析方法的绝对化道路。事实证明,依据主体的阶级属性以及意识形态的主观标准标定科学理论的真假、善恶是片面的,不实事求是的。它的后果是造成过分的傲慢以及沉重的偏见,阻碍法律的科学化和法治主义的生长。苏联在克格勃时代的人权危机、中国在"文化大革命"上的教训,在某种程度上都是这种非实证精神极端化的恶果。

　　法律实证研究,对于中国当代法制现代化而言,也许能够用"更少的法律"实现"更多的秩序"。继往开来,法律实证研究对中国法律移植、法律继承等提出了一个根本意义上的方法论——一方水土养一方人。法律实证研究,好比"移树"时分析与该树合适的"土壤"、"水分"、"阳光"、"气候"一样,要了解移植的社会生产关系、法律文化基础、公众可接受程度和相关社会支持和配套制度等。美国学者罗伯特·C.埃里克森指出:"法律制定者如果对那些促进非正式合作的社会条件缺乏眼力,他们就可能造成一个法律更多但秩序更少的世界。"②法律实证研究,恰恰可拓展法律制定者在内的社会各界的这种"眼力"。在"政府主导法制模式"下,我们看到了法律数量的明显增长,但是我们也看到,社会治安形势、犯罪黑数、群体性事件等并未得到有效的根本性的控制。与之相关的司法体制改革,负担沉重、步履缓慢。法律实证研究的发展,可以消弭中国"官方法"和"民间法"之间的傲慢与偏见:一方面,矫正"政府主导法制模式"下

---

　　①　列宁:《列宁全集》(第 43 卷),人民出版社 1987 年版,第 195 页。
　　②　〔美〕罗伯特·C.埃里克森:《无需法律的秩序——邻人如何解决纠纷》,苏力译,中国政法大学出版社 2003 年版,第 354 页。

对政府逻辑能力和思辨能力的盲目崇拜;另一方面,促进法律对社会事实,尤其是社会条件和人性基础的尊重。应当说,法律实证研究,对于中国法律现代化而言,承前可有"中庸"的平衡感,启后可有方法的革命性。

法律实证研究,在转型时期的中国,并非"孤军奋战"。在中国经济开放、政治民主、民族优抚等过程中,进行实证研究并推动改革,积累了许多经验和教训。这些实证研究,为描述、解释和探索中国当代转型社会的基本问题,为开展法律实证研究提供了有益的范本。譬如,在中国区域建设中,试点是一重要的深化改革方法。除了深圳、珠海等改革开放之初设立的老特区外,试点的方法在推进新的"综合配套"改革试验区方面发挥了重要作用。目前,全国已形成了上海浦东新区、天津滨海新区、武汉城市圈、长株潭城市群、成渝统筹城乡综合配套改革试验区等互动的试点格局。实践证明,审慎选择、从严控制,先行试点、由点及面的渐进改革方式是三十多年来改革开放攻坚克难、成功推进的重要经验。通过"试点"、"综合配套"改革,积累经验,取得成效后全面推开的模式是既能减少风险,又能保证社会稳定的可行的方式和正确的决策。中国区域建设试点,在当代中国被认为是一个成功的模式,正获得世界许多国家和地区的模仿或借鉴。对于法律实证研究而言,其可提供一定的方法论指导,一是在区域的选择上,充分考虑到促进东中西部平衡协调发展的现实需要。因此,一般要选择地域有代表性、内容有典型性、有较强的组织领导、有较好的工作基础、有相应的发展潜力和承受能力的区域进行试点。二是在内容的改革上,试点的本质是从局部到全面,探索以开放促改革、以改革促发展的渐进式道路。

沙可聚丘,微可见著。可以预测,法律实证研究在中国的时代即将到来。有人欢呼,法律实证研究体现了"中国问题,世界方法"。这种观念的背后,拓展了法律实证研究的全球化视野,但蕴含了一种对法律实证研究本土化的胆怯。对于"中国问题",法律实证研究的方法论意义可以如数家珍:相对精确地描述特定法律现象、解释法律的某种原因、预测某个法律现象或后果、评价某种法律实践的实际效果、直接作为立法参考等。其中,对法律文本的实证研究可以检验法律文本的规范要件、理论含量、可接受程度;对违法行为的实证研究可以描述违法行为的多种诱因和表现形式,评估其遏制对策的有效性;对法律适用的研究,可以解释适用的真实过程和制约因素,探索法律与法外因素的关系状况等。

在研究刑事和解时,不少学者将其追溯到西方国家恢复性司法。一些西方学者对此很惊讶:我们进行恢复性司法改革,很大程度上是受到东方传统文化的启示。面对"出口返内销"的和解文化,我们竟然不识庐山真面目!

我们期待,法律实证研究在中国发达的标志是,从"中国问题"提炼的"中国方法"可用以解决"世界问题"。事实上,中国早有这样的"东方经验"——调解制度等。在西方纠纷解决机制的改革中,其反思"司法裁决中心主义"与扩大诉讼和解的进路,很多方面直接是参考"中国模式"。① 随着中国在政治上大国地位的巩固和发展、在经济上全球责任的担当和深化,"中国方法"的输出也将日益成熟。在 1998 年金融危机、2007 年以来次贷危机中,中国在拉动内需、化解风险方面在世界人民面前赢得了众多声誉。"中国威胁论"和"泛人权主义论"也逐步显现对中国缺乏实证精神,受到诸多质疑。②

这是否可以推及法律实证研究在中国的命运?

四、法律实证研究的四个切身体验

许多学问成就于对知识如同宗教般的信仰。在大法官吴经熊那里,二者甚至可以融为一体。但这需要坚持内心的纯粹,并习惯那种属灵的生活。他的儿子吴树德这样评价自己的父亲:"在自己完全不曾意识到的情形下,父亲从一种文化和传统自然而然、圆融无碍地进入了另一种文化和传统,这一事实本身即反映出其心灵深嵌于东、西方思想之中。他的这一情形本身活生生地证明,所有的知识——东方的与西方的,科学的与宗教的,理性的与直觉的,习常的与神秘的,人类的与神性的,世俗的与神圣的——都不过是追寻上帝、重归上帝温暖胸怀这一真正家园的持续奋斗。因此,毫不奇怪,他的哲学认识论被驱导向前,而最后泊定在深沉而永久的宗教信仰之中。"③

① 随着中国的进一步改革开放,有关"中国模式"的探讨越来越多。当前,对"中国模式"的解读,存在两种倾向:一种是西方的解读,具有一定的偏见,尤其在西方右翼势力中,多描绘以经济自由和政治压制;另一种是非西方的解读,许多新兴国家认为抛却历史因素,中国在制度改革、经济发展方面创造了奇迹,值得借鉴和肯定。

② 一般而言,主张中国威胁论者大致有三种立场:一是害怕中国廉价产品威胁西方人就业体系;二是认为中国经济发展会必然强化其军事实力,进而威胁西方人安全;三是认为西方文化中心主义,担心中国价值观会输出并使其奉为圭臬的信仰贬值、瓦解。

③ 吴树德:"温良书生 人中之龙——怀念父亲吴经熊",http://rjjdt.bokee.com/4734006.html,最后访问日期 2008 年 11 月 17 日。

也有一些学问体现为对于常识的归纳和表达。它不要求人们像传教士那样将一切归属于抽象的神灵，而是要求人们"从生活中来，到生活中去"，从所见所闻中增进学问。美国学者拉比诺对这种实证精神的归纳十分精到，他指出："学术并非都是绷着脸讲大道理，研究也不限于泡图书馆。有这样一种学术研究，研究者对一个地方、一群人感兴趣，怀着浪漫的想象跑到那里生活，在与人亲密接触的过程中获得他们生活的故事，最后又回到自己原先的日常生活，开始有条有理地叙述那里的所见所闻"①。

我个人对法律实证研究的兴趣，与参与一系列法律实证研究的项目密切相关。从 2004 年以来，我有幸追随宋英辉教授、陈光中教授、陈卫东教授等参与了一系列法律实证研究项目。如"未成年人取保候审"实验研究、"未成年人酌定不起诉"实验研究、"职务犯罪侦查中的强制措施"调查研究、"诉讼和解"调查研究、"刑事和解"实验研究、"取保候审（成年人与未成年人）"实验研究、"公检法司业务考核指标"调查研究、"量刑程序改革"实验研究；为拓展知识领域，我个人除了自主开展"检察环节错案"调查研究、"疑罪不诉"调查研究等刑事法律类实证研究外，而且很荣幸被"借调"参与了"物流业的发展与国际运输法关系"、"欧洲人权法在欧洲政治、经济一体化中的作用"、"留守儿童救助"、"性骚扰的法律救济"、"民事当事人证明权保障实证研究计划"、"工读学校学生压力感与不良行为相关性"等非刑事法律类实证研究项目。通过调查、实验、观察、文献等研究方式，接触了很多一手的、直接的研究素材。尤其是真实接触各色人等，使我加深了对社会条件和人性基础等的认识。在"未成年人取保候审"与"未成年人酌定不起诉"实验研究中，我作为课题组成员参与了一百余件案件一百五十余人的风险评估、法制教育、定期回访等。在拍摄"未成年人取保候审与酌定不起诉"和"实践中的刑事和解"纪录片中，我与公安司法人员、当事人双方及其家属、律师、人民调解员、人大代表、政协委员、企业负责人等进行了多次深度沟通，加深了我对中国法律、中国社会、中国人文化深层次结构的认识。其间，宋英辉教授以及率领的研究团队、各调研单位给予了我许多实践机会和学术支持。某种意义上，这本著作是对这些实证研究项目的总结与拓展。仅以此书感恩于宋英辉等

---

① 〔美〕保罗·拉比诺：《摩洛哥田野作业反思》，高丙中、康敏译，商务印书馆 2008 年版，总序第 1 页。

教授和师兄弟姐妹也就合情合理。

以下四个方面的切身体验最为深刻。

（一）对法律是什么和应该是什么的认知

法律是什么和应该是什么，这是法学中最基本的问题，也是在法学方法论中探讨法律发现的核心问题。但是，长期以来，受到学术评价机制、司法精英理论、对策法学、司法体制等的影响，法学研究倾向认同主流学派观点、权威教材观点、知名教授观点等；司法实务倾向认同条文意义上的法律规范、特定机关的司法解释。法学研究、司法实务与社会需求之间存在一定程度的脱节。这个问题一直困扰着中国法学界。

法律实证研究在法律本质的探寻中意义深远。在参与的一些法律实证研究项目中，我发现，法律的内涵和外延绝非"书面中的法"、"官方法"、"权威法学"所能涵盖。操作意义上"行动中的法"、特定群体的"习惯法"、少数学者的"边缘法学"与前者一道共同构成法律的本质。譬如，在参与"取保候审"实验研究之前，对取保候审的理解，多为围绕"取保候审"与"保释"的概念、理念争论。在实验地点，取保候审存在诸多替代性概念发挥着实际功能——"花钱放人"、"缓刑预测器"、"律师能力法宝"、"软柿子"（缺乏违法制裁）、"外地人紧箍咒"、"烫手山芋"（具有职业风险）、"人情匣子"等，如此生动而形象的概念背后，是一系列具体的观念和行为模式，只有通过长期的实验研究才能辨明这些替代性概念的来龙去脉。又如，在参与"职务犯罪侦查中强制措施"调查研究前，我对于五种刑事强制措施的研究多为文献研究，而且集中在制度渊源、规范性文件等的梳理上。调查研究"职务犯罪侦查中强制措施"给我带来强烈的"知识震撼"：通过阅卷、访谈等，我发现在职务犯罪侦查中存在诸多变相适用强制措施（包括期限、方式、对象等）的手段；"双规"、"两指"、非正式的秘密侦查手段、政策手段以及"土办法"等也发挥了重要作用。对其中"隐性诉讼"的观察和"潜规则"的分析也让我觉得"耳目一新"。通过法律实证研究，我深切体会了"法律是什么"，并对周围几乎泛滥的"法律应该是什么"保持必要的警醒。

通过法律实证研究，认知法律是什么和应该是什么，有利于评估法学理论的"含金量"，了解司法实务的"真面目"。对于法学研究而言，这实际上在炼造一学者的"三栖"能力：对接学术界，做到理论精深；对接实务界，做到业务娴熟；对接决策层，做到方案通达。当参与一项研究，能让人锻炼"三栖"能力，何乐而不为？

（二）对法律人与非法律人思维方式的认知

什么是法律人，法律人的思维方式如何？它与非法律人思维方式有何区别？在乡土社会的成长经历，使我对非法律人的思维方式有一定感触。与"秋菊打官司"类似的纠纷在农村并不少见。耳濡目染一些计划生育抓人事件、农村械斗事件、房屋界限纠纷、公审公判等"司法广场化"形式等，使我产生了两种复杂的情感：一是为生民请命的那种原始而朴素的情感长期支配着我，以至于，从南方小县城，到中国政法大学，再到中国人民大学，我在法学上的心路历程主要为这种激情和冲动所占据；二是产生一种与乡土意识的距离感，对成长于斯的人际规则和思维方式总体上持一种怀疑、批判的态度，由此产生对法治主义的烂漫憧憬。

与众多法律人一样，法学教授向我传授了很多"现代性"和"法律原理"。通过参与法律实证研究项目，我体会到了"现代性"的正负效果、"法律原理"的实际落差，进而反思原先法律人思维方式的优势与劣势。其中，突出的一个表现就是对人治主义的反思和对法治主义的憧憬也不再像以前"极端化"。此外，在法学研究上，我逐步舍弃动辄抬出柏拉图、亚里士多德、哈贝马斯、韦伯等来论证自身主张的"套路"；在司法实务上，我慢慢察觉，学院派的法律思维方式往往钟爱"大词"和宏大叙事，譬如，程序正义、法律真实、裁判中立、研究范式等；在基层社会，它们实际上具有许多更为贴切的理解和表达。"送法下乡"的真实意义在于，法律人的许多思维方式，不应与社会保持过分的距离，而应在尊重基层社会"一般人的理性标准"的基础上进行实质回归，发挥法制化的引导功能。参与"刑事和解"、"取保候审"、"未成年人酌定不起诉"等实验研究，奔走实验地点让我产生一种"走在回家路上"的感觉。虽然，这不是生我的地方，但是，这里面的规则具有如此的类似性——城乡差异、外来民工、留守儿童、宗族权威等都是"密切联系"因素。参与法律实证研究，也使我体验了对基层公安司法人员在政治、法律、社会之间，在人情、金钱方面的价值权衡。

可以说，"一刀切"的法治主义以及对非法律人思维方式的偏见——实际上一种理性的自负——恰恰是肤浅的，是违反法律人应有思维方式的。美国大法官卡多佐在论述哲学、历史、传统、社会学等方法在司法过程中的平衡运用，被誉为"六条腿的桌子"。通过参与法律实证研究，我感触很久以前，作为警察的父亲原来也不乏卡多佐的影子。我回忆起他作的讯问笔录，字迹出奇工整，他说，这些笔录不仅要给嫌疑人看，还要给后面的检察官、法官看，将来还可能给查阅档案的人看，所以不能马虎；他在办理因轻伤害、邻里纠纷或亲戚家务纠纷引发的案件时，不辞劳苦、走村串巷，却往往能达到化解矛盾、及时赔偿的效果；他尤其善待、尊重那些涉案的"没有钱、没有权的人"，并不时对涉及人身伤害的特困被害人给予接济……我发现，很多堂皇的法律道理，在父亲的实践操作中，多是经验和常识。通过参与法律实证研究，我发现自己的叛逆性格逐渐温和，陌生的父亲也逐渐熟悉起来。当参与一项研究，能让人真实面对自我，并意识到如何善待周围的人，何乐而不为？

（三）对法律实证研究方法的认知

当前，法律实证研究还未成为中国法学研究的主要方法。许多法学研究者、司法实务者对待法律实证研究的有效性还持抵制或观望态度。随着法律实证研究的兴起，许多研究方法纷纷"小试牛刀"。如何选择具体研究方法，学术界的一种倾向是向世界化、科学化靠拢，有的对西方一些研究方法推崇备至，甚至达到一种"痴迷"的程度。同时，现有的一些实证研究给人的印象，是一群像机械般的人在统计实验室中，将信息转化为冷冰冰的数字与简单的公式；研究报告中充斥诸如"经验的"、"量化的"、"操作的"、"反向的"等听起来硬邦邦而毫无诗意的文字。以玄乎的图形将简单问题复杂化使实证研究产生了刻板、生僻印象。实际上，这些倾向和做法是欠缺妥当的。

世间没有"自然人"，因为人性的由来就是在于接受文化的模塑。[1]好的法律实证研究方法往往是世界化的，但也不乏本土化的成功模式。英国诗人勃莱克在《天真的预言》中有这样一句诗："一粒沙里看出一个世界；一朵野花里有一个天堂；把无限放在你手里，永恒在瞬间收藏！"通过参与"刑事和解"实验研究、"取保候审"实验研究等实证研究项目，接触诉讼各方以及社会各界群众，我体会到本土文化以及法律个案中"一沙一世界"的真实意蕴。确切地说，在刑事和解的谈判过程中我们可以清晰地看到，参与主持的办案人员或接受委托进行主持的人民调解员等在话语方面所面临的法律话语、道德话语、治疗话语上的选择和徘徊；在被取保候审人和保证人的诚信方面所受到的机会主义、有限理性、组织压力、功利主义等因素的影响；在适用取保候审行为上受到成文法、传统、情感和一些价值信念等因素的支配并表现出守法行为、违法行为、隐性行为等

---

① 〔英〕马凌诺斯基：《文化论》，费孝通译，华夏出版社2002年版，第106页。

多种形态。

好的法律实证研究方法当然是科学的,有时也以"非科学"的面貌"委婉"出现。印象颇为深刻的是,通过参与多次座谈会,我发现,在正式的有领导参与的场合,其中有关数据和个案的收集,比起非正式的座谈而言,譬如在咖啡屋、酒席之间的沟通,在深度和广度上往往具有较大落差。通过人情参与、酒文化、共同利益等方式与法律机关沟通,其效果往往更好。又如,在"未成年人取保候审"实验研究与"未成年人酌定不起诉"实验研究中,我们在回访时为避免突然造访的唐突,主动给实验对象准备了西瓜作为见面礼。结果,他们对我们的举动非常感动,在陈述内容、配合程度等方面都发生了明显的积极变化。再如,在一次实证研究方法论的座谈中,美国司法维拉所的一位研究者表示,在有"美女"参与的实证研究中,在数据收集、方法培训、风险管理方面可能比男生更有效率。

科学探求人类的共同经验。可以说,科学是由人进行的,具有人们的风格。法律实证研究也不例外。好的法律实证研究方法不是高居"云层"的,可能难免一定的世俗性因素。当然,对这些世俗性因素也应保持必要的警惕。一旦法律实证研究项目能带来超越法律的利益,可能出现权力寻租、商业利益等问题。无论如何,当参与一项研究,能让人发现科学的另一番面貌,并掌握沟通的艺术,何乐而不为?

（四）对法律实证研究风险的认知

在小学时,谈及我的理想,科学家是我的首选。尝"百草"的医圣李时珍、杂交水稻之父袁隆平、诺贝尔奖获得者杨振宁和李政道等都是我的偶像,是"纯粹的人"、"脱离了低级趣味的人"。在文献分析时,我从内心非常"神往"严景耀教授充当"犯人"蹲狱三个月进行犯罪学研究的体验。在"未成年人取保候审"实验研究中,我曾向警方提出,能否让我在关押未成年犯罪嫌疑人的看守所监室内待三天。当时,有一个未成年犯罪嫌疑人写给我们的信件中,有这么一句话:"我经常看着从窗口射进来的阳光,形成一条条线,虽然只有那么一米的距离,但我觉得它很温暖。"这强化了我对入狱体验的念头。没想到我的提议被警方断然拒绝,很大程度上是因为我的法学博士身份以及对羁押环境下风险因素的顾虑。这位警察强调一旦发生劫持等风险事故,难以向我的父母和导师交待。

还有一次有趣的经历,让我对"完全参与式"实证研究产生了后怕。那天,我和一位警官去村里回访一被取保候审人。他穿着警服,我跟在其后。在经过一片田埂快到目的地时,突然窜出一条黄色"土狗",疯狂而目标精准地朝我们扑来。我一直怀疑那是一次自杀式的袭击——我们两个从来没有这么心惊肉跳地逃窜过。那时,我才清醒地意识到——法律实证研究的风险就在我们身边。风险如此具体,又那么突然。为避免类似尴尬,我们进行了专门总结:在走村串巷时要带根打狗棍,或者学会一些防狗咬的招数。其实,我们都知道,它的警示意义在于,进行法律实证研究必须注意风险预防。

随着一批法律实证研究项目的"结项",又有新的法律实证研究项目"下单"。"法律实证研究"与"伪法律实证研究"的争论也热闹起来。我也很困惑,在中国法律实证研究基本上是刚刚起步,但为何保持如此高的"成功率"?尤其是在法律机关与学者合作的一些实证研究。是我们不敢直面"负面效应",还是我们过分追逐"正面效应"?个人认为,法律实证研究中的冷暖,许多是不可言说的。在回忆的片断中,许多人事,历历在目。从浙江东部到西藏西部,从齐齐哈尔到海南三亚……我感受到每一个地方,其社会条件、人性状态以及法律制度等都存在或多或少的差异,但也有本质上的一致:土地是充满着符号和意义的,它与其法律秩序之间有着某种必然的关联。在西藏调研时,我发现,当地佛教的信奉者们都要规划在自己一生中的朝拜历程——一般要从西藏的各地五体投地爬到拉萨的大昭寺。许多人要爬三个月,甚至爬一年。每走一步,他们都要贴近土地,而且沿着正确的方向。这在本质上是一个心路历程。参与法律实证研究,也是一段对知识、对法律的"朝圣"路程。

正是基于这种信念,面对逐批"下单"的法律实证项目,我常常心里"发怵":长期内眷于精英思维方式的法律人,一旦突破既有知识的"牢笼"来到社会的"原野",是否真有"叫兽"的隐患?不客气地说,法律人的内向性反思是很有必要的:寂寞于书斋的法律人,身处"原野",这时往往被两种角色所诱惑或者被吸附,一种是放大镜角色,就是说,法律人用其理性而智慧的头脑,将社会的疑难杂症、是非恩怨进行通透细微的观察,去促进人们认识并反思自己;一种是手术刀的角色,就是说,法律人要承担起制度建构的任务,切除毒瘤、开出药方,去具体治疗这个苍茫而痛楚的人类世界。但是,受制于一些落后的习惯和利益,我们的手有时瑟瑟颤抖,直接影响放大镜的"清晰度"和手术刀的"精确性"。这并非杞人忧天,这些落后的习惯和利益挥之不去,出现"伪法律实证研究"的风险不无可能。

第一章 法律实证研究的基础理论

在法社会学产生以前，"法律学"是处于一种"光荣孤立"的状态下。正像政治学、历史学、民族学等各门社会科学没有为"法律学"提供的研究提供任何帮助一样，"法律学"也没能为这些社会科学的研究提供任何信息。

——〔日〕川岛武宜①

研究法律自离不开条文，这是研究的根据。但仅仅研究条文是不够的，我们也应注意法律的实效问题。……如果只注重条文，而不注意实施情况，只能说是条文的、形式的、表面的研究，而不是活动的、功能的研究。

——瞿同祖②

在方法论意义上，研究方法，是指从事研究的计划、策略、手段、工具、步骤以及过程的总和，是研究的思维方式、行为方式以及程序准则的集合。其大致在三种含义上使用：一是方法论层面，即指导研究的思想体系；二是研究方法或方式，即贯穿于研究全过程的程序与操作方式；三是具体的技术和技巧，即在研究某一个阶段使用的具体工具、手段和技巧等。③

在数字本体论者看来，世界是由数字和模型组成的。从这个角度，科学就是寻找这些模型及其数字关系。在现象本体论看来，科学要理解人，

---

① 〔日〕川岛武宜：《现代化与法》，王志安等译，中国政法大学出版社1994年版，第235页。

② 瞿同祖：《中国法律与中国社会》，中华书局1981年版，导论第2页。

③ 陈向明：《质的研究方法与社会科学研究》，教育科学出版社2000年版，第5页。

必须发掘其行动和意识背后所隐藏的真理。以第一手的实证材料为支撑,对成果进行预测和检验,是自然科学、社会科学都不曾放弃的一个基本方法。在法律领域进行实证研究,在西方国家由来已久,而且与立法、司法、执法密切结合,发挥着描述特定法律现象、解释法律的某种原因、预测某个法律现象或后果、评价某种法律实践的实际效果、直接作为立法参考等功能。当前,许多西方国家在进行法律实证研究方法的知识输出。

在中国,法律实证研究日益受到重视,但受制于法律文化、司法体制、社会观念、意识形态等因素,还未成为中国法学研究和法律变革的主要方法。无论法学研究还是司法实务,总体上对法律实证研究的基础理论、规划设计、实施过程、推广方式等比较陌生,在一些法律实证研究项目中也存在较大争议。在司法改革的浪潮中,有的法律实证研究项目被盲目追逐,存在一定的知识风险。譬如,基础理论的不扎实导致一些项目的规划设计存在不少误区;方法和技术的不娴熟导致一些项目水土不服;来自法律和社会的制约因素导致一些项目命如樱花,绚丽而短暂。回答中国法律实证研究何去何从需要对其基础理论进行归纳和拓展。

一、实证研究的方法"本质"与基本要素

所谓实证研究,在研究方法层面,它与思辨研究相对应,是指在具体的社会情境下按照一定程序规范和经验法则对有关信息进行定性与定量分析。

实证研究作为一种方法论,在科学中的兴起,主要源于以下因素的综合作用:

(一)实证研究与科学方法论

在特定社会中,实证研究的方法体系和功能实现与其科学方法论的发展状况密切相关。在科学发展史中,人类关于方法论的探讨,首先集中于自然科学领域,尤其是人对自然的探索。狭义的科学方法论仅指自然科学方法论,即研究自然科学中的一般方法,如观察法、实验法、数学方法等。20 世纪后,随着自然科学的发展,出现了一系列新方法,如控制论方法、信息论方法、系统论方法等。自然科学方法论的发展也有其风险,我们注意到,在现代社会,科技理性及其相关技术开始出现"统治"人类的趋势。

相形之下,强调人与人关系,并与一时一地社会条件、人性基础等具

有密切关系的社会科学,其方法论虽然有所发展,但难称发达。英国科学社会学家 J. D. 贝尔纳教授(J. D. Bernal)对当代社会科学的发展忧心忡忡,认为当代社会科学还很落后,尚处于"描写性、会诊性、学术性状态"①;另一位英国科学社会学家,约翰·齐曼教授(John Ziman)更是作了令人心酸的概括:"(当前)整个社会科学还处于相当初期和及其混乱的发展阶段,还没有具有说服力的统一的原理可导出站得住脚的推论"②。

从方法论的特质上看,强调人与自然关系的自然科学与强调人与人关系的社会科学有一定的界限。自然科学的实证研究一般包含两项"底限禁忌":一是不得灭毁生命物质规则,二是不得危及非生命物质存在规则。但是,为了人类基本利益,在不影响有关物种存续情形下,允许进行一定范围和程度的侵害性研究。譬如对小白鼠、羊和牛等的病毒分析、基因改造、器官移植等。正因为此,自然科学的方法论,其形式相对较为灵活。许多在自然科学中卓有成效的方法论,譬如实验法等,在当代社会科学中受到一系列因素的掣肘,譬如:外在环境的压力,研究者与社会的信息、能量、情感交换状况,研究者的利益立场,定量描述的困难,社会科学实验的局限,方法论的个人主义与整体主义矛盾、政治因素的介入,证据问题,与自然科学方法的异质性,评价尺度的局限等。③ 这意味着,在方法论问题上,社会科学与自然科学并不简单等同或者可直接引用。种种迹象表明,在社会科学中,采用一些自然科学的方法进行实证研究,可能带来严重的伦理问题。但是,界定伦理的边缘很难。在社会科学中,有时进行必要的欺骗也是迫不得已。社会学家加芬克尔为研究人的行为模式曾经在研究中专门秘密录制陪审员庭审发言,窃听人们打给预防自杀专线的电话。④ 尽管如此,这些欺骗是有限的、个别的。

方法论上的差异并没有妨碍社会科学与自然科学的长期融合以及科学方法论的探讨。就科学方法论而言,它是关于科学的一般研究方法的

①　〔英〕J. D. 贝尔纳:《科学的社会功能》,陈体芳译,商务印书馆 1982 年版,第 458 页。

②　〔英〕约翰·齐曼:《知识的力量——科学的社会范畴》,许立达等译,上海科学技术出版社 1985 年版,第 251 页。

③　参见〔英〕J. D. 贝尔纳:《历史上的科学》,伍况甫等译,科学出版社 1959 年版,第 559—560 页。

④　〔英〕戴维·萨顿:《社会研究方法基础》,陆汉文等译,高等教育出版社 2008 年,第 130 页。

理论,主要探索方法的一般结构,阐述它们的发展趋势和方向,以及科学研究中各种方法的相互关系问题。从其功能来看,主要表现为在科学认识中确立新的研究方向、探索各部门的新生长点、提示科学思维的基本原理和形式的作用。正因为此,科学方法论呈现出一个随着科学实践发展而逐步发展的面相,不存在严重的历史阶段、法系、国别的差异,只是发展进度存在差异。

实证研究反映了自然科学与社会科学在科学方法论上的探索。在方法论上,在以亚里士多德《工具篇》为代表著述的古代时期,方法论主要依赖直觉、思辨、演绎等方法;在以英国培根《新工具篇》、法国笛卡尔《方法论》为代表著述的近代时期,方法论主要依赖试验、观察、归纳等方法。在当代,实证研究作为一种科学的方法被广泛认同——在自然科学与社会科学内部,逐步通用调查法、观察法、实验法、文献法等研究方式收集和分析资料,既强调定量研究,也注重定性研究。不少社会学家主张,在任何研究中都同时具有定性的方面和定量的方面。定量与定性结合是保障研究科学性的方法论保障。①

其中,定量研究基于自然科学的实证主义传统,以收集和分析数据为框架。定量研究多是针对一研究假设的"理论"的模型,运用量化资料进行检验。定性研究不是关于现存理论的演绎式检验,往往是一种较具归纳性和探索性的研究形式,譬如通过模型的方式实现理论的建构。通过调查法、观察法、文献法、实验法等收集而来的数据和文字等信息,往往需要结合定量研究与定性研究进行分析,进而得出研究结论。二者在自然科学、社会科学中日益广泛的运用,反映了科学在认知能力、实践特性上的显著进步。

（二）实证研究与学科交叉

在实证研究的规划设计、实施过程以及推广方式等具体步骤和方法中,来自学科交叉的动力不可忽视。学科交叉的根本意义在于,针对某一学科的研究可以借鉴、移植其他相关学科的科学化、规范化方法。在实证研究的产生与发展中,学科交叉扮演了重要角色。

在社会科学内部,因为方法论的孤立和闭塞,曾经导致许多学科之间的相互距离遥远。譬如,伦理学方法论、社会学方法论、法学方法论、人类

① 〔英〕戴维·萨顿:《社会研究方法基础》,陆汉文等译,高等教育出版社 2008 年,第 37 页。

学方法论、经济学方法论、政治学方法论等，它们相互之间的距离，可能不亚于其与自然科学方法。

伴随社会分工、科学技术、认识论等的发展，在科学内部出现以下趋势：一方面，学科的类型划分日益精细、专业，即学科区分；另一方面，日益精细、专业的学科之间出现组合、聚合，即学科交叉。学科交叉往往蕴含着方法论上的重大突破，成就了许多科学上的重大发现、新的增长点，有时甚至导致新学科的产生。美国国家科学基金会（NSF）的主任 Rita Colwell 博士对学科交叉的意义是这样评价的："学科交叉的联系对学术的发展是绝对根本的。科学各部分之间的交界是最令人兴奋的。"当代重大的科学问题往往很难归为单一的学科，多数是交叉性的。解决这样的问题需要多学科协同。（参见例 1-1）

例 1-1 学科交叉研究的发展

当前，世界上许多国家和地区的政府和资助机构、科学学会和大学都把资助学科交叉研究放在一个重要的战略位置。在美国，国家科学基金会（NSF）、国防部高级研究计划署（DARPA）以及其他一些主要资助机构都围绕着学科交叉研究设置和安排资助计划，目的是鼓励学科之间的联系，发展新方法、技术和工具，促进研究结果的应用。其中，NSF 对学科交叉研究的资助有明确的指导思想和系统的实施计划。近两年，NSF 支持学科交叉研究的经费也在大幅度上升，在 2004 财政年度，NSF 向国会要求的 41.1 亿美元的研究及相关的活动（RR&RA）的预算中，7.65 亿美元用在学科交叉研究领域，比 2003 年增加了 16.5%，分配在 4 个优先领域：环境中的生物多样性；信息技术研究；纳米科学与工程；人类和社会的动力。如果再把其他有关支持学科交叉的类型（例如，研究中心）的资助算上，那么对学科交叉的资助在 NSF 中占相当大的比重。NSF 支持学科交叉具有明确的目的：（1）瞄准解决国家需要的复杂问题，汇聚众多学科的视野；（2）激励知识在大学、公共部门和私营部门之间的转移；（3）促进不同领域的自然联系，因为相互联系对于成功是关键的。NSF 资助学科交叉的模式和布局充分体现了这些目标。①

学科交叉能为实证研究提供一些中立的、共通的、有效的方法论。譬

---

① 樊春良：《美国国家科学基金对学科交叉研究的资助及启示》，载《中国科学基金》2005年 19 卷 2 期。

如,在社会学研究中的伦理难题,艾尔·巴伦等显然反对以下几项普遍流行的伦理准则,譬如,自愿参与、对参与者无害、匿名与保密、无欺骗、不隐瞒研究缺点、自动接收审议和坚持职业伦理规范等。① 其中许多伦理准则也是人类学、法学中探讨伦理责任的重要内容。譬如,在法律实证研究中,一般遵循参与自愿、参与无害、有限欺骗以及有效披露等伦理准则。其具体分析,在下文"法律实证研究中的伦理责任"将予以专门介绍。

学科交叉能为实证研究提供一些新的研究视角和研究立场。譬如,法律实证研究的初步发展,即是借鉴并受益于社会学、人类学的研究成果。菲利就曾指出:"实证派犯罪社会学的原始名称源于人类学研究,今天人们依然认为它与'犯罪人类学派'差不了多少。尽管这个名称已经不适应这一学派(它也重视和调查心理学、统计学和社会学资料)的发展,但推动这一新学科发展的最主要动力仍然应当归功于人类学的研究。"②

(三) 实证研究的基本要素

虽然实证研究具有一些共通的研究方法、研究视角、风险类型、伦理责任等要素,但是,在不同学科中,其理论建构和运用状况存在程度不等的差异。实证研究必须处理好相关学科群方法之间的共性和差异问题。

求同存异,不失为现实选择。归纳实证研究的基本要素,是求同的重要内容。具体而言,绝大多数实证研究都包含以下四项最基本的要素:

1. 社会情境

法律运行于社会当中。在法律实证研究中,除了要求方法论上的科学安排外,还突出反映在对社会情境,包含与一时一地特殊语境的适格性要求,以及对研究者在沟通艺术上的技能要求。许多实证研究项目,尤其是试验研究,往往需要天时、地利和人和的因素。

2. 程序规范

根据时间维度,实证研究必然体现过程性,并具有规划设计、实施过程到推广方式等一系列程序特征。具体而言,实证研究一般包括以下程序规范:从发现并提出问题,到建立理论假设,再到制定科学的规划设计、

① 〔美〕艾尔·巴伦:《社会研究方法》,邱泽奇译,华夏出版社 2005 年版,第 61 页。
② 〔意〕恩里科·菲利:《犯罪社会学》,郭建安译,中国人民公安大学出版社 2004 年版,第 99 页。

选择合适的研究方式、进行精确的资料分析,最后得出研究结论等。程序的科学性直接决定实证研究在形式层面的质量。

3. 经验法则

相对于思辨研究而言,实证研究的基本假设是经验性的"我发现",而不是表态性的"我认为"。在实证研究中,强调用事实说明事实。以经验为基础的客观观察和实地感受十分重要。经验法则还往往被用来检测实证研究结论的有效性。在很大程度上,经验法则决定实证研究在实质层面的质量。

4. 基本方法

实证研究的基本方法,其核心指向的问题是如何进行资料收集和资料分析。实证研究既强调定量研究,也强调定性研究。一系列融合定量研究与定性研究的方法,譬如调查研究、观察研究、文献研究、实验研究等成为实证研究最基本的研究方式。它们的合理选择和运用艺术成为衡量实证研究程度和水平的基本标准。

实证研究,在本质上是一种方法论。其方法论特征如何? 根据科学方法论和交叉学科的启示,大致呈现如下状况:

(1)在每一程序规范中均有其具体方法体系。譬如,在实证研究的提出问题、确立假设、规划设计、研究方式、资料分析、得出结论、项目推广等阶段都有其具体方法;但是,在这些方法中,以收集资料和分析资料的方法为最难点。

(2)方法的运用辅以一定的样本规模。在实证研究的评估和推广时,其有效性的逻辑前提是在样本规模上的代表性以及样本分析上的严格性。当然,样本规模受到制度环境、人力资源、经费保障等因素制约;在确保样本质量的基础上,针对一定的样本规模,也多注意在扩大代表性、减低形式误差、挖掘深度内容等方面努力。

(3)在实施过程中混合方法较为常见。混合方法属于方法的交错组合或者结合其他因素灵活运用。这些方法基本上综合了定量研究与定性研究。混合方法代表了实证研究在方法上的多元化倾向。但是,需要注意的是,在各种方法之间不时也存在优先或不能问题。一些实证研究受到政治蕴涵和伦理规则的限制。

二、法律实证研究的方法"图谱"与基本特征

法律实证研究,是指在具体社会情境下按照一定程序规范和经验法

则对法律信息进行定性与定量分析。确切地说,法律实证研究的实质是依据一定方法论针对一社会情境的具体方面,包括个人、群体、组织、社区、法律产品、法律事件和法律制度等蕴含的法律信息进行经验性研究。其中,法律信息的类型,包括成文法律、法律文化、法律载体、诉讼案件等具体形式。随着社会的发展和法律的变迁,法律信息的类型也会相应变化。

（一）法律实证研究的方法"图谱"

在法律领域进行实证研究,其最早的案例,目前无据可考。但可大致描述其在方法论道路上的"图谱"。这是一个多学科之间相互碰撞、相互交流的过程。

在传统的法律研究中,"思辨"是其核心特征,即通过法学家或立法者等的知识理性阐述或建构种种法律主张。这种对"思辨"的信心在概念主义法学和欧洲近代司法中曾经异常膨胀。当时的许多理论都认为,通过概念设计和思辨能力,人类可以设计完美无瑕的法典,而且在司法过程中能够得到如同"复印机"般的遵守。此时,"法学"是傲慢而孤立的。来自法律规范的僵化和司法专制的现实,逐渐冷却了人们对"思辨"的狂热。

由于方法论的孤立和闭塞,法学曾经与其他学科之间距离遥远。日本法学家川岛武宜进行了略显夸张的描述,他指出:"在法社会学产生以前,'法律学'是处于一种'光荣孤立'的状态下。正像政治学、历史学、民族学等各门社会科学没有为'法律学'提供的研究提供任何帮助一样,'法律学'也没能为这些社会科学的研究提供任何信息"[1]。

科学方法论和学科交叉对法律实证研究的兴起和发展起到了重要影响。具体而言,人们逐步认识到,法作为一种人类的创作,用不同的观察方法加以研究,可区分一系列不同的学科。法社会学研究作为社会现象的法规范;法史学研究法的持续影响;法哲学探讨法在规范效力上的根据和界限。[2] 法哲学、法社会学、法人类学、法政治学、法经济学、民族法学等的发展以及"法律多元主义"的观察提供了这样一个基本假设:除了官方法之外,确定法律的裁判规范在人类诉讼史上具有地方性、民族性、宗

① 〔日〕川岛武宜:《现代化与法》,王志安等译,中国政法大学出版社 1994 年版,第 235页。

② 〔德〕卡尔·拉伦茨:《法学方法论》,陈爱娥译,商务印书馆 2003 年版,第 6 页。

教性、阶层性等法律文化特征。这为法律实证研究提供了靶子：如何应对来自法律多元论的挑战，即在什么范畴内探讨各国裁判规范的构成，确切地说，其正式法源和非正式法源具有怎样的特殊性？在许多法律实证研究项目中，上述学科的方法相互融合，并得以综合运用。譬如，在一些个案研究中，研究视角已突破官方法的局限并积极分析民间法，探讨特定地域、时段、宗教、民族等情境下的法律信息状况，效果显著。

法学研究与其他学科群之间的交流状况为法律实证研究提供了信心。法律实证研究运行于社会之中，其必然受制于一时一地的社会情境。这决定了法律实证研究具有与社会之中多学科方法之间借鉴、移植的必要性和可行性。在"法律多元主义"视角下，人们发现，原来的"法一元论"和司法机械主义多少具有理想主义情结和浪漫主义的构想。归根到底，它发生了与社会情境的分离。德国学者阿图尔·考夫曼（Arther Kaufmann）非常兴奋地指出："时至今日，已无人再将法官视为一个制定法的自动机器，认为只需要阅读完整的法律规定，就可以纯粹演绎地推导出判决。"①

"图谱"再美丽，也难免瑕疵。法学研究与其他学科群之间的交流也存在一些隐患，这引起了法律实证研究者的注意。譬如，在交叉研究中，法学家们容易形成一种路径依赖和偏好。譬如，法哲学的研究者习惯于把法学与哲学彼此贯通，法社会学的研究者善于把法学与社会学结合起来，法经济学的研究者偏好法学与经济学的交叉分析，法政治学的研究者喜欢把法学与政治学糅为一体，等等。但是，在这些研究中，容易简单将人假设为"经济人"、"理性人"、"政治人"，进而分别依据经济维度、社会维度、政治维度等进行分析。尽管这样研究容易得出深刻的结论，但也存在一定程度的片面嫌疑。

（二）法律实证研究的基本特征

在法律领域的实证研究，相比其他学科实证研究，以及相比法律领域其他研究方法，具有鲜明特色。但是，受制于法律文化、司法体制、社会观念、意识形态等因素，其特征的自足程度以及发挥功能的样态有所差异。

1. 法制性

这是法律实证研究项目的法律特征。法律实证研究往往具有法的强制力背景，而且与法律信息的类型特征密切相关。法律实证研究，其核心

---

① 〔德〕阿图尔·考夫曼：《法律哲学》，刘幸义等译，法律出版社2004年版，第72页。

任务是判断法律信息的基本性质、基本问题,检验、建构法学理论,提出立法或司法建言。因此,其法制性体现在:

其一,主要研究法律信息问题。法律信息运行于社会中,就必然与政治、经济、文化等领域发生信息交换。在各法律部门中,存在多种多样的法律信息。法律实证研究在内容上重点分析研究对象在法律信息方面的背景或状态特征、行为特征,分析其制度环境、制度变迁等以及相关主体的态度和意见。

其二,主要适用于法律场域,在具体运行中受到法律意识、法律角色等的客观影响;必须遵循一系列基本法制原则,譬如尊重一国宪法秩序、国家安全,促进和平、自由与人权,不任意干涉他国主权等。在法律实证研究的规划设计、实施过程、推广方式中,往往需要遵循法定主义、守法义务的制约。通过违法方式进行的法律实证研究,可能有损法律的权威,并损害研究结论的有效性。

2. 能动性

这是法律实证研究项目的社会特征。法律实证研究,相比自然科学实证研究,处于更为高级的社会系统形态中,不可避免受到社会条件、人性基础等因素的影响。在法律实证研究中,具有特殊的可控因素与不可控因素。这主要源于法律实证研究中"社会事实"的流变性或者说不确定性、人的流变性或者说不确定性。前者集中反映为社会生产方式的变更、法律思维习惯的变化、社会意识形态的转换等。在特定场合,这些因素容易综合形成风险事故。后者集中反映为实证研究参与者受制于各种因素,出现与实证研究矛盾的思维定式或行为模式,譬如,来自诚信方面的危机或者是失范。这些不可控因素具有潜在性,不易察觉,也不易控制。

如何应对不可控因素集中体现了法律实证研究的能动性。其一,在设置研究假设时,多考虑不可控因素对变量关系的影响,在研究结论与研究假设不一致时,多基于不可控因素的类型分析作出准确测量,明确问题的起因、既有的后果。其二,法律实证研究,基本都制定了风险管理,包括预防与救济的方案,分析可控因素、不可控因素。针对突发性的风险管理失灵,多坚持"损害最小化"原则灵活处置,恢复之前状况或促进更加优化局面。

3. 科学性

这是法律实证研究项目的方法特征,也是其最核心的特征。相对自然科学实证研究,法律实证研究在精细程度以及技术级别的需求上往往更加发达。法律实证研究的生命在于科学精神。具体体现在:在规划设计上,法律实证研究要求具备问题意识,确定理论假设和研究问题、设定科学的研究变量及其指标、选择合适的研究方式等;在实施过程中,要注意风险管理和伦理责任的统筹;针对研究结论,需要进行有效性评估、确立可持续的推广计划。这些步骤和方法在基本概念和术语方面与其他学科差别不大;但是,在内容上由于法律实证研究的法制性,差异较大。法律实证研究必须妥善处理与法学理论、法律方法之间的关系。

科技理性以及科学技术在法律实证研究中获得日益广泛的运用。譬如,在定量资料的获取上,数理统计和电子计算机处理技术已获得普遍运用。以前应用于大数量文本的编码已普遍运用于定量资料与定性资料的分析,并发展出诸多矩阵表和网络图形式,极大地促进了资料简化。在定性资料的分析中,来自社会学的符号分析和叙事分析十分醒目:前者侧重分析特定时刻中有意义的对象,后者侧重分析研究对象在整个时间段中的变化与运动。

4. 本土性

这是法律实证研究的地域特征。法律是一种地方性知识。这种本土性法律观也直接影响法律实证研究。针对不同时间、地点的法律信息进行实证研究,其具体方法、实施过程和研究结论可能有所差异。法律信息,尤其是涉及法律制度的,与一国法律文化、意识形态、司法体制等因素密切相关,不可随意进行同一假设。许多法律实证研究项目受到法律内制约、体制内制约、社会观念制约、执法理念制约、社会支持制约等。这些因素在不同国家和地区的表现方式和影响程度不一。

法律实证研究在法律移植上具有独到优势。但是,法律移植方面的实证研究难度较大。这是因为,本土性是在法律移植的实证研究中必须考虑的核心因素。好比"移树"时需要分析与该树合适的"土壤"、"水分"、"阳光"、"气候"一样,要了解移入国家或地区的社会、政治、经济、文化等方面的社会情境,分析其制度需求和供给关系,否则容易导致南橘北枳等负面效应。

5. 伦理性

这是法律实证研究的人性特征。法律实证研究的魅力,与社会学类似,即积极承认一定范围内不可知领域的存在、积极承认一定条件下的可错性的空间。这对法学理论而言,在实证研究之后,即使一时、一地的研究结论与之不一致,也未必说明该法学理论属于谬误,而是需要进一步地检验。法律实证研究的成败需要科学化的评估。明确这一点,有利于缓解研究者在知识风险上的伦理责难。

在法律实证研究中,其伦理性问题,还表现为遵循一系列来自道德规则的规制。譬如,参与自愿、参与无害、有限欺骗、有效披露等伦理规则。这些伦理规则的核心内容是尊重他人合法权利,尤其是隐私权。现代社会既是风险社会,也是隐私社会。法律实证研究要尽量实现被参与者的知情同意,并确保调查的匿名性、机密性。在不同种族、地区、阶层等,其在宗教、习俗、礼仪等方面都有其特殊规范,法律实证也需予以尊重。

(三) 与相关概念的区别

准确理解法律实证研究的概念,需要厘定它与实证主义社会学、社会法学派和分析实证主义法学的关系。一是因为这些概念在学术界和实务界经常遭遇混用或错用;二是这些概念之间具有一些内在的千丝万缕的联系。

1. 实证主义社会学

实证主义是19世纪30年代创立的以自然主义和还原主义为基础,事后历经多重演绎的一个哲学体系。它在西方社会学中发迹较早,并长期占据主导地位。正因为此,提及实证主义哲学,在通常观念中往往意即实证主义社会学。具体而言,实证主义社会学在理论取向上,以孔德、斯宾塞、涂尔干等为代表,坚持社会科学以自然科学为标准模式,主张把社会事实当做实在的物进行经验、实证主义的考察,主张研究方法的客观性,探究研究结果的真实性和可靠性。[1] 譬如,孔德认为,所谓"实证",第一,指的是真实,与虚幻相对应;第二,表示有用,而不是满足那些"不结果实的好奇心";第三,表示肯定,而不是"无穷的疑惑和无尽的争论";第四,意味着精确,而不是模糊;第五,作为否定的反义词,强调组织,而不是破坏;第六,强调相对,而非(神学或形而上学的)绝对的必然倾向。[2] 针对传统实证主义社会学,马克斯·韦伯等社会学家则强调人文主义的取向,主张不应盲目效仿自然科学方法,但应对人的社会行动的原因、进程和结果进行诠释性理解;其以"理想类型"作为概念的构造工具,依据价

---

① 〔法〕迪尔凯姆:《社会学研究方法论》,胡伟译,华夏出版社1998年版,第11页。

② 参见〔法〕奥古斯特·孔德:《论实证精神》,黄建华译,商务印书馆1996年版,第29—31页。

值相关和价值中立,分析理解社会学、政治社会学和宗教社会学等。① 之后,马克思开创批判主义理论传统,关注以辨证的方法来观察和分析社会形态和社会变迁,意识到研究所受到的政治、经济、文化、阶级、阶层等因素的影响,注意研究中的权力关系和对改造、变革现实社会的重要作用。②

2. 社会法学派

实证主义哲学在法学中的运用,迄今为止,一个显著成果即是法社会学,或者说社会法学派。在社会法学派中,以萨维尼、庞德、霍姆斯、埃希利等为代表,认为法律运行于社会之中,依次主张把社会现象同民族精神、社会控制、司法经验、司法过程等结合起来考察研究法律现象等。正如日本法学家川岛武宜所描述,在法社会学产生以前,"'法律学'是处于一种'光荣孤立'的状态下"。③ 法社会学实现了法学在方法论上的伟大变革。其中,实证研究作为法社会学较为推崇的研究方法之一,获得较为广泛的运用。20世纪60年代后,西方社会科学出现了一系列非实证主义思潮,虽然未能撼动实证主义方法的持续性优势地位,但进一步拓展了社会科学研究领域、视角、范畴。④

3. 分析实证主义法学

关于实证主义哲学、分析实证主义法学之间的关系,拉兹的经典论述为学术界所公认。他指出:"有关法律实证分析的无休止争论在很大程度上归因于法哲学中实证主义概念的晦涩难解。的确,法律实证主义(引者注:即分析实证主义法学)在本质上既独立于19世纪的实证主义哲学,又独立于20世纪的逻辑实证主义。不同的实证主义法律理论之间存在着重大差异,而非实证主义论著又渗透着大量迥异的哲学动机,这一切表明:确定法律实证主义的来源——实证主义者的基本哲学观是极为困难的(也许是不可能的)。"⑤实际上,分析实证主义法学,发端于古罗马注释法学派,在19世纪上半叶真正形成。其以边沁、奥斯丁、凯尔森等为代

---

① 〔德〕马克斯·韦伯:《社会学的基本概念》,台北远流图书公司1993年版,第19页。
② 《马克思恩格斯选集》(第4卷),人民出版社1995年版,第692页。
③ 〔日〕川岛武宜:《现代化与法》,王志安等译,中国政法大学出版社1994年版,第235页。
④ 参见〔英〕安东尼·吉登斯:《社会学方法的新规则——一种对解释社会学的建设性批判》,田佑中等译,社会科学文献出版社2003年版,第2—6页。
⑤ 〔英〕约瑟夫·拉兹:《法律的权威:法律与道德论文集》,朱峰译,法律出版社2005年版,第59页。

表,在理论主张上强调法学以分析国家实在法为基础,只讨论法律"是什么",而不讨论"应该是什么";其方法论的核心特征包括:一是追求法学研究方法的纯粹性;二是对事实和价值进行区分;三是注重法律的语义分析方法。譬如,奥斯丁主张,"法理学研究实在法或严格称谓的法,而不考虑其好坏"①;凯尔森主张:"如果它被称为是一个法律的纯粹理论,那是因为它只探讨一个以法律为取向的认识,也因为它基于此一认识,排除了所有不被确认为法律的事物,也就是说,它想要使法学自所有与其无关的元素中解放出来"②。之后,分析实证主义法学以哈特、拉兹、麦考密克、魏因贝格尔等为代表,他们在坚持分析实证主义法学基本立场的基础上,不断地修正分析实证主义法学:一是提出"最低限度内容的自然法",试图缓解因绝对区分事实与价值导致的一系列责难;二是在研究对象上从法律规则扩及法律制度的结构、法治的功能等。

通过上述梳理、分析,不难发现,法律实证研究在本质上属于实证研究的方法论在法律领域的具体运用。其作为一种具体的经验性研究,与实证主义哲学在基本范畴上存在层级差异。二者的联系在于,实证主义哲学中倡导社会科学对自然科学在方法论上的移植恰恰是法律实证研究的"神韵"所在。实证主义哲学正在逐步从社会学扩张至法学领域。

在上述概念中,法律实证研究与分析实证主义法学貌合神离。这也是学术界经常混用两个概念的重要原因。实际上,二者的分析方向是截然不同的:法律实证研究强调对社会情境的理解,关注法律与社会上各种现象的相关性,反感法律规范的概念主义、形式主义情结;实证主义法学则是坚持法律的形式主义特征,并强调法律在社会中的独立性,反对法律的道德化解释。

当前,正将法学与社会学进行有效联结的是法社会学。法社会学也是法学走向实证化——包括科学化、规范化——的重要基础。在法律实证研究的方法"图谱"中,来自社会学的影响居功至伟,但不是全部。法人类学、法政治学、法经济学、民族法学等也发挥了重要作用。

三、法律实证研究的功能分析与内在超越

根据功能主义的主张,在法律领域进行功能的研究,往往具有超越法

---

① 参见张文显:《二十世纪西方法哲学思潮研究》,法律出版社 2006 年版,第 71—72 页。
② 〔德〕阿图尔·考夫曼:《法律哲学》,刘幸义等译,法律出版社 2004 年版,第 5 页。

律目的、法律价值的意义。正如瞿同祖先生指出的："研究法律自离不开条文，这是研究的根据。但仅仅研究条文是不够的，我们也应注意法律的实效问题……如果只注重条文，而不注意实施情况，只能说是条文的、形式的、表面的研究，而不是活动的、功能的研究。"①如何评价法律实证研究所产生的行动后果在社会整体中发挥的作用？法律功能论可帮助解决法律实证研究为什么有用以及究竟有什么用的问题。

相对于体现制度设计者主观意向的法律目的而言，功能分析侧重分析可见的客观后果，这些客观后果可能是法律目的的直接体现，也可能并不一致，甚至走向反面。相对于反映一定的主体需要的法律价值而言，功能分析更具有动态的意味，体现于法律系统与制度环境的相互作用过程中。对法律实证研究本身进行功能分析，一方面有利于超越法律目的的理想性和法律价值的静态性；另一方面，在根本上，有利于考察法律实证研究对社会的适应性。

（一）既有功能性研究的两种结构

对法律实证研究进行功能性的关注，其与纯粹的目的性研究、价值性研究的区别在于，立足于动态的发展过程，分析其具体功能和制约因素。当前，法律实证研究的功能分析，与目的性研究、价值性研究密切结合，并体现在立法、司法、研究等的动态过程中。基本呈现两种结构：

1. 目的—功能研究

结合目的研究法律实证研究的功能，有助于对其功能类型、制约因素作出相对精细的静态描述。根据法律实证研究的研究目的，即描述性研究、解释性研究和探索性研究，结合法律信息的特性，将其细化为一系列具体功能。譬如，描述特定法律现象、解释法律的某种原因、预测某个法律现象或后果、评价某种法律实践的实际效果、直接作为立法参考等。这些功能在具体的部门法中，其表现形态和发达程度有所不一，其功能实现的制约因素也有所差异。譬如：

（1）在风险类型上

在刑事法、行政法、诉讼法等公法、强制法领域，其风险方案不仅要应对来自外部环境中政治风险、社会风险等，还要避免在项目规划、运行以及推广等过程中出现一些瑕疵的内部风险，尤其是法定主义与良性违法的矛盾；在民商法等私法领域中，来自外部环境中政治风险、社会风险等

---

① 瞿同祖：《中国法律与中国社会》，中华书局1981年版，导论第2页。

相对较少,其风险范围多集中在内部风险。

（2）在伦理原则上

在刑事法律、行政法律、诉讼法律等公法、强制法领域进行实证研究,一般确立禁止不利于被追诉人或行政相对人等具体原则以保障参与无害原则的实现。这是因为,在这些法律部门,授权具有法定性,超越法律对参与者施加有害影响,违反了法定主义、法律的可预测性等基本理念。在民商法等私法领域中,其程度要求有所降低。

（3）在主导力量上

在刑事法律、行政法律、诉讼法律等公法、强制法领域,由于涉及公法行为运行,在参与实证研究的力量对比上,法律机关往往占据主导性地位并在事实上占据对学者的比较优势。任凭学者自由发挥、自主控制的法律实证研究往往不具有现实性。而在民商法等私法领域中,学者对实证研究的控制力以及学术自治程度较高。

正因为此,在各法律学科中,其所选择的研究方式也有所差异。由于民商法等领域属于私法、任意法,以意思自治等为核心原则,在调查、观察、文献等方面研究较多,在实验方面相对较少;反而是刑事法、诉讼法等公法领域,受制于公法、强制法身份,在立法修改等方面对安全性、谨慎性要求更高,除了强调调查、观察、文献等方面研究外,对实验也保持了较高关注。

2. 价值—功能研究

结合价值分析法律实证研究的功能,有利于对法律实证研究的内在品质与社会需求之间关系进行明确判断。根据社会需求状况,可区分法律实证研究对立法、司法、研究和社会等的规范性价值。一般而言,法律实证研究在具体运行中具有以下具体功能:

（1）对立法的价值与功能

实证研究对于立法的价值,其规范基础是:有效的法律是不断根据法律运作的实际效果调整自身的法律,而不是僵化的价值准则和规范宣言。由此法律实证研究对于立法发挥着重要的检测和构建功能。其一,实证研究在一定程度上可以预测法律规则的有效性,即法律规则是否是可行的,避免制定法律规则的盲目性以及法律规则制定后带来的风险。其二,实证研究可以构建法律规则,实现法律规则在制度层面的调整和完善。实际上,没有实证性的研究报告,仅仅依据属于民主方式的会议讨论、投票,在缺乏必要的信息支撑和有效评估的情况下,产生恶法的几率要比产生良法的几率大得多。

（2）对司法的价值与功能

由于守法义务、法律授权等的存在，司法者往往被要求在法律实证研究上保持谨慎态度。但是，通过参与法律实证研究，司法机关对自身的法律方法、执法理念、裁决的可接受以及自身经常忽视的工作机制问题等的认识更加清晰、明了。尤其是一些权威研究机构的实证研究，可为司法机关进行工作机制改革提供科学依据。相对时间漫长、过程曲折的法律修改程序而言，通过实证研究推进法律改革相对简便，而且有利于营造司法机关在社会公众中的进取形象。

（3）对研究的价值与功能

对于学术界而言，通过法律实证研究，其评估法律研究结论的标准将不再拘泥于权威观点或者自身思辨，而为其法学理论和立法、司法建言提供一立体的检验平台。在根本意义上，法律实证研究可以成为学术界和司法实务界进行良性沟通的桥梁。通过法律实证研究，可以增进学术界对各种法律信息真实状况的认知、理解，提升学术思考的问题意识，促进学术方案的通达性。对于司法实务界而言，许多法律实证研究项目本身蕴涵一些先进的法律理念、法律方法等，他们可借此及时跟进法律前沿信息和制度走向，革除一些落后的司法习惯和技术。

（4）对社会的价值与功能

法律实证研究运行于社会中。通过实证研究法律实证研究中的社会情境，可以描述和解释社会、政治、经济、文化、宗教等背景。这实际上可极大地增强法律的社会适应性，并修缮对上述立法、司法和研究的价值与功能。具体而言，法律实证研究的社会背景决定了法律实证研究并非万能，也绝非坦途。来自社会情境中的政治、经济、文化、宗教等因素对法律实证研究的作用，具有积极和消极的两面。

在法律实证研究中，对法学理论、立法和司法建言的检测、建构，在很大程度上，构成其核心任务。为此，下文结合法律实证研究对法学理论和法律变革这两个方面的具体功能以及制约因素加以说明。在法律发展史中，法律实证研究相对于法律思辨研究而言，其制度功能集中表现在——克服社会制约因素，超越传统法学理论和法律变革中的非实证性，促进法律科学化和法治主义。

（二）法律实证研究与法律科学化

法律是否是一门科学？这在学术史上曾引起广泛的争论。在西方国家,注重法学与伦理学交叉研究的自然法学、强调法学向逻辑学和数学靠拢的概念法学和分析法学、倡导法学与社会学联姻的社会法学等主要的法学流派,都试图完整解答这一问题。但是,这些法学流派受到路径依赖和偏好的消极影响,其中也不乏"惟我独尊,一统江湖"的冲动,致使这一问题依旧悬而未决。

法律实证研究试图解答这一问题。其主要工具是凭借其与科学方法论和交叉学科的关系。法律实证研究是否有利于促进法律的科学化?答案是肯定的。

1. 表现形式:检测与建构法学理论

法律实证研究在促进法律科学化上的表现之一是检测与建构法学理论,即检测一现有法学理论真假、善恶等,即证立或证伪,或者建构一具有真、善品质的法学理论。实证研究在法学理论中的"贫困"状况,波斯纳曾一针见血地指出,以前的法律中缺乏的是严格的理论假说、精密的测试设备、精确的语言、对实证研究和规范性研究的明确分辨、资料的数量化、可信的受控实验、严格的统计推论、有用的技术副产品、可测定结果的显著干预等等。[①] 事实上,由此建构法学理论,常常带来许多经常性谬误、以讹传讹以及严重误导等。通过法律实证研究,波斯纳的判断得到了印证。人们逐步认识到:(1) 在法学理论中,一些自诩"定理"、"公理"、"定律"的言说,以及一些"学说"、"观点"、"论点"具有较差的确定性和普适度。(2) 许多被称为"法学理论"的理论实质上属于研究假设,未经过长期的司法实践的检测,有待证立或者证伪。在各部门法中,尤其是较早运用实证研究的是刑法学、犯罪学,许多学者试图通过实证研究纠正一些根深蒂固的法学理论,尤其是一些貌似常识的谬误。譬如,1913 年,英国学者格林的《英国犯罪人:统计学研究》是学术史上最为冒险的量化研究著作之一,通过对 4000 名累犯数据的统计分析,试图证否龙勃罗梭的"天生犯罪人论";又如,美国学者唐纳德·布莱克在案件社会特征,譬如黑人与白人对司法裁判规范影响的研究中试图论证,每个案件都有它的社会结构因素,并往往造成司法裁决中的法律差别,这与传统法律理论主张的

---

① 〔美〕理查德·A.波斯纳:《法理学问题》,苏力译,中国政法大学出版社 1994 年版,第 89 页。

"同样案情获得同样法律结果"相差甚大。① 等等。

　　许多法学理论之所以属于谬误,许多研究假设被当做研究结论轻易地被"赶鸭子上架",其诱因,不乏威权主义、功利主义等因素的影子。来自法学研究的学力不足、知识旧化、方法落后也难辞其咎。在检测或建构法学理论上,法律实证研究已成为对"传统学究"、"顽固法官"远离尘世"闭门造车",而又自鸣得意进行"逻辑演绎"或者"主观假设"的一种批判、一种反思。

　　当然,法律实证研究不是万能的。虽然检测或者建构功能在一时一地被评估有效,但往往在样本的代表性上具有局限性。我们注意到:一些此时此地貌似被证伪的法学理论可能在彼时彼地被证立。譬如,对警察会见的录像是否能有效发挥人权保障功能,在中国与英国的两个实证研究项目得出的研究结论就迥然不同。这时,简单判断谁对谁错显然是肤浅的。(参见例1-2,例1-3)

　　例1-2　研究结论在地区间差异性——中国"侦查讯问三项制度"实验研究

　　在中国"侦查讯问三项制度"实验研究中,其研究结论是,对警察会见的录像可以把侦查讯问活动置于监督之下,从制度层面遏制刑讯逼供;可以促进侦查人员提高侦查讯问水平,逐步消除口供主义的影响;可以证明讯问过程的合法性,固定犯罪嫌疑人的供述,避免翻供。② 在回访时,参与实验的许多警察认为:"三项制度"完整记录讯问过程,证据力度提高;规范办案秩序和执法行为;促进平时加强业务学习,迫使寻找口供以外的实物证据,提高办案水平;保护警察,避免遭受不白之冤。显然,这项实验的"录像",对于之前缺乏监督警察权力多样化方式的中国而言,是一新鲜事物,在其初步实验中,得出的肯定结论占据压倒性优势并不奇怪。

　　例1-3　研究结论在地区间差异性——英国对警察会见的录像的实证研究

　　来自英国的麦高伟教授对警察会见的录像的实证研究表明,虽然用

　　① 参见〔美〕唐纳德·布莱克:《社会学视野中的司法》,郭新华等译,法律出版社2002年版,第1—26页。
　　② 樊崇义、顾永忠主编:《侦查讯问程序改革实证研究——侦查讯问中律师在场、录音、录像制度试验》,中国人民公安大学出版社2007年版,第437页

官方辞令说,讯问录像有保障犯罪嫌疑人和保护警察的双重目的,但证据表明,后者可以实现却往往以牺牲前者为代价。这是因为,会见录像并不能防止警察相互影响,也不能防止警察在讯问前和讯问后在摄像机拍不到的地方对付犯罪嫌疑人,结果是录像既不能反映警察的违法行为也不能反映事实的真相。① 来自英国迪克逊教授的相关实证研究表明,其所采访的警官 71% 承认他们有时、经常或总是和犯罪嫌疑人在录像前预演,然后在会见中简单问问犯罪嫌疑人,以重申它在预演中的供述。② 来自英国的鲍德文教授对 1989 年 10 月至 1990 年 11 月 400 份讯问录像的实证研究表明,36% 被归类为"不是很好地进行"或"进行得不好",这类多是在说服犯罪嫌疑人"同意"其有罪推定并作出陈述。③

2. 内在依据:综合法学的推动

在法律实证研究中,根据研究目的,要解释、描述法律信息现象的本来面目或真实处境,探索适合社会和人性的制度性方案,必须突破对单一方法论、某一法学流派的依赖。传统的自然法学、概念法学和分析法学、社会法学等,在历史上曾经界限分明,但在法律实证研究中,为避免深刻的片面,出现了松动趋势。

霍尔、博登海默、费希纳等提倡的综合法学,可作为法律实证研究的内在根据。它使法律实证研究所凭借的法学理论变得丰满、多样。综合法学要求法律实证研究在规划设计、研究过程、评估和推广时,认真考虑以下综合因素:在法律层面关注法律的价值、规则、事实等方面的要素;在社会层面关注社会的情境、制度、技术等方面的要素;在方法层面关注具体研究方式与法律和社会的适应性。对此,博登海默有一个精妙的论证,他指出:"法律是一个带有许多大厅、房间、凹角、拐角的大厦,在同一时间里想用一盏探照灯照亮每一间房间、凹角和拐角是极为困难的,尤其当技术知识和经验受到局限的情况下,照明系统不适当或至少不完备时,情形就更是如此了。"④具体而言,综合法学的理论优势在于:任何人都不可能

① Mike McConvile, " Videodeotaping Interrogations: police behaviour on and off camera", *Criminal Law Review* 532, 1992, pp. 539—548.

② David Dxion, *Law in Policing*, Carendon, 1997, p. 152.

③ John Baldwin, Video Taping Police Interviews with Suspects—An Evaluation, *Home Office Police Department*, 1992, p. 19.

④ 〔美〕博登海默:《法理学——法律哲学及法律方法》,邓正来译,中国政法大学出版社1999 年版,第 198 页。

根据某个单一的、绝对的因素或原因去解释法律制度。各种法律观点中存在大量的异议和分歧,但它们组成了整个法学大厦极为珍贵的建筑之石,尽管每一种理论只具有部分和有限的真理因素。博登海默举历史法学、马克思主义法学、实证主义法学、现实主义法学为例,说明"进路单一的、维度单一的法律理论只具有部分效力,而且在整体上也是不充分的"。

综合法学也存在局限。对此,博登海默诚恳地指出,正如"真理是任何特定时间人们经验的总和"命题所要求的,随着我们知识范围的扩大,我们需要构建一种能充分利用人们过去一切知识贡献的"综合法学",但这种法理学所描述的法律制度的整体图式最终也是不全面的。在法律实证研究中,"综合法学"铺设的道路"看上去很美",但在特定的社会条件、人性基础上,特别是学力储备有限的情况下,往往具有操作性的困难:与法学相关学科群的众多要素如何整合?相关学科群如何有序、规范运用?由此,我们不难理解,为什么很多法律实证研究项目在实际规划设计中与综合法学的要求有较大距离,受学力储备的限制,许多法律实证研究项目往往对研究领域和方法融合进行有限的控制。①

(三)法律实证研究与法治主义

法治,是否可能?这是在有关神治、人治与法治主义的讨论,以及法制与法治的讨论中,不少学者发出的疑虑。依据法律功能理论,法律实证研究是否有利于促进法治主义?这是分析法律实证研究功能无法回避的问题。·

人类法律发展史表明,在法治主义道路上,没有任何一套理论上设计的司法制度能尽善尽美。至今人类也没有设计出一套司法制度能使负责运作的人严格按照成文法律规定去做。而且,负责运作的人往往能通过非正式方式背离成文法规定。这种"落差"是如何生成的呢?

1. 传统法律变革中的非实证性

在传统法制观念中,法律或源自自然法则、或因由国家权威、或衍生自道德伦理,来自社会事实的实证研究往往被忽视。可以说,在传统的法律变革中,实证研究的参与较少,多没有成为主导性力量。相形之下,神明或先知的意志、政治意蕴的威权、殖民主义的压制、法学家或立法者、法官的理性等在历史上发挥了重要作用。

---

① 喻中:《法律立场·人文考量·社科眼光》,载《检察日报》2007年2月12日。

（1）神明或先知的意志论

在典型的原初社会以及宗教意志流行的国家和地区，来自神明或先知的意志即是一种具有支配性的"律法"规范。譬如，《圣经》在基督教地区、《古兰经》在伊斯兰教地区都对其文明形成和法律生长发挥了重要作用。应当说，它们在稳定社会秩序、改善人类心智结构等方面具有许多特殊的积极功能。（参见例1-4）

例1-4 《圣经》中"十诫"的法律功能

摩西"十诫"和古以色列法《旧约》里，耶和华是以一个伟大的立法者形象出现的，而《旧约》本身就是一部伟大的律法书。对律法的每一个违反行为都是对人与上帝之间盟约的背弃。"十诫"被认为是西方文明道德和法律的基础。从公元5世纪末期西罗马帝国的灭亡到16世纪初罗马法复兴运动以前，基督教（主要是天主教）教权及教会法的地位不断上升，直至凌驾于世俗法及世俗政权之上，由此开始了神学一统天下的格局。法学也成为神学体系的一个分支，奥古斯丁、伊西多、托马斯·阿奎那等神学政治家通过《圣经》"十诫"和个体信仰的视角重新阐释法律的本质特性和诸多原则。教会中出现了以主教法庭、大主教法庭和教皇法庭为主体的独立的审判机构体系，形成了完整的诉讼程序。僧侣由于受教育程度高，逐渐掌握并垄断了对法律的解释与传播，开始形成新的法律职业阶层。①

恺撒的归恺撒，耶稣的归耶稣。在西方国家，随着宗教改革、文艺复兴、罗马法运动等，神明或先知的意志在法律变革中的作用已逐渐冷却。在当代，许多少数民族地区、信奉特定宗教地区，其"律法"规范与习惯法、村规民约等结合，仍具有一定的效力。

（2）政治意蕴的威权论

主权者的命令往往是法律的重要内容。但在封建社会等存在威权主义的社会形态中，受到皇权秩序等的影响，主权者的命令在政治意蕴上往往夹杂较多的威权。其颁布和推行往往具有较大的随意性。其在规范上的品质往往取决于主权者的能力。如果贸然对威权进行实证研究的检验，容易被认为破坏秩序。

结果，在影响改革或变法成功与否的核心因素中，改革派与保守派之

---

① 参见彭小瑜：《教会法研究》，商务印书馆2003年版，第115—116页。

间的力量对比、有无触动当时的政治基础(尤其是皇权秩序)往往占据主导地位。在封建皇权语境下,许多改革的方法论与结果之间往往加入一些无法调和的因素。至于改革是否顺应历史发展的潮流以及本身方法的先进性则在所不问。

在种族主义的不光彩历史中,一旦其与政治威权合流,可能产生严重的人权危机,出现一些人类社会中的悲剧。在南非,受种族优越论等影响,"黑人家园计划"等的实质是白人利益集团通过政治权威对黑人的制度性压迫。(参见例1-5)

例1-5　"黑人家园计划"等种族主义举措

自1910年南非联邦成立至20世纪60—70年代,南非政府在种族主义上越走越远,颁布了数以千计的关于种族歧视和种族隔离的法令。如1922年《土著事务法》、1926年《肤色壁垒法》、1936年《土著代表法》、1937年《土著委员会法》、1950年《人口登记法》等。这些法令的主要内容有:一是白人种族排他性地独揽政权;二是逐步剥夺黑人的土地等生产资料;三是实行严格的种族隔离和种族住区隔离;四实行工业肤色壁垒制度;五是实行针对黑人的通行证制度等。

依据1951年《班图权利法》和1959年《促进班图自治政府法》,南非政府实行一种种族隔离永久化的计划——"黑人家园",即将南非人分为两个部分:一是南非白人,二是"黑人家园"。所有南非黑人都必须根据其部属而归于某一"黑人家园",并督其实现自治。其用意十分明确:把黑人彻底赶出南非,使南非真正成为白人的天下。至此,南非种族主义法律制度达到顶峰。

直至20世纪70—80年代以来,在国内外政治形势压力下,南非种族关系才有所改善,"使黑人与白人和解"、"不适应即灭亡"成为其政府政策。之后经过一二十年的努力,种族隔离制度才被逐步取缔,并初步确立了南非种族平等的政治格局。[①]（参见图1-1)

（3）殖民主义的压制论

在西方中心主义时代,西方发达国家的法律依托武器和合约,成为许多落后国家和地区进行法制建设的强制性临摹版本。在治外法权和领事裁判权中,这种压制论往往消极影响落后国家和地区对自身法律需求、制

---

① 参见何勤华、洪永红:《非洲法律发达史》,法律出版社2006年版,第460—465页。

图 1-1　南非种族纪念馆的 7 根石柱

　　南非种族博物馆,位于约翰内斯堡,门前 7 根顶天立地的石柱,分别代表:自由、尊重、责任、多样、和解、平等、民主。废除种族隔离后,它们被认为是新南非坚强而不可或缺的柱石。

度环境的准确判断。

　　在右翼殖民主义者看来,对落后国家和地区的实证研究不仅耗时费力,而且在挖掘没落、丑陋、低贱的文明,因而极力反对。

　　当然,不可否认,由于人类文明具有相当多的共性,加上殖民主义在法律方法上的一定优势,当代法学界对于殖民主义压制论的认识日益客观、理性。(参见例 1-6)

　　例 1-6　针对阿贾伊"插曲论"的反驳——英国法在非洲法"生根论"

　　尼日利亚学者阿贾伊曾经认为殖民主义只是非洲历史及其法律的一个插曲。他的"插曲论"的论证基础是:英国法的判例体系、推理方法以及复杂的程度和独特的概念术语等特点在非洲殖民地的本土化过程中遇到了巨大困难。但是,许多证据表明,"插曲论"言过其实;英国法已经成功地渗透到了非洲法之中了,尽管它曾经破坏了非洲法原有的自然发展进程。此即"生根论"。在这一过程中,成功的经验在于,英国殖民当局从政治策略、生活习惯、地理环境、法律基础与法文化差异、司法体制等方面都进行了详尽的考察、分析和调整,在诸多方面弥补了传统非洲法的不足。虽然一些移植的英国概念和规则并没有发挥预期作用,但这不影响一个基本事实,当前非洲法如此多的概念和规则来自英国法。[①]

(4) 法学家或立法者、法官的理性论

中国古代律学与经学、儒学之密切关系导致了它在方法论上的核心体现是采用训诂学、"微言大义"的方法,研究注解经书之法,以解释律文;在模糊、漏洞处,"引经决狱"和"原情审断"成为重要的可替代品,至于运用实证研究进行检验和评价,并不见长。

在普通法系传统中,法学家或立法者、法官的理性是传统法律变革最倚重的力量。多年来,政府和法院都认为可在不经过系统社会调查并了解现实世界"细枝末节"的情形下就可以对法律进行变革。此外,一些法律修改上的问题被认为是无法通过实证研究加以解决的。因为当时没有相关的研究传统、人力资源和科学方法等。该问题多被留给法官和法学家。[②] 在英美法系,法官可以根据司法理性进行一定限度的造法。

在大陆法系法学家基于法律人思维方式充当"影子立法者",但是,在一系列的法律漏洞、司法困境面前,他们也经常无能为力。

在两大法系社会治理中,法治主义生成并取代人治主义是一条漫长的道路。20 世纪初期以前,与缺乏实证性的根基有关,在西方社会始终存在两种反法治主义的潜在危机:一是法律在强制性上走得越来越远,但在人伦性上发展不足;二是法律在国际化上走得越来越远,但在本土性上发展不足。这些潜在的危机伴随治外法权和领事裁判权产生了全球影响。

许多落后国家和地区通过民族解放运动和法律本土化改革,试图避免这些潜在危机,但效果不一,部分国家和地区甚至身陷其中。结果,有的法律变革出现"偏向"、"逆流",甚至"朝夕变更"。有的法律变革为权力意志所干扰、反而制造新的问题,或者在具体实施中沦为"死法"。

为又快又好地实现法治主义,有的国家和地区甚至采取"运动式法治",即通过自上而下的体制采取运动式治理来推进法治。这是一种短期理性,弱点相当明显:不仅有形式主义的倾向,而且容易产生某种程度的

---

① A. Kodwo Mensah-Brown, *Introduction on Law in Contemporary Afica*, Conch Magazine Linited Pubishers 1976, p.11.

② 〔英〕迈克·高家伟:《实证研究和法律改革——英国经验》,郭志媛、曹咏译,载徐昕主编:《司法程序的实证研究》,中国法制出版社 2007 年版,第 21 页。

混乱和使参与人员疲劳,成本高、效率低,以及造成"运动式依赖"。①

2. 法治主义的实证性与本土化

上述法律变革中的反法治主义现象在 20 世纪初期开始得到缓解。在西方国家的法律变革中,掀起了实证研究的热潮。当然,这种状况的出现,有其以下三个背景:

第一,方法论背景。20 世纪初期以来,随着法学与其他学科的相互借鉴、吸收,法学内部逐步生成法社会学、法人类学、法心理学、法史学、经济法学等在内的法经验科学。② 法律社会学的兴起和发展,推进了实证主义哲学向法学渗透的步伐。

第二,政治化背景。两次世界大战之后,西方国家的法治类型从形式阶段转入实质阶段。形式法治追求严格守法和形式平等,而实质法治则追求个案正义和实质平等。它要求在立法、执法和司法中要充分考虑社会各方面利益诉求。在法律领域进行实证研究成为一突破口。(参见例 1-7)

第三,职业化背景。在两大法系的立法中,许多与法律相关的机构、团体、人员等逐步参与到实证研究。法律职业共同体渐成雏形。许多立法草案的出台,都有法律职业共同体共同协作参与的身影。相对过去的"非职业化"立法,通过"职业化"的实证研究制定法律,并且配备根据实证研究预测的人员编制、经费预算等,可以保障所制定法律的有效实施。③

例 1-7　英国"警察侦查能力与司法公正"的实证研究

在英国"警察侦查能力与司法公正"的实证研究中,"误判"被认为是实证研究和法律改革的动力:直至 20 世纪 70 年代,英国警察局还是完全封闭的场所,警察强大的侦查能力与其在羁押讯问、控诉证据收集过程中的诸多问题并存;警察在侦查谋略上的权力性上,甚至存在编造对个人不利证据的诸多方法,这是导致误判的重要原因。在英格兰和威尔士,公众对一系列错误定罪的抗议此起彼伏。实证研究揭示了这些为之前研究所遮盖的深层次问题。为此,英国成立皇家委员会主持法律改革,实证研究

① 左卫民等:《中国刑事诉讼运行机制实证研究》,法律出版社 2007 年版,第 273 页。
② 杨仁寿:《法学方法论》,中国政法大学出版社 1999 年版,第 92 页。
③ 参见最高人民检察院法律政策研究室组织编译:《所有人的正义:英国司法改革报告(中英文对照)》,中国检察出版社 2003 年版,第 1—12 页。

中的很多重要结论被写进《1984 年警察与刑事证据法》和《1985 年犯罪起诉法》,其中,核心的结论是,警察局要"对外开放"接受审查,譬如,在警察和犯罪嫌疑人之间设置一监所官员作为监督的屏障;通过法庭制裁等确保警察和犯罪嫌疑人之间的谈话被完整、真实记录;等等。

对于法治主义而言,强化其实证性是法律实证研究所产生的最直观效果。实证性可以避免纯粹法治主义在人性基础上的理想性,也可以避免人治主义在民主化、程序性上的不足。反映在法学研究和法律变革上,其突出贡献在于:

第一,通过一手资料得出的研究结论可以成为法律变革的核心依据。其在定量研究、定性研究上的科学性、规范性比起神明或先知的意志、政治意蕴的威权、殖民主义的压制、法学家或立法者、法官的理性等具有较大的优势。

第二,通过法律实证研究,可将多元的社会主体引入到法律生长的过程中。其中,既有法学家的理论假设,也有司法精英的实践技艺,还有社会各界的评价因素,等等。这一程序性规范,极大地遏制了权力的干扰、主观因素的随意性等。

对于法治主义而言,本土取向是其最终目的。从法律实证研究角度,本土化的实质是:研究者之研究活动及研究成果与被研究者之心理、行为以及生态、经济、社会、文化、历史脉络密切或高度配合、符合及调和的状态。具体要求有二:一是需要以科学方法研究某一特定族群团体或社会文化中的法制思想与实践系统;二是研究中采用的理论、概念、方法和工具必须与本土探讨的法制心理、行为以及各种社会条件保持适应性。

在殖民主义的压制论下,西方法治主义对非西方国家和地区具有宰制性影响,遏制了"本土化法治主义"的发展。法律实证研究是实现"本土化法治主义"的最优选择。反映在法学研究和法律变革上,其突出贡献在于:

第一,促进法治主义的社会适应性。法律实证研究有利于实现这样一种理论设想,法治是与一地历史、政治、文化以及社会脉络中思想传统和社会哲学密切结合的。它强调法学理论的生产方式以及法律变革的基本方法符合本土主体性需求、具有本土脉络性、促进而非摧残本土稳定性、强化本土适应性。

第二,防止法治主义的"恶性感染"。基于思辨研究的法治主义,可能在逻辑性上占有优势,但在发掘社会适应性上往往存在劣势。以猜测、想象的本土化付诸法治主义,可能沾染地方主义、权贵主义、庸俗主义等的习气。这种法治主义的可移植性比较差,在强行移植中容易出现"恶性感染",良法变恶法,多遭遇本土社会条件的反抗。

在法律实证研究中如何增强法治主义的本土化?其途径和方法有哪些?来自社会学、人类学、心理学等领域的本土化研究提供了一系列可借鉴的智性资源。

第一,四种途径的探讨。

一般而言,常用的直接了解被研究者日常心理与行为的方法主要有三种:"默会之知"(tacit knowledge)的运用,即研究者从小与当地民众生活在大致相同的社会环境中,通过实证研究不知不觉唤起体认过的许多行为和心理特征;"同理心"(empathy)与"同情心"(sympathy)的运用,即研究者以设身处地的方法和"人同此心、心同此理"的原则想象对方或他人行为或心理特征;阅读本土化研究文献。① 这三种常规性途径对研究者的文化基础、知识能力以及阅读范围都有较高要求。

相对而言,实证性研究,可以直接通过调查、观察、考证、实验等获得对所欲研究的心理和行为的第一手经验和亲身的体验。它在解释、描述被研究者之心理、行为以及生态、经济、社会、文化、历史脉络关系,探索与社会适应性方案上,可以拥有更充分的依据。可以说,如果不是成本等因素的限制,实证性研究是增强本土化的最实用方法。知识获取与传播如此,法治主义也是如此。

第二,"七不"和"十要"。

杨国枢等学者总结了一系列研究华人社会心理与行为时增进本土化的途径与方法。其中"七不"和"十要"原则构成其方法论的核心内容。② 前者的功能是避免本土化的减少或损失;后者的功能是增进本土化的程度与水平。

"七不"原则:

- 不套用他国理论与方法
- 不忽视他国理论与方法
- 不排斥他国所用的(本土化)方法

① 参见杨国枢等:《华人本土心理学》,重庆大学出版社 2008 年版,第 33—39 页。
② 同上书,第 36—39 页。

- 不采用缺乏本土化的跨文化研究策略
- 不采用抽象程度过高的研究项目
- 不采用外国语进行研究思考
- 不将学术研究泛政治化

"十要"原则:

- 要忍受悬疑未决的状态,不能随便抓西方答案应付本土化问题
- 要尽量反映当地人想法
- 要批评地运用西方理论
- 要强调社会文化的脉络
- 要研究当地特有的心理与行为
- 要详细描述所研究的现象
- 要同样重视内容与机制
- 要同华人学术思想与传统衔接
- 要兼顾传统面(儒家、道家、佛家)与现代面
- 要兼研今人与古人心理

对于法律实证研究而言,"七不"和"十要"在增进法治主义的本土性上不无裨益。

"七不"和"十要"在很大程度上脱离了西方中心主义视角,拓展了传统法治主义的狭隘,实现实证研究与"传统面"、"现代面"、"他国"、"当地"的相互统一;对于法学研究以及法律变革而言,有利于深化本土化的具体范畴,尤其是"方法"、"策略"、"项目"、"内容"与"机制"的制度安排;在方法论上,它们暗示,西方化只是一种策略,本土化才是生命线。

迄今为止,法律实证研究是实现法治主义实证性、本土化的最优选择。但是,这条道路也是"荆棘密布"。与法治主义一样,法律实证研究并非十全十美。有时,参与实证研究的法律机关对项目的热情和支持可能瞬息万变。在解释个别的极端事件和抽象层次极高的命题、概念上,实证研究往往力不从心。法律实证研究项目受到社会条件和人性基础等的影响,可能缺乏生命力。迄今为止,在一些与政治因素关联的敏感领域,譬如,涉及一国宪法秩序问题、国家安全问题、种族关系问题、一国主权问题等,进行法律实证研究往往需要特别谨慎,否则容易衍生政治风波或外交灾难。①

---

① 〔美〕艾尔·巴伦:《社会研究方法》,邱泽奇译,华夏出版社2005年版,第77页。

第二章　法律实证研究的比较范本

　　不论研究者多么努力地保持客观与独立,研究结果都会进入其所属的政治和社会结构。不论数据多么权威或无可争议,研究都须经得起他人的详细审查,其中就包括有着完全不同观点的政治家。这种情况的结果之一是研究可能被抛弃、忽略或束之高阁,直到其逐渐丧失当初的价值。这种例子在实证研究史上俯首皆是。

——〔英〕迈克·高家伟①

　　我们所探讨的对象虽是中国社会与中国社会中的中国人,所采用的理论与方法却几乎全是西方的或西方式的。在日常生活中,我们是中国人,在从事研究工作时,我们却变成了西方人。我们有意无意地抑制自己中国式的思想观念与哲学取向……在研究的数量上,我们既无法与西方相比;在研究的性质上,也未能与众不同。在世界的社会和行为科学界,只落得是多我们不为多,少我们不为少。

——杨国枢②

　　根据法律实证研究基础理论,不难推导,法律实证研究要在法律变革中发挥核心作用,必须依据科学方法论,保障研究结论具有真和善的品质。这意味着,法律实证研究必须与一地一时的社会情境保持适应性,既

---

　　① 〔英〕迈克·高家伟:《实证研究和法律改革——英国经验》,郭志媛、曹咏译,载徐昕主编:《司法程序的实证研究》,中国法制出版社2007年版,第31页。
　　② 杨国枢等主编:《华人本土心理学》,重庆大学出版社2008年版,第68页。

不可抱残守缺,也不可揠苗助长。

受多种因素影响,西方国家与当代中国在法律实证研究的发展状况、类型特征、制约因素等方面都有所差异。如何借鉴西方国家在法律实证研究中的世界方法解决中国问题,促进"中国模式"的生长,这是法律实证研究本土化中所要解决的基础性问题。

分析法律实证研究需要典型的比较范本作为文献基础,进而梳理这些范本与其法律、社会的关系。本文判断典型性的标准有三:一是该研究在本学科建设上具有突出意义;二是该研究在方法论上有一定特点;三是该研究在推广上具有一定的有效性。

一、域外范本——多元主体互动模式

在域外一些国家,其法律实证研究在制度特征上可总结为"多元主体互动模式",以区别下文中国的"司法改革主导模式"。这主要是考虑以下因素:其一,学者,尤其是法学家们,在法律实证研究中参与较多,成果突出;在前期法律实证研究中,学者多占据主导地位。其二,许多立法者、法官、民间团体、有关社会机构等对法律实证研究表现出浓厚兴趣,贡献不菲。其三,在法律实证研究中,强调多元主体之间的沟通、协调,注意避免来自权力方面的干扰。

(一) 域外法律实证研究基本特征

在域外一些国家,其实证研究起源较早。在方法论的渊源上,其实质就是移植其他学科,尤其是人类学、社会学中的,实证研究方法改造传统法学研究模式的一种方式。从范本上看,来自犯罪学、刑事司法领域的一些研究项目开展较早。(参见表2-1)在20世纪中叶前,法律实证研究基本上是犯罪学、刑事司法的"试验场所"。这在很大程度上与人类学、社会学对于与犯罪学、刑事法学在发展上的关联性以及一些学者的知识贡献有关。

表 2-1　20 世纪中叶前犯罪学、刑事司法领域实证研究典型范本

序号	负责人	研究项目	研究结论
1	英国格林	1913 年英国犯罪人的统计学研究①	1. 在犯罪人的 37 种特征中,只有 6 种与犯罪类型相关 2. 不能笼统地比较犯罪人与非犯罪人的身体差异 3. 龙勃罗梭天生犯罪人理论不成立
2	德国迈克	犯罪率研究②	1835—1861 年巴伐利亚黑麦价格与犯罪率消长高度相关
3	英国鲍尔比	1944 年 44 名小偷实验	在幼年时剥夺母爱的经历会导致个体日后的犯罪
4	德国朗格	1929 年同卵异生子犯罪研究③	1. 同卵异生子犯罪的一致率比较高 2. 犯罪与遗传有关

　　在 20 世纪中叶后,法律实证研究开始盛行于其他部门法领域。相比 20 世纪中叶以前,其在结合学科的领域上更加宽泛,在推广方式上也更加多样,在应用上也更加灵活。在犯罪学、刑事司法领域,一系列法律实证研究项目取得突出成绩,继续引领整个法律实证研究的潮流。有的直接作为立法改革的蓝本,譬如,俄罗斯、西班牙有关陪审制度的改革;有的作为司法改革的建议、评述,譬如,英国"警察侦查能力与司法公正"调查研究、"侦查讯问中录像"调查研究等。(参见表 2-2)

表 2-2　20 世纪中叶后犯罪学、法社会学、刑事司法领域实证研究典型范本

序号	研究领域	负责人	研究项目	研究结论
1	犯罪学社会学	加拿大哈根	1985 年少年犯罪研究④	少年犯罪中男性多于女性的差别,随着犯罪少年在阶级结构中的地位下降而下降,社会地位越低,罪犯性别比例的差异越来越小

① 参见吴宗宪:《西方犯罪学史》,警官教育出版社 1997 年版,第 280—293 页。
② 同上书,第 139 页。
③ 同上书,第 309—404 页。
④ 同上书,第 778—782 页。

（续表）

序号	研究领域	负责人	研究项目	研究结论
2	法社会学	美国唐纳德·布莱克	案件社会特征调查、观察研究①	1. 对"相同案情产生相同判决"提出异议 2. 案件处理和纠纷解决取决于案件本身的社会结构，即案件在社会空间中的位置和方向，诸如谁控告谁？谁处理案件？谁与案件相关？谁是当事人双方可能的支持者？
3	刑事司法	英国皇家委员会	警察侦查能力与司法公正调查研究②	1. 警察在侦查谋略上的权力性上，甚至存在编造对个人不利证据的诸多方法，这是导致误判的重要原因 2. 警察局需要"对外开放"接受审查，譬如，在警察和犯罪嫌疑人之间设置一监所官员作为监督的屏障；通过法庭制裁等确保警察和犯罪嫌疑人之间的谈话被完整、真实记录
4	刑事司法	英国麦高伟③、迪克逊④、鲍德文教授⑤	侦查讯问中录像调查研究	1. 讯问录像不一定具有保障犯罪嫌疑人和保护警察的双重目的 2. 侦查讯问中会见录像很难得到有效的执行

实证研究在域外一些国家逐步获得发展，其中比较显著的特征，归纳起来，大致如下：

1. 研究领域已基本囊括各部门法

在域外一些国家，法律实证研究渗透科学精神的"我发现"方法，在

---

① 参见〔美〕唐纳德·布莱克：《社会学视野中的司法》，郭新华等译，法律出版社2002年版，第1—26页。

② 〔英〕迈克·高家伟：《实证研究和法律改革——英国经验》，郭志媛、曹咏译，载徐昕主编：《司法程序的实证研究》，中国法制出版社2007年版，第29页。

③ Mike McConvile, Videodeotaping Interrogations: police behaviour on and off camera, *Criminal Law Review* 532, 1992, pp. 539—548.

④ David Dxion, *Law in Policing*, Carendon, 1997, p. 152.

⑤ John Baldwin, Video Taping Police interviews with Suspects—An Evaluation, *Home Office Police Department*, 1992, p. 19.

民商法、诉讼法、行政法、法理学等中都获得较为普遍的运用;在具体运行中,其多以实用主义为倾向,解决来自立法、司法和法学研究中的一系列现实问题。这令许多国家的法律研究和运行面貌为之一新。

2. 研究内容已基本囊括各种法律信息

在研究对象上,域外一些国家法律实证研究基本涉及各种法律信息,譬如,成文法律、法律文化、法律载体、诉讼案件等基本类型。通过对这些对象的研究,一般具有如下作用:描述特定法律现象、解释法律的某种原因、预测某个法律现象或后果、评价某种法律实践的实际效果、直接作为立法参考等五种类型。在欧洲,以欧洲人权法院为重要推动力,其司法区域也被誉为"法律世界化的实验室"。在这一"实验室"中,法律实证研究是其重要方法。

3. 研究方式在推陈出新上较为发达

由于域外一些国家在法治主义、人文主义等领域上的深厚底蕴,加上现代以数理统计和电子计算机处理为基础的新技术,在实证研究的具体方法上,其特色也较为显著。在种类上,不仅逐步衍生出调查法、文献法、实验法、观察法等;而且,在各种方法内部,也日益进行精细区分。其形式不拘一格,在一具体问题上并无定法,而是根据证立或证伪需要选择具体方法。

4. 研究结论在评估与推广上保障性强

在当前域外一些国家的学术界,法律实证研究受到宠爱并多被积极推广与其研究结论的有效性评估有密切关系。在其理论假设与验证程序中,分别强调问题意识和科学精神。这不仅提高了法律实证研究在社会中的地位和作用,也促进了其可持续性推广。

在保障机制上,这些国家一方面根据学术伦理,重视学术自治机制和学术打假机制;另一方面根据"沟通理论",强调猜想与反驳、证立或证伪观念。

5. 注重研究方法的对外输出

域外一些国家的法律实证研究,在近代殖民主义时期,其输出具有西方中心主义和优越论的思维;在当代法律实证研究中,其知识输出,相对而言,更侧重中立性、通用性、有效性。但是,也难免受到意识形态等方面的影响。譬如,在资助有关人权方面的研究项目上,其研究方法往往不可避免"有色眼镜"的存在。

分析这些国家的法律实证研究方法,需要大家摘除"有色眼镜"。来自欧洲一体化"法律世界化的实验室"的经验可以借鉴：一是明确经济的全球化与人权的普遍性相关，不能过分偏执文化地方主义和司法主权化；二是明确在求同存异的基础上寻求"共同法"和"国际救济"的可能性和可欲性；三是明确在职权主义程序和当事人主义程序具有"容许性"，存在一些共同的经验和教训。①

（二）美国维拉司法所方法评介

20世纪中叶后，美国法律实证研究获得快速发展。在此之前，美国的法学方法偏重于实用主义，法学方法基本沦为一种"法律技术"的研究。自从1955年在密歇根大学召开"法学研究方法会议"后，美国法学界逐步从对法条和判例的解释的热衷中反思，开始强调法学与其他学科，尤其是与社会学的实证研究，产生了大批"双栖"学者、"新学者"。②

在西方国家中，美国法律实证研究在方法论的科学化上、对外输出的能力上具有比较大的优势。尤其是在刑事司法领域的一些实证研究，在世界上享有广泛的声誉。其中，美国维拉司法所在推动美国法律实证研究方面具有突出贡献。分析其研究范本可以归纳美国法律实证研究的典型特征。下面重点评介其四个项目——"曼哈顿保释"实验研究；"邻里辩护人服务"实验研究；"被害人/证人援助项目与被害人参与"实验研究；"青少年犯回归社会改革"实验研究。（参见表2-3）

表2-3　美国维拉司法所重点介绍实证研究案例③

1	刑事司法	"曼哈顿保释"实验研究
2	刑事司法	"邻里辩护人服务"实验研究
3	刑事司法	"被害人/证人援助项目与被害人参与"实验研究
4	刑事司法	"青少年犯回归社会改革"实验研究

1. 四个研究范本的基本情况介绍

（1）曼哈顿保释项目介绍

作为维拉研究所最先开展的项目，曼哈顿保释项目于1961年10月

---

① 参见〔法〕米海依尔·戴尔玛斯—马蒂：《欧洲司法区域，世界化的实验室》，赵海峰译，载赵海峰执行主编：《欧洲法通讯》（第一辑），法律出版社2001年版，第139—155页。

② 〔美〕理查德·A.波斯纳：《证据法的经济分析》，徐昕、徐昀译，中国法制出版社2001年版，序言。

③ 本部分案例参考〔美〕吉姆·帕森斯等：《试点与改革：完善司法制度的实证研究方法》，郭志媛译，北京大学出版社2006年版。

由维拉基金会与纽约大学法学院和司法管理研究所共同创立,为期 3 年。它是针对当时美国保释制度的情况,即无力支付保释金(由法官通常基于犯罪严重程度而设定的一定数量的金钱)的轻罪被告人要在监狱里花很长时间等待审判的不合理状况而开展的。

曼哈顿保释项目建立在如下假设基础之上,即如果法院能够获得已经查证属实的有关被告人可靠性及其在社区中的底细的信息,那么他愿意在被指控人作出个人具结的前提下将其释放,而不愿意设定保释。对此,维拉研究所设计出了一种方法,使法官可以迅速判断每一被告人与社区联系的紧密性,主要是根据其住所和工作,并在证实存在这些联系时无需保释而安心释放被告人,然后建议法官,只要被告人符合条件就释放。

具体而言,该项目的工作人员会见被告人,以了解他们的家人在本市的根基以及就业的时间,并进而向第三方确认这些信息并将其换算为用数字表示的分数:分数越高,被告人出庭接受审判的机会就越大。维拉的工作人员基于这些分数向曼哈顿刑事法院的法官提出释放建议,跟踪调查显示,大多数项目执行期间被释放的人都在指定开庭日期准时出庭。

试验表明,仅基于准时出庭许诺而没有其他条件被释放的这组人的出庭率是那些基于保释而释放的人出庭率的两倍,法官在有关被告人背景的查实信息的帮助下作出审前假释的案件数量几倍于没有这些信息的情况下作出审前假释的数量,且该项目还为矫正部门节省了一百多万美元的预算。这表明实验很成功,证明了许多被指控犯有轻罪和重罪的人可以无需保释而被成功地释放待审。

此外,该项目对纽约市和美国其他城市的审判实践和社区态度产生影响。1964 年 1 月,纽约市预算管理委员会出资让缓刑局从维拉基金会接管该项目的工作并将审前假释的做法永久性地扩大适用于曼哈顿区、斯塔岛区等五区。其他对保释制度运作方式不满意的地区也仿照该项目开始了审前假释的试验。1964 年 5 月维拉研究所的工作人员与美国司法部以及美国联邦最高法院的人一起召开了保释改革的全国大会,最终导致《1966 年联邦保释改革法案》的通过,顺利地完成了从试点项目到政府政策的提升。

从那以后,维拉所采用这种同样的方法减轻了全世界法院审前程序的不合理之处,并提高了审前程序的效率,产生了较大影响。以下这些项目可以说都是维拉所在曼哈顿保释项目基础上为解决在审前羁押问题上的不公平现象和数量过多问题所作的积极努力。

维拉所 1974 年为英国内政部设计的第一个项目就是在刑事法院设立治安法官,让其查明有关社区联系的信息,并在此基础上作出是否释放被告人的决定,该项目的成果在通过《1976 年英国保释法》期间被新闻媒体和议会所引用。1997 年,维拉所帮助南非的司法部设计他们自己的审前服务制度。这些项目证明了关注每个人的社区联系可以使法庭不必保释而释放更多的被告人,因此产生一种更有效率的制度。从 1987 年到 1994 年,维拉所又在纽约市市区的三个地点进行了保释担保监督项目,针对那些不具备紧密社区联系或者具有犯罪记录因此法庭不愿仅仅基于准时到庭的许诺就释放他们的人,将严密监督作为释放附加条件,以确保他们准时出庭并预防继续犯罪。1995 年维拉所帮助纽约设计了严密监督项目,这被证实是一种对美国移民归化署适用的监禁非常有吸引力的替代措施,1997 年维拉所还启动了协助到庭项目,以减少审前羁押。

（2）邻里辩护人服务项目介绍

1990 年,维拉司法研究所在纽约市哈莱姆地区启动了一个为期 5 年的实证研究项目——邻里辩护人服务项目。它设立的背景是基于美国联邦最高法院在吉迪恩诉温赖特一案（Gideon v. Wainwright）的裁决中确立了向无力聘请律师为其辩护的被告人提供免费辩护服务的义务之后,提供辩护服务的制度机制形式各异,弊端也不少,其中大多数都遭到了来自私人律师组织或公设辩护人办公室等方面的批评,且理论研究、制度研究以及职业人士的实践研究定期肯定这些批评的内容。针对此问题,该项目对穷人辩护服务的结构进行了实验,试图在以社区（在那里工作人员可以花更多时间进行调查）为基础建立更有效的辩护制度与公设辩护更划算的需要之间达到平衡。

该邻里辩护人服务机构为一个非营利性的实体,设立目的是为了寻找向贫穷的刑事被告人提供免费法律代理的新方法,并促进其发展,进而显示出通过重塑提供免费法律代理的方式,公共辩护人组织能够为其当事人提供更好的服务,而且是以改善刑事司法整体水平的方式做到这一点的。

就邻里辩护人服务项目的具体规划来看,它包括基本设计与假设、策划与执行、代理、研究与评估四大主要部分:

在第一部分中,规划表明了背景,强调了邻近代理（基于贫穷被告人所居住的某一特定区域提供法律代理,邻里辩护人服务的主要办公场所设在邻近地区内）、集体代理（由辩护小组而非单个的律师来代理）和以当事人为中心的代理(致力于为刑事案件的当事人提供法律代理,而不考虑案件数量、类型和审判地点)这三种设计原则,并期望在中期取得关于事实调查和当事人信任程度方面的成果,从而使邻里辩护人服务机构能够通过早期介入、充分准备、当事人的信任以及对当事人社区的了解来实现对当事人和社会公众的一系列利益,如司法公正的提高,但不限于此。

在第二部分中,又细化为时间表、咨询委员会、邻近地区的确定、法院中接受指定的权利、人员配备、支持系统、代理试点、实践手册和培训手册、项目计划以及政策调整等方面。

在代理部分,根据不同的筛选方法,通过对居住地、贫穷程度以及案件类型等因素的考量来确定适格与否,进而为适格者提供刑事代理和与此相关的民事代理以及上诉代理,并进行社区扩展服务与教育、质量控制和协调相关问题。

在研究与评估部分,包括了项目监督与修改、与其他辩护人的比较以及工作量的取代等内容,并以年度报告和结项报告的形式加以汇报。

具体实践中,邻里辩护人服务的办公室设在远离法庭的穷人居住区哈莱姆,并使社区参与成为其辩护方法的核心。为降低地点造成的成本增加,该项目采用了一种使律师、社区调查员和案件工作者统一作为平等成员的团队方法。团队成员信息共享,且如果当事人的律师在工作需要时没有时间,团队的其他成员就会作出反应。该项目表明,以社区为基础的可靠而熟练的代理可以减轻其当事人被判处的刑罚,因此更划算。

从该项目的影响来看,它后来成为全国各地其他辩护人组织的一种模式。在 1995 年独立于维拉司法研究所以来,邻里辩护人服务项目每年继续为北曼哈顿的三千多人提供高质量的服务。维拉所 1998 年又启动了全国辩护人领袖项目,以鼓励和帮助全国各地更多的辩护人借鉴邻里辩护人服务项目的经验,通过与法院、警察、监狱以及预审官员的合作,在完善司法制度方面发挥更大作用。

(3) 青少年犯回归社会改革项目介绍

维拉司法研究所于 2004 年到 2005 年期间,在纽约讨论策划了青少年犯回归社会改革项目,并取得了很好的效果。它是为了帮助那些在监狱中服刑的少年犯(16 岁到 18 岁)在从赖克斯岛出狱后克服重返社会所面临的严峻现实问题,通过以家庭为中心的案件管理为这些少年提供参与纽约市职业培训项目的桥梁,以解决群体之需,降低重新犯罪率。

维拉研究所的工作人员不仅从官方数据中分析了从赖克斯岛出狱的

青少年之人口统计、优势以及需求方面的概况,还在这些青少年犯被释放前后通过直接访谈等方式获得了大量有关其感受以及个人目标方面的定性数据,形成了题为"举步维艰:当青少年犯从赖克斯岛出狱回家"的研究报告。此外,维拉研究所还考察了全国各地的许多回归社会项目,并对纽约市的本地组织为帮助青少年犯回归社会都做了些什么进行了深入探讨,以真正回答如何才能最好地服务于这些青少年犯的问题。

在此基础上,维拉研究所提出了建议的解决办法,即在整个求职过程中引导并帮助青少年犯,即根据当时正在 Esperanza 项目和青少年可移动治疗项目中施行的模式,策划了青少年犯回归社会改革项目。

该项目实施的具体情况表现为维拉研究所先同现有的职业培训项目合作,与就业机会中心合作,提供额外服务,扩大服务范围;然后说服青少年犯参加项目,即通过选拔评估,由职业"俱乐部"激发其兴趣,再由维拉研究所的工作人员同青少年犯一起制定一份全面的释放计划,确定职业培训项目与社区内其他服务的联系。之后,社区为青少年犯释放作准备,维拉所的工作人员也将在青少年犯释放当天在赖克斯岛监狱会见他们,并用车送他们回到各自的家中。

应当强调的是在该项目中以家庭为中心的案件管理人被这些青少年犯所熟识和信任,成为他们职业定位过程的引导者。在具体操作中,要控制案件量,根据青少年犯的需求确定并调控案件管理的强度,并完成强化案件管理和跟踪随访的任务。

鉴于青少年犯具有多种需求的现实,该项目在帮助其做好参加职业培训的准备的同时,也会为其提供诸如解决吸毒问题、满足教育需求、对参加项目的青少年犯的经济援助等其他服务和帮助。

(4)被害人/证人援助项目与被害人参与项目介绍

维拉研究所早期认为,改善检察官对待辩护人的方式可以增加被害人在法庭中的参与,从而减少案件拖延或被撤销,于是在 1975 年启动了被害人/证人援助项目,通知证人即将到来的出庭,并每天给予检察官一份证人情况说明。为使人们更方便地出席法庭,该项目在法院设置了一个接待处和照顾儿童的日托中心,并提供交通;它还经营了一个 24 小时被害人热线和一个被入室盗窃后的维修组织。该项目虽然阻止了数以千计没有出庭必要的证人出庭,但在劝说不合格的证人出席法庭方面却不太成功。

之后,维拉所继续致力于提高证人出庭率,设计出被害人参与项目,使被害人在司法程序中占据更重要的地位,并希望提升他们对案件结果的满意程度。当被害人走向法庭时,其代理人会说出他们关注的事情,向检察官或者在一些案件中向法官传递信息,希望法官在决定案件时能考虑被害人的愿望。尽管该项目在增加出庭率方面取得了成功,但检察官对此不大认同。

这两个试点项目在激起全国性的被害人权利运动方面起了一定的推进作用,1978年,维拉所将这些实证项目制度化,成立了一个名为被害人服务处(现又成为安全地平线)的独立的非营利性机构。今天,它是全国最大的被害人援助和代理的服务机构,仍然与检察官一起工作,并继续鼓励和帮助证人作证。

2. 维拉司法所研究方法评述

在比较法意义上,美国维拉司法所在刑事司法中开展的实证研究是中国法学界目前可以现实借鉴的范本。美国维拉司法所也是目前与中国进行法律实证研究交流最为频繁的外国机构之一。通过上述四个案例,不难发现,维拉司法所在刑事司法领域的法律实证研究项目,具有以下方法论特征:

其一,从其实证研究的规划设计来看,具有专题性、专业性特征。即围绕一专题,由专门的研究团队进行各个步骤的专门规划。各个步骤之间具有严密的逻辑关系,在科学性、规范性上较为发达。(参见表2-4)

表2-4　美国维拉司法所实证研究的步骤

- 寻找改革的机会以取得将来策划项目的经费
- 继续推进,补充研究与初步策划
- 策划对实验项目的评估
- 付诸实践:执行实验项目并调整项目设计
- 对评估数据及发现的问题进行分析
- 从小规模的实验到制度改革
- 与相关研究团体保持方法论交流

其二,从其实证研究的实施过程来看,注意各参与方,包括政府、法律机关、社会团体、当事人、经费提供方、研究成员等之间的沟通。这种沟通在实证研究中可以起到预防研究风险、改善研究计划等现实作用。此外,在研究方式中,其收集数据方面具有两个鲜明特点:一是尽量实现收集主体的专业化,而且在收集过程中尽量减少疏漏;二是收集主体在实验组与对比组的区分下,依据各种研究指标进行全范围、立体化的收集。

其三,从其推广方式上看,维拉司法所密切关注项目的可持续性,注意对项目进行长期的跟踪调查以及对新研究项目的指导。维拉司法所在推广的考量上,较多考虑政治利益和社会利益的平衡,避免来自政治领域和社会公众的不良反应;在推广的地域上,不限于美国,往往对国外进行方法论的输出和指导。

从以上四个项目也可以看出,维拉司法所在法律实证研究上具有一定的中立性,而且具有人本主义的色彩。其许多项目反映了权利保障、弱势群体救助、社区秩序恢复等民生问题。虽然这恰恰是许多失败的刑事司法制度改革容易忽略的地方。

维拉司法所的模式在美国等地的有效性往往建立在有充分的财力支持和学历储备上。至于美国维拉司法所的法律实证研究项目和代表的研究方法具有多大的普适度,这有待从本土化视角进行具体判断。法律实证研究的本土性要求,在进行方法论的移植时必须考虑其他国或地区的社会情境,包括社会条件和人性基础等各方面的考量。此时此地有效的方法在彼时彼地可能无效。譬如,美国维拉司法所的一些建立在社会支持体系比较健全下的资料收集方法也不一定适用于其他国家和地区。在收集资料的过程中,可能涉及与一时一地特殊利益的冲突,面临特殊的沟通障碍等,需要一些特殊的方法才能应对。

最伟大的比较法学家也无法突破文化的隔阂。没有长期的设身处地的直接体验作出比较法的判断往往是不可靠的。由于文化结构、思维方式、意识形态等方面的客观差异,在分析其他国家和地区实证研究的有效性上,面临的难题也较多。

从美国维拉司法所的一些项目推广看,其有所依赖外在的经验性的"司法效应"(譬如依赖量化数字和会议总结)来加以判断。实际上,在一地具体社会情境下,法律实证研究项目的研究结论究竟是否有效,可能具有很多直观上的"假象"。

效果的体现可能具有"潜在性"、"反复性"。对于美国维拉司法所而言,减少这些不必要的误差,一是需要严格遵循中立性原则,防止"有色眼镜"或者美国化标准的影响;二是在评估一国或地区的项目上要有时间和精力上的耐心。

二、本土范本——司法改革主导模式

中国法律实证研究的范本,总体上呈现"司法改革主导模式"。与之相对应的"学术自治模式"及其范本在中国一些地方客观存在,但比例较小。其主要影响因素有:其一,我国在法制现代化的路径选择上奉行政府主导模式,司法改革被认为是除了立法修改之外实现法律变革的最重要方法。其二,我国诉讼构造仍属强职权主义,法律机关无论在职权配置还是在法律变革的角色上,被赋予比法学家更为重要的地位。其三,我国法学界在实证研究的学力储备等方面还存在一定程度的不足,难以担纲主导性角色。

（一）中国法律实证研究范本类型

在中国,规范意义上的法律实证研究起步较晚。在较长时间内,"社会调查"成为中国实证研究的代名词。在近代中国,出现个别的相对规范的法律实证研究项目,但并未引起充分重视,而且多有中断。改革开放以来,中国法学逐步从以政策为定向的法学方法过渡到以立法为定向的法学方法,并开始探讨以司法为定向的法学方法。直至 20 世纪 90 年代,中国进行了"法学研究范式"、"中国法学向何处去"、"部门法学哲理化"等法学方法论上的反思,法律实证研究作为一种研究方法才开始引起重视。

1. 近代中国范本

在近代中国,相对规范的法律实证研究项目并不多见。其中,可供分析的典型范本是严景耀在犯罪学方面的调查研究、观察研究。这是因为:相比较其他范本,其调查研究、观察研究在方法论上较为规范;调查研究中涉及的地域比较广泛;观察研究中完全参与式的方法具有典型性;严景耀的实证研究成果在中国犯罪学发展方面作出了突出贡献。（参见表2-5,图 2-1）

表 2-5 严景耀在犯罪学方面的调查研究与观察研究

● 调查研究方法:1930 年初,在中央研究院社会科学研究所及燕京大学社会学系的赞助下,严景耀率领学生到河北、山西、河南、湖北、江西、安徽、浙江等地 20 个城市的监狱对犯人和监狱管理进行调查,取得了犯罪典型个案史料三百余个。
● 观察研究方法:(1) 严景耀作为研究者进入北京京师第一监狱,做一名"志愿犯人",亲尝铁窗滋味,和犯人同吃、同住、同生活三个月;(2) 严景耀和犯人个别谈话,促膝谈心,为犯人传递家信和嘱托,藉以到犯人家中了解情况——严景耀以诚挚、热情的态度以及实事求是的精神,使犯人受到极大的感动和教育,赢得其尊敬和信任——犯人像对亲人一样对严景耀吐露心里话;有些犯人放声痛哭,申诉衷情。(3) 严景耀和监狱长及看守搞好私人关系,让他们认为严景耀将来监狱作狱官,以便和他们自由谈话。

图 2-1　原京师第一监狱正照

原京师第一监狱附近南北走向还有一条路叫自新路。自新者,改过自新之意也。北门外曾有一条水沟,沟上铺几条石板而成为桥。因走这个桥的带脚镣的罪犯只能半步而行,故而称为半步桥。严景耀(1905—1976),中国社会学家、犯罪学家。为获取第一手材料,他曾于1927年到此作一名志愿犯人。

2. 司法改革范本

在"司法改革主导模式"下,法律实证研究被寄于司法改革的步骤和方法中。自20世纪80年代以来,中国司法改革也盛行调查研究、文献研究、观察研究等方式。但是,与规范意义上的实证研究方法相比,其存在较大差距:

(1) 许多司法改革范本研究性质为应用性研究,往往偏好从整体上对某一制度进行系统研究、即时研究,这种状况限制了研究结论在具体问题上的效用,在可持续性上也具有一定局限;

(2) 许多司法改革范本采取的调查研究(如旁听方式、挂职方式、调研组形式等)、观察研究(参观、观摩方式等)、评估方式(如内部机关审核、专家座谈会等)与规范实证研究中的能动性、科学性、立体性要求有一定差距;

(3) 许多司法改革范本被质疑紧跟社会观念、意识形态走向,缺乏对第一手材料,尤其是一线办案经验教训的全面、立体收集,在解决司法实践中的突出问题上往往难以触及根本问题;

(4) 许多司法改革范本的实施和推广主要依靠来自法律机关自上而下的强制性;其在样本的代表性、结论的普适度上往往受到质疑。

20世纪90年代末,尤其是21世纪以来,中国司法改革措施日益规范化,通过进行一定地域的试点成为司法改革中的典型特征。司法部关于社区矫正的试点(参见例2-1)、最高人民法院关于少年法庭的试点(参见例2-2)、最高人民检察院关于人民监督员和职务犯罪全程录音录像的试点等(参见例2-3)引起了社会各界的密切关注。

例2-1 司法部——社区矫正试点

社区矫正是一种与监禁矫正相对的行刑方式,是指将符合条件的罪犯置于社区内,由专门的国家机关,在相关社会团体和民间组织以及社会志愿者的协助下,在判决或裁定规定的期限内,矫正其犯罪意识和行为恶习,并促进其顺利回归社会的非监禁刑罚执行活动。根据我国现行法律规定,我国社区矫正的适用范围主要包括以下5种罪犯:被判处管制的;被宣告缓刑的;被暂予监外执行的,包括患有严重疾病需要保外就医的、怀孕或者正在哺乳自己婴儿的妇女和生活不能自理、适用暂予监外执行不致危害社会的;被裁定假释的;被剥夺政治权利并在社会上服刑的。在符合上述条件的情况下,对于罪行轻微、主观恶性不大的未成年犯、老病残犯,以及罪行较轻的初犯、过失犯等,适用上述非监禁措施,实施社区矫正。我国于2003年首先在上海、江苏等东部6省市城市社区和有条件的农村乡镇开始进行社区矫正试点,现在已推进到18个省(区、市)的85个地市、375个县(市、区)、3142个街道(乡镇)。在我国18个省、自治区、直辖市中开展的社区矫正试点工作取得初步成效:在社区累计接收的七万二千多名服刑人员中,已有二万多人解除矫正,重新犯罪率不到1%。

例2-2 最高人民法院——少年法庭审判试点

最高人民法院制定《关于审理未成年人刑事案件适用法律若干问题的解释》,充分贯彻落实审理未成年人犯罪案件的刑事政策,全面规范少年法庭审判工作。在17个中级人民法院开展设立独立建制的少年审判庭试点工作,推动少年法庭组织机构的健全和完善。推动公、检、法、司办理未成年人刑事案件配套制度的完善。根据未成年人的生理、心理特点,吸收教育、妇联、团委等系统的人民陪审员参与案件审理。

例2-3 最高人民检察院:人民监督员、职务犯罪全程同步录音录像、检察管理机制改革试点

1. 最高人民检察院:人民监督员试点

最高人民检察院报经中央批准,并报告全国人大常委会,从2003年

10月起开展了人民监督员制度试点工作。截至 2007 年 10 月底,全国已有 2871 个检察院进行了试点,占各级检察院总数的 86%,共任选人民监督员 21962 名,监督"三类案件"23078 件,其中,人民监督员提出监督意见的 826 件,检察机关采纳 519 件。共对"五种情形"提出监督意见 92 条,检察机关采纳 42 条。

2. 最高人民检察院:职务犯罪全程同步录音录像试点

截至 2007 年 8 月,全国已有 2829 个检察院对 34973 件职务犯罪案件在讯问犯罪嫌疑人时,实行了全程同步录音录像。这一制度的推行,有利于遏制刑讯逼供和防止被告人在法庭上翻供,也使检察人员增强了依法、文明办案意识和人权保护观念,进一步规范了执法行为。实行这一制度后,涉及检察人员办案不文明、不规范的投诉明显减少。

3. 最高人民检察院:检察管理机制改革试点

最高人民检察院大力推进了公开招考、竞争上岗、双向选择、干部交流、岗位轮换、定岗定员等干部人事制度改革,不断增强检察队伍的生机活力和战斗力。改革检察官遴选制度,逐步推行上级检察院检察官缺额从下级检察院检察官中遴选,以及从符合检察官任职条件的专家学者中选拔制度。开展了检察人员分类管理改革试点,建立了检察官检察津贴制度,建立检察业务、队伍、信息化"三位一体"的规范化管理机制。

应当说,近些年来,来自人民法院系统和人民检察系统的司法改革在推动中国法制变革上具有举足轻重的作用。近十年人民法院的 12 项司法改革措施(参见调查摘要 2-1)、近五年人民检察院的一系列司法改革措施(参见调查摘要 2-2)在弥补立法缺陷、解决司法困境,同时优化民生问题、促进和谐社会方面效果明显。

调查摘要 2-1

中国——人民法院十年司法改革史[①]

自 1997 年至 2007 年,人民法院司法改革取得 12 个方面的突破性进展

- 改革和完善死刑核准制度
- 改革和完善再审制度

---

① 来源:最高人民法院院长肖扬 2007 年全国法院司法改革工作会议讲话。

- 改革和完善执行制度
- 改革和完善人民陪审员制度
- 改革和完善法官制度
- 改革和完善人民法庭工作机制
- 改革和完善公开审判制度
- 改革和完善审判委员会制度
- 建立和完善案例指导制度
- 改革和完善案件管辖制度
- 改革和完善未成年人审判制度
- 改革和完善司法管理制度

调查摘要 2-2

中国——人民检察院五年司法改革史①

自党的十六大提出推进司法体制改革的任务以来,各级检察机关按照最高人民检察院的统一部署,在现行法律框架内大胆探索,5 年来的检察改革主要包括:

- 建立并不断完善行政执法与刑事司法相衔接的工作机制
- 健全审查逮捕、审查起诉工作机制
- 建立健全防止和纠正超期羁押的长效工作机制
- 建立对减刑、假释、暂予监外执行裁决的同步监督机制
- 加强民事审判监督,完善民事抗诉制度
- 建立健全了诉讼监督部门与职务犯罪侦查部门对这类案件线索的移送、查处和衔接、配合机制
- 开展人民监督员制度试点工作
- 建立健全查办职务犯罪案件报上一级检察院备案、批准制度
- 全面推行了讯问职务犯罪嫌疑人全程同步录音录像制度
- 检务公开进一步深化
- 建立检务督察制度
- 全面贯彻宽严相济刑事政策,完善了办理未成年人犯罪案件的工作制度
- 改革和完善了检察机关组织体系及干部管理体制

---

① 来源:最高人民检察院司法改革办公室公布信息。

- 改革和完善检察机关经费保障体制
- 积极推进检察管理制度改革
- 完善了基层检察院经费保障机制
- 开展和深化了审查逮捕文书说理
- 审查逮捕和审查起诉衔接
- 主诉检察官办案责任制
- 量刑建议试点
- 劳动教养审批监督
- 检察长、副检察长直接办案机制

3．学者主导范本

当前,在法理学、民商法、经济法等领域,一些学者结合社会学方法阐释本土因素与西方因素,探讨法律秩序与转型社会关系方面取得了较多成果。(参见表2-6)实证研究在中国法律领域的兴起,离不开社会学方法的大力支持。许多初级阶段的法律实证研究项目即是直接援用社会学方法的结果。

表2-6 中国——法律实证研究综合范本

1	高其才	《中国习惯法论》,湖南出版社1995年版
2	王铭铭 王斯福	《乡土社会的秩序、公正与权威》,中国政法大学出版社1997年版
3	苏 力	《送法下乡——中国基层司法制度研究》,中国政法大学出版社2000年版
4	胡平仁	《宪政语境下的习惯法与地方自治》,法律出版社2005年版
5	王亚新等	《法律程序运作的实证分析》,法律出版社2005年版
6	徐 昕	《司法程序的实证研究》,中国法制出版社2007年版
7	白建军	《法律实证研究方法》,北京大学出版社2008年版

在学者主导的范本中,以民间法、习惯法的研究居多。北京大学白建军教授著述的《法律实证研究方法》一书进行了比较系统的归纳和总结,是目前文献分析法律实证研究的善本。(参见表2-7)

表 2-7　白建军《法律实证研究方法》特殊范本

序号	研究领域	典型研究
1	法律文本实证分析	（1）生命刑法问题研究；（2）罪名体系的分析框架问题研究；（3）法的不典型问题；（4）法的立场问题分析；（5）规范文本中政策导向问题分析
2	违法行为实证分析	（1）信用安全与道德冒险分析；（2）银行职务犯罪问卷调查；（3）专项资金犯罪风险分析；（4）金融机构被害研究
3	法律适用实证分析	（1）法官群体法律解释实践研究；（2）司法质量评估；（3）法律实效测量；（4）诉讼结构的分析；（5）死刑适用实证研究；（6）公诉质量分析；（7）审判质量分析；（8）证券违法实效和制度成本分析；（9）企业诉讼研究
4	法制社会的实证分析	（1）罪刑均衡实证研究；（2）法学博士论文选题创新性分析

在犯罪学、刑事法、诉讼法等公法领域,实证研究的开展也在逐步升温。许多学者与司法实务部门密切合作,开展了一系列实证研究项目,推出了一系列有关实证研究的著作。（参见表 2-8）

表 2-8　中国刑事诉讼法学界学者主导实证研究范本

1	陈瑞华	《未决羁押制度的实证研究》,北京大学出版社 2004 年版
2	冀祥德	《建立中国控辩协商制度研究》,北京大学出版社 2006 年版
3	樊崇义、顾永忠	《侦查讯问程序改革实证研究——侦查讯问中律师在场、录音、录像制度实验》,中国人民公安大学出版社 2006 年版
4	左卫民等	《中国刑事诉讼运行机制实证研究》,法律出版社 2007 年版
5	陈光中、左卫民	"证人出庭实证"实验研究
6	陈光中、宋英辉	"未成年人取保候审与酌定不起诉"实验研究
7	樊崇义	"侦查讯问三项（全程律师在场、录音、录像）制度"实验研究
8	卞建林	"证据开示"实验研究
9	陈卫东	"中美取保候审/保释制度的改革与完善"实验研究
11	周伟	"刑事非羁押措施"实验研究
11	宋英辉	"刑事和解与恢复性司法"实验研究

其中,四川大学左卫民教授等著述的《中国刑事诉讼运行机制实证研究》对中国刑事司法领域的实证研究进行了比较系统的归纳和总结。（参见表 2-9）其依据调查、观察、文献、实验等方法,分别对侦查到案、侦查

讯问、搜查程序、侦查羁押、侦查中取保候审、监视居住、侦查中律师会见、侦查监督、退回补充侦查、公诉裁量、刑事审限、简易程序、证人出庭作证进行了实证研究。

表 2-9　左卫民等《中国刑事诉讼运行机制实证研究》特殊范本

序号	研究领域	典型研究
1	侦查到案制度	根据《刑事诉讼法》规定,犯罪嫌疑人到案应主要通过传唤、拘传、刑拘、逮捕实现;非法定措施的口头传唤、留置、抓捕等应该被严格禁止或限制在较小范围内,但实际情况恰恰相反。后者成为办案人员的主要选择,主要是由于其适用条件灵活、适用机制较为简便、适用手段具有不同程度的简便性以及适用期限弹性较大。
2	侦查讯问制度	很多研究设想,侦查讯问中犯罪嫌疑人会自愿认罪。实际上,侦查讯问中的高认罪率是侦查人员在客观证据获取能力不足的情况下,压制犯罪嫌疑人的产物,而不是平等主体之间在某种利益机制下交涉的结果。讯问的长时间性、讯问空间的封闭性,为不当非法讯问提供了条件保障。
3	搜查制度	作为一项常规性的侦查措施,搜查应根据《刑事诉讼法》规定出示搜查证并严格依法进行。但实际上,在文本之内,出现稀少的搜查证与有证搜查的缺位;存在稀缺的搜查笔录与看不见的无证搜查。在文本之外,检查是一种实质意义上的搜查实践;到案检查替代了人身搜查功能;治安检查替代了场所检查功能;通过与证据持有人的合作实现证据扣押与提取功能。
4	侦查羁押制度	根据无罪推定原则和反对强迫自证其罪原则,审前羁押应为例外。实际上,在当下中国,对犯罪嫌疑人进行讯问及"由供及证"地展开调查是侦查机关在大多数案件中遵循的侦查模式,这与我国社会治理水平较低、侦查资源不足等有着内在联系。同时,这与侦查羁押的查证保障功能被强化密切相关。对于后者的主要影响因素为刑拘、逮捕是实际的证明标准以及刑拘、逮捕前的查证负担,或查证要求。
5	侦查中取保候审制度	取保候审的话语功能与预期的主要功能差异较大。其主要方面不是自由保障,而是侦查保障;取保候审的实践功能与话语功能背道而驰,主要表现为一种案件消化,这是一种规范外功能。

（续表）

序号	研究领域	典型研究
6	监视居住制度	根据《刑事诉讼法》规定,监视居住具有替代羁押功能。但是,实际上,监视居住适用呈现弱化趋势。警力耗费较大、经费支出较高、演变成变相拘禁等是其主要因素。
7	侦查中律师会见制度	律师会见比率低,除了犯罪嫌疑人法律意识不强、律师不愿介入外,还有以下具体原因:侦查机关权利告知不规范、不及时;犯罪嫌疑人对律师作用认同不高;犯罪嫌疑人权利行使不方便等。
8	侦查监督制度	按照法律预设,侦查监督具有纠正程序性错误与实体性错误功能。其实际职能的运行效果是:立案监督虽有作用但效果有限;侦查程序监督效果趋于减弱;侦查结果监督效果较为突出。侦查监督缺乏权威的监督手段和有效的制裁措施。
9	退回补充侦查制度	根据《刑事诉讼法》,退回补充侦查有利于保障事实发现,实现公诉阶段制度目标。实践中,许多退回补充侦查成为检察机关利益保障机制:利用退回补充侦查与公安机关"交涉",达到让其撤案,避免作出不起诉决定的目的;标示自己终止审查起诉的理性化与正当化,避免因公安机关撤回起诉或不起诉可能带来的权力滥用的指责。
10	公诉裁量制度	基于《刑事诉讼法》,显性存在的公诉裁量权(酌定不起诉权)较小。但在青少年案件、涉及经济发展与社会管理案件中,存在较多的裁量行为,主要表现形式是降格指控和选择指控。
11	刑事审限制度	已有的超审限措施的密度、力度均较大,但是效果不尽如人意,没有得到有效的根治。目前政策主要针对案件管理与司法体制因素下手。而对制度性因素关注不够,一些配套性措施如审判程序的简化也因不够彻底而很难产生积极效果。
12	简易程序制度	我国简易程序正在完善被告人权利保障体系,但在实现司法权力的利益方面优于对被告人利益的关照。被告人缺乏完整的程序选择权和实质性的程序收益权,在有效辩护和自愿性上也存在不足。
13	证人出庭制度	通过对有事实争议案件中关键证人出庭的实证研究,认为"害怕打击报复"、"多一事不如少一事",相对于缺乏经济补偿而言,是妨碍证人出庭作证的最主要因素。在对待证人出庭态度上,律师、检察官和法官分别具有积极、消极、介乎二者之间的分野。保障证人出庭作证以及出庭作证效果,需要简化无争议案件诉讼程序,维护证人在告知、安全、费用上的利益,建立自由心证制度等。

这些实证研究项目通过对其预期(规范)功能与实践功能的落差分析,反思传统法学研究的误区,总结司法实践中的困境,总结法律变革的道路,为中国刑事司法改革提供了方法较为熟练、内容较为精确的范本。

(二)中国法律实证研究基本特征

归纳起来,相对于一些国家法律实证研究项目,我国在程序规范、经验法则以及基本方法上仍处于后来劣势。其基本特征:

1. 实证研究仍居弱势地位

长期以来,受政治环境等因素影响,新中国在仿照苏联的法学模式建构法学体系、强调阶级分析方法至上、注重性质上的思辨研究。当前,这种状况仍未根本改善,对策法学在中国法学界依旧占据主导地位。法学界看似繁荣,但"高产"背后实际"低就":由于缺乏实证基础,许多研究成果往往缺乏问题意识,或者解释力低下,或者践行力低下。上述状况,在很大程度上,制约了中国立法、司法以及法学研究的质量。

2. 基本移植自发展中的社会学

在中国,来自社会学的实证研究起步相对较早,其应用曲折坎坷。但其具体方法、步骤,基本移植自发展中的中国社会学。当前,许多法律实证研究项目的术语、概念和方法等基本借鉴自社会学者。其中存在的问题是,有关法律实证研究与社会学研究的差异,未有深入研究成果。虽然中国法学教育逐步规范、发达,但在职业性法学家、司法精英的"产出"上与现实需求存在不小差距;其在法律实证研究的专业团队建设上也比较贫乏。

3. 受制于法律内外制约因素

在中国法律领域,一些实证研究项目高开低走,主要是受制于一系列现实的制约因素。许多以实证研究为名的司法改革突破立法规定,有冒进嫌疑;实证研究往往受到来自法律制度、社会观念、执法理念、社会支持等方面的制约,不乏中断甚至失败的可能;当前中国法学界具有一定功利性的学术风气、学术评价机制等对参与法律实证研究者的科学精神、伦理责任等也提出了较高要求。在上述制约因素难以有效解决的情况下,一些实证研究结论的科学性以及对立法以及司法的"积极效果"可能受到质疑。

4. 部分项目注重方法论移植

为克服学力储备、经费保障等方面因素的制约,中国许多学者在实证研究项目注意与西方国家学术机构进行方法论的交流,并积极寻求相关外资机构的经费资助。这些外资机构多具有民间性、福利性。福特基金会、国际司法桥梁、美国维拉司法所、英国儿童救助委员会等机构从方法论、经费资助等方面对中国法律实证研究提供了许多帮助。(参见调查摘要2-3)当然,其中,如何协调其中各参与方的关系,使法律实证研究如何更适应中国,符合中国社会主义法治道路的制度需求,有待进一步观察。

调查摘要2-3

福特基金会赞助的中国法律和权利项目状况①

　　法律和权利项目的根本目的,是帮助中国人努力通过一个强大而有效的法律制度来实行法治,建立一个保护公民的权利并公正地实施法律的法律制度。这不仅仅是为了满足深化和巩固1978年开始的经济改革的需要,而且还因为越来越多的中国公民认为,他们的法律制度应当体现公正与公平。虽然大多数法律项目是在北京开展的,但基金会也资助了中国其他地方的有关项目,并鼓励北京地区以外的人提出申请。

　　培训有前途的法律方面的教师和研究人员是法律项目的早期重点,而且对基金会来说这项工作仍然是很重要的。为了帮助中国重建法学教学队伍,更新"文化大革命"法律空白期后的法学课程,基金会在1983年主要资助建立起美中法学教育交流委员会。由于20世纪80年代以来中国学术界接触西方同行的机会大大增加,基金会计划减少对交流项目的资助,将重点放在针对在向市场经济转换过程中所出现的问题而进行的研究项目上。另外,基金会还对关于法学课程改革、教学方法、法律学生的专业培训和扩大妇女法学教学人员等方面的项目感兴趣。

　　90年代,法律项目的重点集中在强化法院系统和其他主要法律机构,提高他们的专业化水平上。基金会愿意资助的项目包括:富有创造性并注重实践的法官和其他法律官员的培训活动;有关法庭管理技术和司法程序的研究;继续法学教育;司法交流和旨在帮助中国法院适应迅速发展的社会主义市场经济的日益复杂的需求的项目。

　　基金会深信,有效的专业化培训不仅能使执法人员更深入地掌握有关法律,而且还能强化他们依法办事的责任心。实践性的培训重于

---

　　①　来源:福特基金会中国办事处网站。

纯理论的培训。另外,为了最大限度地发挥资金作用,基金会越来越趋向支持在本国内举办的培训活动,而不是送人出国培训,因此将提供资金邀请外国专家来华参加这样的培训活动。

法律项目工作的第二个主要方面是鼓励更有效地使用中国法律来保护公民的权利,阻止滥用国家权力。有关权利保护的法律项目一般分为以下三大类,即以加强特定法律实施为目标的工作;旨在为那些经济和社会地位低下的群体提供法律服务的工作;对行政法、宪法和人权法之间相关领域的研究。

基金会提供资助一些社团采用创造性手段——大众戏曲连环画、在农村为农民和地方官员举办的培训班等——教育农村妇女了解她们自己合法权利,与此同时,还专门为当地法官、检察和公安机构举办跨专业的培训项目。另外,这个项目还资助了中国的第一个法律服务中心和专门为农民、穷人、妇女和残疾人等社会群体提供法律咨询和诉讼代理的法律组织。

作为对这一重实效、重行动的权利工作的补充,基金会还资助一些研究项目,特别是在人权、宪政和行政法领域的研究项目。基金会还有兴趣资助有关法律制度改革的研究项目。这些项目所涵盖的问题包括(但并不局限于)以下几个方面:各种法律机构的组织和职能、执法不力的问题、法律人员的招聘和培养。

为了使政府更加对公民负责和增加民众对政府决策介入的兴趣,法律项目正在扩大对地方政府治理和立法程序研究工作的支持。基金会已经支持民政部监督建立通过选举产生村民委员会,这是中国向乡村自治迈出的第一步……

总体而言,方法论之间的交流缩短了西方国家和中国在法律实证研究上的距离。中国通过移植西方国家法律实证研究的方法论,开拓了研究视野。中国法律实证研究项目正在内外因素的综合作用力下,走向科学化、规范化道路。当然,由于社会条件、人性基础,尤其是在文化深层次结构等方面的差异,这中间的道路还很漫长。

图 2-2　吴经熊

吴经熊(1899—1986),浙江鄞县人,著名法学家,被誉为"能够代表中国闪耀于国际法学领域的"一颗"晨星"。他坦言,他所信奉的法律是理想与现实的契合点,就仿佛莲花,它的根深深地植入泥土,而花苞和花瓣向天空伸展。法律是一种把物质利益的摩擦转化成理想物之光的艺术。我们既非向东,亦非向西,而是向内,因为在我们的灵魂深处,蕴藏着神圣的本体。对于中国法律实证研究本土化而言,这是一剂良药。

第三章　法律实证研究的规划设计

规划土地的时候，利用土地的时候，一定要把土地的生命系统完整性保留下来。你可以切它的肉，没关系，但切完以后，不能把它给切死了，不能把血脉给断了。所以需要用一个系统的方法和生命的伦理来对待土地。

——俞孔坚[1]

一、规划设计与方法论的距离

规划设计与人类的历史是一样悠久的。在原初社会，远古人就知道用兽骨做饰品，这说明人的爱美天性和对审美的诉求。当时，每个氏族和部落都会选用一种认为与自己有特别神秘关系的动物或自然物象作为特殊标记，即称之为图腾。这就是规划设计的起源。

人类的规划设计能力有两次飞跃：第一次是从家园走向城市，即从个体环境的规划设计，转向对人群环境的规划设计；第二次是从生活走向制度，即从个体交际规则，逐步提炼、探讨和论证，实现抽象性、普遍性的规则设计。二者都是根基于土地之上，反映人类对土地之上景观和制度的体验与表达。当然，它们在内在理念、方法论上具有一定的差异。

（一）地上景观设计

景观设计是科学和艺术的结合。地上景观设计是关于如何安排土地及土地上的物体和空间来为人创造安全、高效、健康和舒适的环境的科学和艺术。它反映了人的一种心态，反映了人与自然的关系、人与土地的关

---

[1]　参见俞孔坚:《部级领导干部历史文化讲座》，北京图书馆出版社 2005 年版，第 271—313 页。

系、人与人之间的关系。

文艺复兴前的西方国家以及中国农业社会,设计尊重的是神,如天坛、耶路撒冷以及中世纪城市的设计;文艺复兴以后,是为君主设计,如香榭丽舍大街、天安门等。在工业时代,是为机器而设计。人类从来没把生活放在第一位,而是把生产放在第一位。① 根据景观设计学的反思,在当代,地上景观要实现人与人、自然、土地的和谐,需要遵循一些基本理念。譬如:

第一,尊重自然原则。在自然面前,人类必须学会低头。它要求把自然引入城市,用自然系统来改造环境。比较成功的范本有美国纽约占地345公顷的中央公园。

第二,尊重人的原则。景观设计是为普通的、为日常生活而奔波的、有各种需求的、有人性关怀的人而设计的。其与传统园林学的区别在于,不是只为帝王和少数贵族服务,而是为大众、为土地服务。

第三,尊重"土地之神"原则。土地是充满着符号和意义的。"土地之神"是一土地上人的生活方式和精神依托。尊重土地之神,能促进人对土地的归属和认同,避免来自身份上的危机。

越战纪念碑,它只是在地上画一道伤痕,所有的越战者家属到这里来都会情不自禁地哭。这就是设计的力量,它唤起人的内心情感。规划设计不当,可能导致土地之上景观遭遇非常悲惨的改变——这些景观可能丧失社会和文化个性、生态和心灵的完整。

为了造就政绩上的优势,许多从农业文明向工业文明转型的国家的一个通病即是"现代美化运动":

伐去蜿蜒河流两岸的林木、铲掉野生的植物群落、推平乡土的自然山头、耗费巨资修建奇花异木的"人造公园"、利用水泥做河流护岸和衬底、任意移植异域新奇或标志性建筑、大规模扩建图案化的广场和景观大道……

通病之二就是"夺回古风貌运动":

片面追求古典与过去,将为帝王和少数贵族服务的装饰复制、扩大,达到一种文化回归的效果。但是,往往事与愿违。由于缺乏当代社会情境的衬托和协调,一些建筑设计似乎夺回了古貌,但形具而神散,多在"孤

---

① 参见俞孔坚:《部级领导干部历史文化讲座》,北京图书馆出版社2005年版,第271—313页。

独"中萧瑟存在……

规划设计不当,诗情画意的地上景观可能变得宏伟但虚假。来自地上景观设计的反思表明,人类应避免权贵气派、攀比之风等对地上景观瘟疫般的侵袭,它需要设计师和决策者真正从土地出发,从关怀普通人的立场来设计和建设。①

(二) 地上制度变迁

制度是人类群体或社会的秩序,是人类群体或社会可以遵循、可以操作、可以依凭的秩序、规则和规范系统,是每一个人在公共领域必须被强制遵守和在私人领域必须自觉遵守的行为规范和行为模式。② 它是界定人与人、人与群体、人与社会关系的范畴。

在起源上,制度一部分是在特定群体中随经验演化而成的,另一部分是根据外在设计并通过政治强加给社会的。由此形成内在制度与外在制度的分野。在一土地之上,对外在制度的设计是人类最困难也最有魅力的发明。设计一系列具有真和善的品质的制度,也是人类孜孜以求的夙愿。虽然在很多情形下会发生"事与愿违"。

为分析不同制度的设计思路,哈耶克区分了自生自发的秩序与人造的秩序等类型。在社会情境中,制度是随着制度环境逐步变迁的。有的变迁是基于个体创新或相互协议达成共识进行的改变,譬如,美利坚合众国《独立宣言》的签署;有的是基于惩罚或强制发生的,譬如,领事裁判权在近代殖民主义中的表现;有的是潜移默化形成的,譬如,根深蒂固的习惯法。这对地上制度设计划定了作用的场域和界限,它不能超越社会秩序的内在规律,否则,它往往滋生类似"恶法"或"无脚之法"类的负面效应。

在规划设计制度时,根据制度经济学、社会学、人类学等的经验,社会需求和制度供给占据重要地位。一项制度能否设计出来,其是否具有真和善的品质,并与社会相适应,是具有风险的。其中,有些风险因素是可控的,有些风险因素是不可控的。"供给"一制度,需要考虑:

第一,宪法秩序,即制度设计必须适应一国家或政府的根本秩序,不能诱发社会动荡。

---

① 参见俞孔坚:《部级领导干部历史文化讲座》,北京图书馆出版社 2005 年版,第 271—313 页。

② 参见曾小华:《文化、制度与社会变革》,中国经济出版社 2004 年版,第 167 页。

第二,制度设计成本,即明确制度的不确定性程度、产权问题,是否可能为有限理性、机会主义乘隙破坏。

第三,现有的知识积累以及社会科学知识的进步,即明确现有的知识积累和科技理性能否为该制度提供持续性的推动力。

第四,实施新制度安排的预期成本,即明确该制度在贯彻中需要解决的资源配置,是否可能引发以及引发什么类型的风险事故。

第五,规范性行为准则,即明确该制度能否经受有效性、正当性、合法性等指标的检测,其内在的逻辑体系是否健全。

第六,上层决策者的净利益,即明确该制度能否为上层决策者带来超越代价的利益;当然,一国集权与民主程度、决策者理性能力等因素往往会影响这种分析的成效。

人类社会的历史表明,许多制度的设计是失败的。一方面,有些制度设计出来本身沦为权力的工具,实现集权、压迫、剥削等功能。法西斯的专制主义即是典型。另一方面,有些制度设计往往在运行中与其周边的系统因素妥协,并形成特殊势力,对抗新制度的生成。在失败的原因中,没有处理好上述六个方面的因素是重要原因。

二、法律实证研究中规划设计

法律实证研究是在一定社会情境下按照一定程序规范和经验法则对有关法律信息进行定性与定量分析。其在制度意义上,属于地上制度变迁的范畴。通过法律实证研究,可以判断法律制度的基本性质;可以预测、检验法律制度是否有效,是否与社会相适应;也可以提炼出对制度安排的建议,推动制度变迁。

法律实证研究在推动制度变迁方面的历史并不久远。在传统法制观念中,法律或源自自然法则、或因由国家权威、或衍生自道德伦理,来自社会事实的生成功能和检验功能往往被忽视。由此指导立法、司法和法学研究,常常带来许多经常性谬误、以讹传讹以及严重误导。实证研究在法律领域的"贫困"状况在 20 世界中叶以来有所改观。其中,规划设计作为法律实证研究的"前哨",直接影响法律实证研究的后续步骤和方法。规划设计的内容和水平是考察一国法律实证研究状况的重要依据。

在科学的实证研究中,规划设计一般要确立研究问题并进行选题,在此基础上确立研究方案,具体包括明确研究的性质与目的、理论与假设、分析单元与研究内容、研究方式、风险方案等。法律实证研究的规划设计,其方法论与地上景观设计以及其他地上制度变迁具有许多类似的内容,但也不乏个性。

(一)问题和选题

在法律实证研究中,其问题相对于其他学科而言,更为综合、全面。这是由法律在社会中的基础性地位和品质决定的。

1. 问题意识与新问题的标准

所有的科学研究都是从问题开始的。问题意识是法律实证研究的逻辑起点。其中,观察、思考和怀疑是获取问题的基本途径。什么是问题?一般而言,它是相对一定的"知识库"而言,是现有"知识库"不能解释或解决的问题。"知识库"的类型不同,问题的类型也不同。(参见例3-1)

例3-1　问题与"知识库关系"

天真烂漫、心智稚嫩的儿童会问:为什么打雷会死人?

神情隐晦的风水先生会问:打雷死人是来自上天的抱怨,还是针对不孝者的报应?

仰望苍穹、经验丰富的气象学家会问:如何才能控制打雷的气象条件,预防灾难性事故?

知识丰富、崇尚法治的法学家会问:避雷方面的法律规范以及打雷死人的救济体系如何完善?

提出问题是确定研究方案最为关键的方面。爱因斯坦曾经指出:"提出一个问题往往比解决一个问题更重要,因为解决问题也许仅仅是一个数学上或实验上的技术而已。而提出新问题,新的可能,从新的角度去看旧的问题,却需要有创造性的想象力,而且标志着科学的真正进步。"①

一般而言,界定一问题是否新问题,得看其是否具有以下三个要素:(1)现有知识库或理论体系解释不了或现有制度解决不了某一现象;(2)现有研究还没有发现规范性的研究成果;(3)该现象需要建构一种新的理论假设或者一项新的制度安排。

需要注意的是,在实证研究中,概念是描述"新问题"、解决问题的基础性因素。确定概念的内涵和外延,并使其科学、规范,在一定程度上决定了问题的品质,也是在实证研究中实现不同主体间有效沟通的关键。

---

① 〔美〕艾·爱因斯坦、L.英费尔德:《物理学的进化》,周肇威译,上海科学技术出版社1962年版,第66页。

在实证研究中,概念的确定以及表述可坚持以下三个原则:(1) 意义确定原则:即概念在描述新问题以及在实证研究中运用时含义必须"确定",避免意义的不确定性;(2) 意义融通原则,即这些概念可盼融通法律概念和日常生活概念,能为研究者和参与者都理解;(3) 有效沟通原则,即这些概念能为研究者、参与者有效用以沟通。

2. 法律问题的发现方法

在法律实证研究中,其要解决的问题是现有法学理论和法律规范所不能解决或解释的矛盾、冲突。一般而言,发现法律问题,是建立在对社会事实观察的长期积累和对理论知识的充分掌握上。在法律实证研究中,法律"新问题"的具体来源,与其他学科相比,比较集中于两个方面:

首先,法律规范的漏洞。立法者往往无法制定与社会完全同步的法律规范。随着社会的发展变化,法律规范必有漏洞。正如卡尔·拉伦茨指出的,大家日益承认,无论如何审慎,其仍然不能对所有——属于该法律规则调整范围,并且需要规整的——事件提供答案,换言之,法律必然有漏洞。[1] 中国台湾地区学者王泽鉴先生对此曾做过一个形象的比喻:假如法律是一座墙,则墙的缺口,即法律的漏洞;墙依其本质本应完整无缺,其有缺口,实违反墙之为墙的目的及计划,自应予以修补。同时,他还认为,法律漏洞的基本特征就在于违反计划性,即现行制定法体系上存在的缺陷违反立法意图式立法计划。[2] 在规划设计角度,区分自始漏洞和嗣后漏洞往往是发现法律类问题的核心方法。自始漏洞是指在立法时当时即存在漏洞;嗣后漏洞是指根据立法当时社会情境,并无漏洞可言,立法后,社会情境发生变迁,出现新型社会关系和行为模式,而无法纳入法律调控范围。

其次,司法过程的困境。法律实施的过程就是一个涉及理解、解释和适用的三步骤活动。在这一过程中,在静态意义上、书面意义上的"书本中的法",往往遭遇动态意义、行动意义上的"行动中的法"的竞争。甚至衍生一些普遍存在的内部通行或者认可但未向外界公布的裁判规范——潜规则。潜规则具有"圈内人心照不宣,圈外人雾里看花"特征。依据法定主义标准,其中不乏良性违法规范,而且阻却了"书本中的法"法律功能的实现。这种"结构性"困境,在司法实践中,往往以一些冤假错案为

---

① 〔德〕卡尔·拉伦茨:《法学方法论》,陈爱娥译,商务印书馆 2003 年版,第 246 页。
② 王泽鉴:《法律思维与民法实例》,中国政法大学出版社 2001 年版,第 254 页。

风险事故,进而推动法律制度的变迁。

在上述领域中,如何发现新问题,需要一定的经验法则和方法论支持的。一方面,来自社会学等科学在经验法则和方法论上的认识可以作为参照;另一方面,法律问题的发现需要结合法律人的思维方式、法律场域特殊性、法律机关意志等因素灵活应对。

我疑故我思,我思故我在。在经验法则层面,根据社会学等学科的总结,一般有以下三种具体方式:观察、反思、怀疑。没有观察,就没有反思。怀疑是问题的起点。

第一,观察,这不仅包括对现实生活的观察,而且包括对文献资料的解读。进行冷静、客观、细致的观察,才有反思的可能。

第二,反思,这主要是指个人通过在现象与"知识库"之间进行比较、考量,洞察其中的解释力与解决力状况,发掘二者的断裂。

第三,怀疑,这主要是指认定现有理论假设或者制度安排与现象之间无法调和,将目光投向新的领域寻求解决方案。

在法律实证研究中,需要对法律信息的观察、反思和怀疑,提出法律问题。相对而言,其发现新问题的特征在于:

第一,法律场域方面的特征。在法律信息的观察、反思和怀疑上,其场域不仅包括社会生活层面,而且涵括法律制度、诉讼程序、法律文献等各个法律信息场域。其效果往往受到多种因素的制约。譬如,许多法律信息具有保密性,获取这些法律信息难度较大。现实中一些法律实证研究项目往往依赖项目的官方背景或研究者的特殊人际关系。又如,对法律信息的观察有赖对法律信息场域的有效参与,由于法律人的资格限制、法律信息的独占性等,许多研究者无法有效参与其场域,获取真实、充分的法律信息也较难。

第二,学科交叉方面特征。分析法律发展史,不难发现,在法律信息的反思与怀疑,尤其是提出法律问题上,来自多学科交叉研究的推动和贡献不菲。随着法学与其他学科的相互借鉴、吸收,法学内部逐步生成法社会学、法人类学、法心理学、法史学、经济法学等在内的法经验科学。[①] 这

---

①　杨仁寿:《法学方法论》,中国政法大学出版社 1999 年版,第 92 页。

些交叉性研究对法律实施中社会结构特征①、地方性特征②、组织关系特征、人际伦理特征等进行了系统研究,实际上提出了一系列"新问题"。但是,但上述学科交叉较为落后时,其发现问题的能力和几率将大大减少。

在法律实证研究项目中,以下社会学发现新问题的方法逐步被引入并发挥积极作用:涂尔干社会事实论、米尔斯"社会学的想象力"、加芬克尔常人方法论。③(1)在社会事实论中,发现场域被设定在个体生命之外的一个客观场域——社会事实。(2)在"社会学的想象力"中,它主张个体要超越自身的局部环境的制约,发现客观场域中的制度或结构性问题。(3)在常人方法论中,它主张人类打破理所当然的"常规情结",从常规中反思问题。(参见表3-1)

表 3-1　社会学发现新问题的基本方法

	代表人物	发现方法	具体内容
1	涂尔干	社会事实论	(1)认为社会事实先于个体生命而存在,并且决定人的意识 (2)社会事实即是新问题的原点
2	米尔斯	社会学的想象力	(1)认为人通常有两类问题的困扰:个人问题和公众问题,前者是个人生活领域问题,后者是制度或结构性的危机 (2)人具有想象力的心智品质,能够超越个人的局部环境,发现隐藏着的制度或结构性问题
3	加芬克尔	常人方法论	(1)认为常规并不"理所当然",人类是在持续不断地塑造这个世界 (2)人需要认识常规背后隐藏着的潜在的社会事实

社会事实论的启示在于,法律信息蕴藏于社会事实中,具有独立于研究者的特性。这对于传统法学研究中的思维和习惯而言,要求排除成见、减少预断,实现对法律信息的价值中立立场。根据"社会学的想象力",

① 参见〔美〕唐纳德·布莱克:《社会学视野中的司法》,郭新华等译,法律出版社2002年版,第1—26页。

② 美国学者克利福德·吉尔兹,他主张法律都是一种地方性知识,地方性不仅指地方、时间、阶级与各种问题而言,并且指情调而言——事情发生经过自有地方特性并与当地人对事物之想象力相联系。〔美〕克利福德·吉尔兹:《地方性知识》,王海龙、张家瑄译,中央编译出版社2004年版,第273页。

③ 〔美〕艾尔·巴伦:《社会研究方法》,邱泽奇译,华夏出版社2005年版,第55页。

虽然法律之网已经控制了人类,但很多人的个人生活经历、周边的交往形式以及个人的理论知识,与开展法律实证研究需要解决的问题联系甚少。对于研究者而言,需要超越个人生活经历、周围的交往形式去了解来自法律信息的存在类型和基本问题。来自常人类学的反思对于法律实证研究具有突破性意义。这是因为,在法学理论和司法领域,常识与其他学科一样,呈现泛滥之势。法律实证研究本身就是对一些常识的一种批判、一种反思。在这种批判与反思的过程中,一系列解释力"孱弱"、践行力低下的理论,一系列具有光鲜外表、虚假内容的主张遭遇了前所未有的"寒流"。法学研究中的问题的"曝光率"也由此上升。

正如前文提及的,较早运用实证研究的刑法学、犯罪学领域的学者们正是通过实证研究试图纠正许多在刑法学、犯罪学领域实际属于谬误的常识性观念以及一些根深蒂固的法律理论。譬如,1913 年,英国学者格林在《英国犯罪人:统计学研究》中,通过对 4000 名累犯数据的统计分析,试图证否龙勃罗梭的"天生犯罪人论"。又如,美国学者唐纳德·布莱克在案件社会特征,譬如黑人与白人对司法裁判规范影响的研究中,试图推翻通过法律规则逻辑推导案件结论,即"同样案情同样判决"的传统观念。① 虽然这些试图纠正的理论到底是对是错,一时难以完全定论,但这种批判与反思意识的价值却不容置疑。

2. 法律选题的技巧与忌讳

法律问题与实证研究中选题的"题"在内容上不尽一致。通常认为,法律问题的存在类型和具体原因具有多样性,这时,需要对法律问题进行整理和归纳,确定为实证研究中的选题。其一般步骤有三:

第一,划归研究领域:即将新问题归纳入其所在的学术领域,结合该学术领域的现有"知识库"和理论知识状况,分析该选题的学科意义和实证品质;在许多场合,该新问题可能涉及多元的研究领域,这时需要确定主要研究领域和相关研究领域,互相支撑。(参见例 3-2)

例 3-2　"羁押率高"的研究领域

"羁押率高"是一法律问题。那么,首先要划归其主要研究领域为刑事诉讼法学,但与之相关,来自监狱学、社会学的考察可为相关领域。在

---

① 他试图论证,每个案件都有它的社会结构因素,即社会特征,往往造成司法裁决中的法律差别。参见〔美〕唐纳德·布莱克:《社会学视野中的司法》,郭新华等译,法律出版社 2002 年版,第 1—26 页。

刑事诉讼法学研究中,现有的犯罪控制理论、人权保障理论、程序分流理论、保释制度研究等都可为分析"羁押率高"提供分析所需要的理论知识。

第二,确立研究主题:即将新问题和研究领域结合,确立研究的核心命题和关键词汇。这是实证研究开展过程中的突破口。研究主题的确定对于设置具体的、细节的研究问题具有指导功能。(参见例3-3)

例3-3　"羁押率高"的研究主题

为解决"羁押率高"这一法律问题,结合刑事诉讼法学、监狱学、社会学等研究领域,可以确定研究主题:羁押率。围绕这一主题,可具体研究羁押率的内在构成、影响因素、实证数据、典型个案等。

第三,设置研究问题:即在研究主题的指导下设计若干具体需要解释或解决的具体、细节问题。这也是进行调查研究、观察研究、文献研究、实验研究主要面对的对象。(参见例3-4,例3-5)

例3-4　"羁押率高"的研究问题

为研究"羁押率"这一研究主题,在调查研究中,需要解决:(1)调查地点的羁押率是多高? 与非羁押率的比例关系如何? (2)调查对象对羁押率的态度是赞成还是反对? 等等。

在观察研究中,需要解决:(1)影响羁押率上升或下降的主要因素是什么? (2)羁押率的上升或下降会引发什么类型的效应? 等等。

在实验研究中,如果是以扩大保释为实验手段,那么需要解决:(1)扩大保释适用是否真正有利于降低羁押率? (2)扩大保释适用在降低羁押率上是否可以推广?

例3-5　"中国人法律意识的消极影响因素"的研究问题

为调查研究"中国人法律意识的消极影响因素",需要注意:(1)来自法律文化方面的积垢——封建专制意识的消极影响,包括长官意志和草民意识的形成。(2)来自社会经济条件的扭曲——暴发户意识的消极影响,分析权力寻租和金钱、关系的交易结构;(3)来自基层社会习惯的陋习——小农意识的消极影响,包括庄稼意识、庆宴意识、权威意识、泥土意识和领地意识等。

在法律实证研究的选题上,除了技巧因素外,更多的问题集中在选题的实证品质判断上。在实践中,选题的考量主要集中在成本与收益方面的考虑:即这一选题在法律实证研究中的可行性,对于研究者而言,其需要付出什么样的成本,是否具有风险因素,研究的预期收益多大,现有的理论知识和实证研究经验能否解决选题风险;等等。实际上,一项合格的选题,需要经过综合性的考量:

首先,政治蕴含和伦理责任的忌讳。一些法律选题可能因先天因素不能直接用于法律实证研究项目。其中,首要忌讳的是,这一新问题在政治蕴含上有冲击宪法秩序的可能,或者,这一新问题具有伦理责任上的重大问题。除非这一实证研究本身就是探讨宪法秩序以及伦理责任,一般应注意回避。当然,各国和地区集权与民主程度、决策者的理性能力、社会民众的伦理思维以及对法律实证研究的功能定位等方面有所差异,因此,对政治蕴含和伦理责任的忌讳类型和程度不尽相同。这对开展比较法方面的实证研究,提出了较高要求。

其次,自上而下官僚知识体系的忌讳。根据上述法律选题的步骤以及法律问题来源社会事实的实证主义精神,法律选题的最优模式为"自下而上的知识生产体系"。无论研究者,还是上层决策者,总体上都应尊重这样的知识流程。但是,实际的状况是,法律选题往往受到意识形态和法律机关意志的影响,多表现为"自上而下的知识生产模式"。其功能是二元的。在一些场合,譬如,该研究领域理论知识薄弱、相关研究群体学力储备不足等,这种模式在促进法律选题的科学性与规范性上有其优势;但是,这种模式的弊端很明显,它容易沾染官僚主义倾向,导致有些法律选题的设置偏离实际需求。其中,也不乏"歌功颂德"或"无病呻吟"等病灶。

总之,发现问题并科学选题,这仅仅是法律实证研究在规划设计中的第一步。如何在法律实证研究中将研究问题具体展开,最为重要的步骤是制定合理的研究方案。

(二) 研究方案

在实证研究中,针对研究主题和研究问题,需要确定一研究方案,对研究的性质与目的、理论与假设、分析单元与研究内容、研究方式、风险方案等进行书面化的规划设计。研究方案是规划设计的主体内容,因其基础性和重要性受到各实证研究项目的高度重视。

1. 研究性质与研究目的

在设计研究方案时,首先应对研究方案进行性质上的定位,这决定了其规划设计的基本方向。在研究性质上,实证研究项目可以区分理论性研究与应用性研究。前者是指通过对社会现象和问题的实证研究,建构或者检测一种理论假设,从而解释社会现象之间相互关系或运行规律。后者是指通过对社会现象和问题的实证研究,提出解决社会现实问题的建议和对策。在社会政策的制定、法律规范的修改等场合,往往需要理论性研究与应用性研究相互结合、相互补充。

在自然科学和社会科学中,许多理论假设由于属于权威意见或习惯性认识,被认为属于常识或者理所当然,但通过实证研究检测被证明是荒谬的。譬如,意大利科学家伽利略主持的比萨斜塔实验(参见例3-6),美国哈佛大学梅奥教授主持的霍桑实验(参见例3-7)。

例3-6　比萨斜塔实验(1589年;伽利略)。

古希腊哲学家亚里士多德　　　　当时人们习惯性认识
(约公元前384年—公元前322年)

重的物体比轻的物体下落得快　+　玻璃弹子就比羽毛落得快

↓

伽利略:比萨斜塔实验

下落速度与重量无关

例3-7　美国霍桑实验(1927—1932;梅奥教授)

传统理论假设	实验研究	实验结论
提高照明度有助于减少疲劳,使生产效率提高	照明实验	照明度的改变对生产效率并无影响
福利待遇的提高有利于提高生产效率	福利实验	参加实验的光荣感、成员间良好的相互关系影响生产效率
物质刺激作为唯一的管理激励手段	访谈实验	更需要感情上的慰藉、安全感、和谐、归属感
计件工资会使工人更加努力工作	群体实验	为了维护班组内部的团结,可以放弃物质利益的引诱

在法学领域,理论性研究与应用性研究的区分表现为理论法学与应用法学的分野。一般而论,理论法学研究具有普适性和抽象性,较多关注法律规范的理论基础、价值构成,法学理论的逻辑自洽性和实质有效性,并且不局限于一地、一时,具有建构或检测法学理论的双重功能。应用法学研究突出时间性和地域性,特别关注法的实践价值、法律应用经验、法律运行的外部条件等,强调提出具体的建议和对策解决法律现实问题。

在实践中,理论法学研究与应用法学研究的区别并非绝对。法律实证研究是促进理论法学与应用法学实现良性互动的优质平台。在进行研究性质的确定时,研究方面应直接或间接表明,这一研究属于理论性研究还是应用性研究,还是理论性研究与应用性研究的综合运用。

在确定了研究性质之后,在理论性研究与应用性研究内部,可根据研究者的主观诉求进行研究目的的组合安排。(参见表 3-2)根据其性质,研究目的可区分为描述性研究、解释性研究与探索性研究。在理论性研究与应用性研究中,一般而言,理论性研究偏向解释性研究来诠释一种理论假设,用探索性研究来建构新的类型或模式;应用性研究多用描述性研究来客观归纳一系列现实问题,用解释性研究来解释制度上的变迁。但是,在实践中,理论性研究也往往利用描述性研究来描述理论的系列实践样态;应用性研究也往往利用探索性研究来建构具体建议和对策。

表 3-2　研究性质与研究目的的组合

研究目的 研究性质	描述性研究	解释性研究	探索性研究
理论性研究	描述理论的一系列实践样态	诠释一种理论假设	建构新的类型或模式
应用性研究	客观归纳一系列现实问题	解释制度上的变迁	建构具体建议和对策

范本一:研究性质——理论性研究;研究目的:三种类型综合运用(参见例 3-8)

例 3-8　"欧洲人权法在欧洲政治、经济一体化中的作用"研究

研究现状

当前,国内学术界较少在欧洲一体化的背景下,探讨欧洲人权法与其他社会现象的内在关系。这种孤立的研究视角导致了就人权法论人权法的理性局限;缺乏从政治学、经济学、人类学、社会学等角度对欧洲人权法进行研究,导致无法全面理解欧洲人权法和欧洲政治一体化进程的互动性。

研究思路:

1. 通过文献研究、个案研究等方式对欧洲人权保护双重机制存在的历史问题和现实困境,作出客观的评断。

2. 综合运用政治学、经济学、人类学、社会学等相关学科的知识,构

架完整的欧洲背景,客观再现欧洲人权法和欧洲政治一体化进程的互动发展。

3. 通过对欧洲人权法在欧洲政治一体化进程的功能分析,反思中国人权法研究模式的转型及其社会功能。

范本二:研究性质——应用性研究;研究目的:描述性研究与探索性研究(参见例3-9)

例 3-9 "未成年人案件审前程序(取保候审、酌定不起诉)改革实验项目计划"

实验重点与目的

(1) 针对取保候审中存在的问题,探索适当方式,扩大取保候审的适用率,减少羁押率。

(2) 在审查起诉阶段,探索适当方式,扩大酌定不起诉的适用率,促进案件分流。

(3) 提出完善取保候审和酌定不起诉法律规定的立法对策,推动刑事诉讼关于未成年人案件中取保候审和酌定不起诉制度的改革。

范本三:研究性质——理论性与应用性综合研究;研究目的:三种类型综合运用(参见例3-10)

例 3-10 "民事当事人证明权保障实证研究计划"

研究思路

(1) 依据实证研究,批评现有民事当事人证明权保障方面的一些理论误区,提出民事当事人证明权的基本内涵、理论基础、保障体系等,并实现与当事人举证责任、证据收集制度、法官职责制度、证人作证制度等相关制度的协调。

(2) 全方位收集北京朝阳、安徽芜湖、湖南郴州、云南普洱、黑龙江哈尔滨、西藏拉萨、河南信阳等地七个基层法院数据信息,准确探明我国当事人证明权保障制度的真实现状、问题及其症结,具体分析其与我国传统诉讼文化、司法体制、民事诉讼法理念与制度的关系。

(3) 比较英国、美国、德国、日本和我国台湾地区等代表性国家和地区有关当事人证明权保障的相关立法、司法状况,透视各国、各地区不同时期当事人证明权保障的立法背景、价值取向、内在逻辑、制约因素等规律性内容,总结其经验与教训。

（4）提出较为通达的具体对策，为立法机关立法以及有关机关制定司法解释提供依据。

通过上述三个法律领域实证研究范本的比较，尽管在称谓和表述研究性质、研究目的上不一致，但是，其基本规律有二：一是在研究性质和研究目的的组合安排中，研究者可根据主观诉求进行有序安排。这些主观诉求与该研究的社会背景、研究问题类型等密切相关。二是在实践中两种研究性质、三种研究目的往往得以综合运用，以促进一研究项目的适应性。

2. 科学理论与研究假设

实证研究的核心内容是依据一定科学理论，通过实证研究检验研究假设。科学理论是经过社会实践检验和证明的理论，它是系统化的理性知识，是概念和原理的规范化体系。研究假设是尚待检验的潜在的理论形式，可通过实证研究证实或证伪的理论形式。

（1）自然科学与社会科学的差异

科学理论与意识形态的差别在于，前者超越政治立场，保持中立态度，愿意根据证据修正理论或接受经验的检验；后者坚守特定的立场或特殊的道德信念，拒绝对自身的自由检验。在科学理论内部，具有以下属性并由此区分层次、形式：

一是抽象性。科学理论可以根据抽象程度和分析地位区分为宏观理论、中观理论和微观理论三大种类。宏观理论抽象程度最高，关注国家、社会、种族等大型社会议题，通常涉及制度、文化、结构、功能、系统等，因此，从普适角度，其解释力最强。譬如，社会进化论、社会有机体论、结构化理论、风险社会理论、现代性理论等。中观理论试图把宏观理论与经验现象结合，分析特定领域，譬如群体、社区、组织等的社会现象和行为。譬如，女权主义、越轨行为理论、角色冲突理论、社区研究等。微观理论抽象性低，关注个人和小群体等小型社会议题，通过研究有限的时间和空间中少数人的社会现象和行为形成一些命题，因此，从普适角度，其解释力较弱。譬如，法官的种族观是否影响司法公正；高学历者是否倾向性冷淡；贫困家庭子女发生越轨行为几率是否相对富裕家庭子女较高；等等。

二是确定性。在自然科学与社会科学之间，科学理论的确定性程度和表现形式具有一定的差别。由于自然科学在接受实证研究——尤其是实验研究——的检验上和在通过逻辑分析的推导上相比社会科学的比较优势,以及自然科学的发展状况,其在科学理论的确定性程度上要高于社会科学。绝大多数自然科学理论是通过"定理"、"公理"、"定律"等形式表述的。(参见表3-3)但是,在社会科学中,由于社会科学实验在外在条件上的复杂性——尤其是一系列不可控因素的存在——以及社会事实的流变性,加上社会科学的发展状况,其在科学理论的确定性程度上相对较弱。绝大多数社会科学理论是通过"学说"、"观点"、"论点"等形式表述的。(参见例3-11,3-12,3-13)

表 3-3　定律、公理与定理比较

自然科学	特征描述		特征描述	社会科学
定律	客观规律的概括和表达	↔	个体的独立的片段性论述	论点
公理	无须证明确定为真		个体或群体较为系统论述	观点
定理	可从公理演绎为真		获得一定支持的系统化论述	学说

例3-11　马克思关于社会冲突的公理与定理

公理1:稀缺性资源分配越不平等,越容易产生社会冲突

公理2:社会冲突越激烈,越容易导致阶级斗争

定理:稀缺性资源分配越不平等,越容易导致阶级斗争

例3-12　马克斯·韦伯关于组织理论的公理与定理

公理1:集中化程度越高,形式化程度越高

公理2:形式化程度越高,效率越高

定理:集中化程度越高,效率越高

例3-13　吴思关于血酬定律

定律内容:在暴力施加的对象是人时,当事人避免祸害的意愿和财力决定暴力的酬报

定律功能:可以更贴切地解释一些历史现象

当然,在实践中,一些社会科学理论也不乏借用"定理"、"公理"、"定律"来反映该社会科学理论具有较高的普适度。[①] 但这与确定性,显然有所差别。在社会科学中,绝对正确、亘古不变的理论未曾出现。

相形之下,研究假设则是针对研究问题提出一种具有猜想、推测、假定的理论形式,它可通过实证研究证立或证伪。研究假设只有经过社会

---

① 参见仇立平:《社会研究方法》,重庆大学出版社2008年版,第89—90页。

实践检验被确定证实才能称为科学理论。因此,一些研究假设本身就是谬误。

如何设计研究假设,在内容上,这是由研究问题决定的;在形式上,可以根据变量之间关系,区分因果式假设和共变式假设。具体而言,当研究者希望将变量之间关系设计为因果关系时,"如 A,则 B",那么此即因果式假设,也可称条件式假设;当研究者希望将变量之间的关系设计为共变关系时,"A 不同,则 B 也不同",那么此即共变式假设,也可称差别式假设。

一般而言,因果式假设主要用于解释性研究,分析其中因果关系和条件变化;共变式假设主要用于描述式研究,描述不同因素之间的内在差别和共变关系。在许多场合,两种研究假设可以在表述上互相转换。譬如,"知识程度越高,人越不容易犯罪"这一因果式假设可以转换为"知识程度不同,犯罪倾向性不同"。这是因为,因果关系实际上也是一种单向的、不完全的共变关系。但是,在研究问题内部因果关系较为多样或复杂时,即存在转换不能的情形。强制转换容易降低研究假设的确定性和普适度。譬如,"一国法律发展状况、文化教育水平、司法体制状况等因素不同,其公民法律意识程度也不同",这一共变式研究假设在要素相互关系、关系具体性质等问题上都较为模糊,强制将其转换为因果式假设,往往限缩或膨胀了研究问题,增加了其不确定性风险。当然,对于实证研究而言,因果式假设比较共变式假设,可能在理论性研究上不具有较大的比较优势,但在应用性研究上,由于其确定、明了,往往受到钟爱。

当然,在社会科学中开展实证研究具有较多的不可控因素,既包括社会事实的流变性或不确定性,也包括人的流变性或不确定性。一些变量之间的关系,也绝非因果关系或共变关系所能涵括,甚至属于不可知的模糊地带。但是,这时依旧可以作出这些变量之间具有相关关系的判断,如"A 与 B 相关、有关、密切相关"等。这种相关式的研究假设,在理论性研究与应用性研究中往往具有解释力以及推广上的局限,因此,社会科学实证研究在研究假设中很少使用这种表述。

(2) 法律实证研究中的运用

法律以及法学属于社会科学范畴。其在科学理论和研究假设上,具有社会科学的类型特征,同时也具有诸多个性特征。在法律实证研究项目中,研究假设具体取决于法律问题的设置。分析法学领域的科学理论的类型特征,有助于促进研究假设的科学化、规范化。

法学理论体系,即其具体构成,主要是在西方法治主义语境下,以西方法制道路的发展为依托的。伴随古典法学、中世纪法学、近代法学和现代法学的发展历程,西方法学理论总体上涵括两大体系:

其一,依据法哲学中的主客体关系,可区分为客观主义法学、主观主义法学和主客观统一法学等。客观主义法学偏重从法律和人之外寻求法律的真理,法往往被视为超越自然、超越社会的神秘力量;主观主义法学注意从人自身和社会结构的内部解释法律现象,侧重主体性分析;主客观统一法学强调把法的客观属性与人的主体性结合,在主客观双向过程中探讨法。

其二,依据法律问题的类型和研究方法,可区分为自然法学、分析法学和社会法学等。自然法学研究应然法,强调法中的价值判断和道德内容,主要运用价值分析方法;分析法学研究实然法,强调法律的逻辑语义和概念体系,主要运用逻辑语义分析方法;社会法学研究法律与社会互动性,强调法与社会的适应性,主要运用社会实证分析方法。

中华法系律学在其研究基础或者说理论来源上,除了佛教、道教等客观影响外,主要来自儒家思想。儒家思想在中华法系居于主导意识形态地位,并经历子学、经学、理学和实学等阶段。① 它在中国的历史演进,基本与中国传统哲学,尤其是经学同步,并形成自己特色性的规范系统、解释方法和推理模式。

与此同时,在中国各封建王朝中,与其生产方式、意识形态、政治需求等适应,尤其是基于皇权秩序的控制等因素,法律以及法学理论发展不平衡。刑法等实体法以及相关犯罪、刑罚学说占据主导地位,相对而言,民事法律、程序法律等受到压制,也抑制其相关学说的发展。所以,一个有意思的结论是,在古代中国,法学家多为刑法学家、犯罪学家,而非民法学家、诉讼法学家。

在当代,尽管法学理论图谱日益多元化,但基本由以上两大体系演绎而来,或漂移所去。② 当然,在非西方语境下,来自伊斯兰教文明、佛教文明等地区的法学理论也在历史上或当代发挥了重要作用,其中不乏科学理论。但是,也应注意到,总体而言,法学理论的科学性、规范性的程度,

---

① 李其瑞:《法学研究与方法论》,山东人民出版社 2005 年版,第 91 页。
② 同上书,第 60—62 页。

尤其是在确定性上,并不令人满意。

其一,在法学理论中,一些自诩为"定理"、"公理"、"定律"的言说,以及一些"学说"、"观点"、"论点"具有较差的确定性和普适度。一些法学理论已经被证伪。

除了一些具有极端性,而且明显错误的法学理论,一法学理论被证伪并不意味着它不具有任何积极价值,或者说,它不再可能被修正成科学理论。证伪在社会科学中的意义具有相对性。在一时一地的证伪并不代表在彼时彼地不能被证立。在序言中,本书以录像在侦查讯问中实现人权保障功能的二元性进行了说明。一般而言,没有寻求百分百的确定性或者百分百的否定性的法学理论。

被证伪的一些法学理论:

例 3-14:法典万能主义,认为立法者通过努力能设计出一部无须修订的完美法典

例 3-15:法律规则主义,认为按照法律规则,类似案例可以获得同样判决

例 3-16:西方法律中心论,认为非西方的落后国家必须完全移植西方法律

其二,在法学理论中,由于实证研究的缺乏,加上意识形态等的影响,总体上许多被称为"法学理论"的理论实质上属于研究假设,有待证立或者证伪。

有待检测的一些法学理论:

例 3-17:漂移理论,认为当事人主义模式下证据制度发生向职权主义模式的漂移

例 3-18:习惯法理论,认为习惯法在民间纠纷中起主导作用

例 3-19:和解危险论,认为扩大刑事和解可能造成权力滥用、花钱赎刑、显失公平等,导致金钱支配刑事问题的公开化

在法律实证研究中,设置研究假设时,为保障其科学性与规范性,结合研究问题,应注意以下方法论要点:

其一,法律信息中变量关系特殊性。法律信息运行于社会中,就必然与政治、经济、文化等领域发生信息交换。这导致,在法律实证研究中,设置法律信息中的变量关系时,比起其他学科,显得更为复杂和谨慎。一方

面,在设计因果式研究假设时,需分析变量之间是否具有实质上的因果关系。在设计共变式研究假设时,如果进行法学理论性研究,需分析变量之间是否具有实质上的共变关系;在进行法学应用性研究时,还需分析其可否进一步转换成更为确定、明了的条件式假设。如果这些研究假设能证立,形成科学理论,在解决现有法律问题上将更为直接、有效。

其二,法律实证研究中的不可控因素。这主要源于法律实证研究中"社会事实"的流变性或者说不确定性、人的流变性或者说不确定性。这孕育了法律实证研究中的一系列不可控因素。这些不可控因素在本书的第五章"法律实证研究的风险管理"一章中将专门介绍。它们具有潜在性,不易察觉,也不易控制。因此在设置研究假设时,应适当考虑不可控因素对变量关系的影响,设置对出现不可控因素的风险预防和风险救济方案;更为重要的是,在研究结论与研究假设不一致时,这时需要基于不可控因素的类型分析,准确作出测量,是否研究假设本身的问题,还是实证研究中的不可控因素在作怪。

法律实证研究在真理道路上的魅力,与社会学类似,即积极承认一定范围内不可知领域的存在,积极承认一定条件下的可错性的空间。对于法学理论、研究假设而言,苛求其在实证研究前完美无瑕是不可能的;在实证研究之后,即使一时、一地的研究结论与之不一致,也未必说明法学理论、研究假设属于谬误,而是需要进一步的检验。

3. 分析单位和研究内容

在实证研究中,确定了研究问题和研究假设等,接下来需要明确的是进行资料收集的对象是谁,也就是,进行研究指向的主体性因素是什么。这种用来描述、观察、解释的单位,即是分析单位,也有的称为研究对象。从研究假设出发,针对分析单位,具体研究的事项,此即研究内容。实证研究的过程,实质上就是依据研究概念对分析单位进行调查、观察、考证、实验,以描述、解释或探索分析单位的社会现象或社会行为。

在实证研究中,研究内容的确定主要依据三个步骤:

一是明确确定性的研究概念。实证研究需要将日常使用、意义可能多元的各种概念进行内涵和外延上的确定,使其成为确定性的研究概念。研究概念不确定是很难对分析单位展开实证研究的。

譬如,在"刑事和解"探索中,就需要明确其与息讼、私了、人民调解、仲裁、恢复性司法(Restorative Justice)、辩诉交易(Plea Bargaining)、替代性纠纷解决方式(Alternative Dispute Resolution,简称 ADR)等的区别,以

实现研究概念的确定性。(参见表 3-4)

表 3-4　与刑事和解相关纠纷解决方式的概念比较

特征\n种类	作用领域	内部构造	核心要件	合意特征	法律效果
刑事和解	刑事诉讼中	三方构造性	和解协议;司法监督	民事部分实质处分	实体法效果\n程序法效果
私了	三大诉讼外	缺乏合法审查	非规范性	自治性\n威权介入	注重人际秩序\n忽视真实发现
人民调解	三大诉讼外	民间机构主持	调解协议	交涉性	注重社区秩序\n缺乏法律效力
仲裁	民事行政领域	三方构造性	仲裁协议	职权主导	一裁终局性
恢复性司法	刑事司法领域	三方构造性	司法协议	交涉性	重视被害人保障\n重视社区秩序
辩诉交易	刑事诉讼中	被害人参与少	交易协议	交涉性	鼓励有罪供述\n减少诉讼风险
ADR	民事领域	三方构造性	协议等	交涉性	重视诉讼效率\n促进纠纷解决
息讼	民事领域为主	纠问主义	礼法教义	教化性	注重礼法秩序\n忽视真实发现
法院调解	三大诉讼中	三方构造性	调解协议	职权主导	注重公共利益,\n忽视诉权保障

又如,"剥夺"这一词汇,在日常概念中具有不确定性,可以根据所属研究领域区分经济剥夺、自由剥夺、社会剥夺、政治剥夺和生命剥夺等相对确定性的研究概念。(参见表 3-5)

二是设置具体化的研究变量。实现研究概念的具体化和操作化,在进入研究领域时,应使其从抽象层次下降到经验层次。经过严格界定的研究概念在实证研究中即是研究变量。譬如,涂尔干在《自杀论》中,为研究影响个人自杀的各种社会因素,对自杀率中"社会结构"这一研究概念就设计了以下研究变量:(1)宗教信仰;(2)婚姻状况;(3)政治背景;(4)社会经济状况;(5)战争;(6)其他背景(职业、文化、居住地等);等。

三是确立可观察和测量的研究指标。研究指标是可以观察和测量的研究概念的各种经验层面的现象。一研究概念可以区分多维度、多性质的研究指标,这时需要结合研究性质和研究目的确定。(参见表 3-5)

表 3-5 与"剥夺"有关的研究概念、研究变量与研究指标

基本步骤:

分析单位————————————分析内容

① 确定性的研究概念

↓

② 具体化的研究变量

↓

③ 可观察和测量的研究指标

具体内容:

日常概念	研究概念	研究变量	研究指标
剥夺	经济剥夺		
	自由剥夺		
	社会剥夺	社会歧视	(1)性别;(2)种族;(3)职业;(4)学历等方面的歧视
		社会孤立	(1)朋友数目;(2)家庭关系;(3)社会交往;(4)遭遇打击等方面的表现
		社会技能丧失	(1)教育;(2)技术;(3)思想;(4)体力等方面的限制或不足
	政治剥夺		
	生命剥夺		

(1)类型特征:法学与社会学等的横向比较

在社会学中,分析单位的具体形式,依据层次主要包括七种:个人、群体、组织、社区、产品、事件和制度等。分析地位的层次越高,它所使用的分析单位往往越多。[1] 譬如,对群体、组织、社区等的分析,都可以采用个人等为分析单位。社会学的分析单位,由于其直接指向社会的基本单元,因此可作为其他学科的参照。譬如,经济学、心理学、法学等。(参见表3-6)

个人是自然人,是在各学科研究中最多、也是为常见的分析单位。在个人研究中,可以根据年龄、性别、民族、职业、居住地点、学历、收入状况、身体状况等指标进行分类。个人研究主要是描述、解释个人行为特征以及其在群体、组织、社区等中的关系特征。

群体是通过一定社会关系联结具有共同行为特征的非正式团体。譬如,团伙、家庭、班级、邻里等。在群体研究中,群体特征与群体中的个体

---

① 仇立平:《社会研究方法》,重庆大学出版社 2008 年版,第 95 页。

表3-6   各分析单位的类型特征与研究概念

	分析单位		类型特征		研究概念	
1	个人	1	背景或状态特征	1	社会学	价值、规范、角色、功能结构等
2	群体					
3	组织			2	经济学	供给、需求、价格、成本、收益等
4	社区	2	行为特征			
5	产品			3	心理学	人格、情商、智商、障碍、认知等
6	事件					
7	社会制度	3	态度和意见	4	法学	权利、义务、权力、责任等
8	其他					

特征、群体中领袖特征具有密切关系,往往需要结合起来分析群体现象和群体行为。

组织是具有特定目标、遵循一定结构建立的制度化、正式化群体。譬如,企业、机关、学校、部队、医院等。在组织研究中,组织中的个人、非正式团体等的特征与组织特征具有密切关系,往往需要结合起来分析组织现象和组织行为。

社区是居住于一定区域的生活共同体。社区因其各种要素的差异,譬如经济因素、文化因素、人口因素、习俗、地理等,形成不同的社区类型。小之有街区、胡同、小镇和村庄等,大之有各种规模的都市。社会学中有许多比较有影响力的关于社区研究的成果。

产品是人类社会制造的具有一定形式的物质成果或精神产品。譬如,图书、建筑、服饰、胶卷等。产品从设计到使用往往能反映一定的人类行为特征。

事件是个人周围或社会中发生的重大事件。譬如,结婚、自杀、裸奔、球迷闹事、中毒事件、恐怖袭击、股市崩盘等。事件融合的变量较多,往往需要综合分析。

制度是在社会秩序中运行的各种规则性体系。譬如,生育制度、环境保护制度、家庭制度、服役制度等。制度是社会学中最为复杂的分析单位,也是研究方法密集的区域。

当然,在各学科中,其分析单位也具有一定的学科属性,而且在其研究内容上也具有各自的类型特征。以法学为例,在法律领域进行实证研究是针对法律信息进行定性与定量分析。其分析单位与人类学、社会学、心理学等具有天然的联系。意大利法学家菲利在《实证派犯罪学》中描述了法律实证研究在犯罪学中的人文主义特征以及对社会的特殊医治功能:"只有通过实验方法和科学方法,从犯人的生理、心理以及家庭、环境等方面,对我们称之为犯罪痼疾的病因探究之后,在科学指导下的司法才会抛弃目前降临在那些可怜的犯人头上的血腥判决,而成为另一种以除去或减少犯罪的社会原因和个人原因为首要目的的医治职能。"①

在法律实证研究中,其分析单位也有一些特殊的类型特征,具体包括:

1) 在个人研究中,法律实证研究侧重分析个人在法律规范、法律文化、法律载体、诉讼案件、法律制度等方面表现出的背景或状态特征、行为特征、对上述各种法律信息的意见和态度等。由于研究者与参与者多为个人,因此,在语境和沟通上,其要求对法律信息的形式和内容的可理解性、可交流性。由此增加了研究者在沟通艺术和伦理责任上的负担。

2) 在群体研究中,法律实证研究主要分析群体在法律信息上表现出的背景或状态特征、行为特征、意见和态度等。(参见例3-20,3-21)在这方面,典型的法律实证研究项目有留守儿童的犯罪与问题,流动人口的户籍管理问题,未成年乞丐的法律救助问题,上访者的法律援助问题等。

例 3-20　民族

无论社会学、人类学,还是法学,纷纷承认民族的多样性及其文化的差异,使其在处理法律问题时,尤其关注特殊的心理结构、道德结构。民族习惯法在民族地区扮演着经久不衰的角色。在民族地区开展法律实证研究,纯粹依据国家法的强制,被证明是行不通的。

例 3-21　阶层

由于地域发展的不平衡、社会分工的差异等因素,在各种社会形态中均存在一定的阶层结构。在其中,因身体天然因素形成的"自然性的弱势群体"与因社会性的或体制性的原因形成的"社会性的弱势群体",在阶层结构中居于重要地位。

3) 在组织研究中,法律实证研究多集中在分析社会机构、法律机关等部门中的法律信息。在组织研究中,可能会涉及对个人(尤其组织中领导)、正式团体和非正式团体的分析。非正式团体对法律信息的影响,往

---

① 〔意〕恩里科·菲利:《实证派犯罪学》,郭建安译,中国人民公安大学出版社2004年版,第150页。

往是法律问题比较集中的领域。

4）在社区研究中，各"社区"的自治规则，或强或弱，能影响法律实证研究的实际效果，尤其是涉及研究者观察社区、参与者回归社区的场合。由于社区发展程度不一，在内部功能上具有有效或无效区分。相对于有效社区，无效社区的核心问题是个体与社区关系涣散。分析社区特征，往往需要注意其内部结构和人文特征，这些因素往往被区分为可控性因素与不可控性因素。

5）在产品研究中，法律实证研究主要涉及与法律信息相关的产品，包括法律文献、法袍、法槌、警械等。围绕这些产品展开研究，可分析其与法律信息的关系状态、反映的法律思维方式等。

6）在事件研究中，法律实证研究主要涉及能产生法律效果的重大事件。这些事件往往集束复杂的背景或状态特征，需要进行描述性、解释性研究。同时，这类事件的发生往往具有突发性、危险性，开展实证研究需多注意其风险方案。

7）在制度研究中，法律制度是最为复杂的实证研究分析单位。它是指在公共领域必须被强制遵守和在私人领域必须自觉遵守的法律类行为规范和行为模式。在各法律部门中，存在多种多样的法律制度。通过实证研究法律制度，可分析其制度环境，制度变迁的动力、机制、框架、主体、方式以及人们的态度和意见。

（2）法律实证研究中的分析单位误区

在法律实证研究中，与社会学等类似，在使用研究单位概括研究结论时，容易产生以下三个典型的误区，需要克服。

1）层次谬误（ecologic fallacy），或称以全遮偏问题。

即在研究层次比较高的分析单位时，直接将结论套用于层次比较低的分析单位。在法学研究中，常见的层次谬误，譬如，以城市为分析单位实证研究居民法律意识与证人出庭作证几率关系时，呈现出"居民法律意识越强，其出庭作证的几率越高"趋势，这时，研究者可作出结论，"居民法律意识越强的城市，其出庭作证的几率越高"；如果研究者得出结论，"公民法律意识越强，其出庭作证的几率越大"，则犯了层次谬误的错误。这是因为，以城市为分析单位，所得出的结论也应是关于城市的结论，它蕴含的是与"公民法律意识较低的城市"的比较。公民"个人"在分析单位的层次上要低于城市，对其结论的作出，需要收集一定规模的公民个人样本，考虑其差异性，再作出结论。

2）层次简约（ecologic reductionism），或称以偏概全问题。

一般是指研究者以十分特殊的个案材料解释宏观、微观现象，或者仅观察若干层次比较低的分析单位，即概言在整个层次较高单位的特征。譬如，以层次比较高的"群体"、"组织"作研究时，实证材料却主要来自对个人的调查。譬如，以村镇为分析单位实证研究居民法律意识与证人出庭作证几率关系时，呈现出"居民法律意识越强，其出庭作证的几率越高"趋势，这时，研究者可作出结论，"居民法律意识越强的村镇，其出庭作证的几率越高"；但是，不能直接用以证明"居民法律意识越强的城市，其出庭作证的几率越高"。虽然标记副标题"以某村镇的经验为分析对象"，但实际论证的是"某一城市"的整体特征，这种现象在当前法学界并不少见。

3）层次嫁接（ecologic grafting），或称特征转移问题。

一般是指研究者在描述、解释同一层次分析单位时，受到其他分析单位的实证材料的消极影响，将其结论不自觉嫁接给所研究的分析单位。譬如，在以村镇为分析单位实证研究居民法律意识与证人出庭作证几率关系时，研究者在样本规模只有 A 村镇与 B 村镇的情形下，往往容易作出严格区分；但是，在样本规模较大、不同村镇之间的相似性因素较多、部分村镇正模仿另一部分村镇建设、同一实证研究项目对不同村镇产生相似性影响等情形下，往往造成研究者在思维和行为上出现程度不等的层次嫁接问题。

要避免上述误区，最为重要的是，保证分析单位和分析结论在对象上的一致性。实现这种一致性一方面需要严格遵循规划设计的分析单位独立性原则，进而认识到分析单位特征在时间、空间、层次上的专属性、特殊性——什么样的分析单位对应什么样的分析结论；另一方面需要具备在作出研究结论时在价值立场上的中立性，即针对不同层次的分析单位，应保持价值中立，尽力避免受相关因素的干扰，尤其不应因故意或过失因素导致在分析单位上的层次谬误、简约、嫁接。

（3）法律实证研究中的研究指标误区

每一项指标都反映着一个特定的社会现象。在法律实证研究中，设置研究指标应当遵循司法实践的制度需求。其研究指标的表述、界定等都应考虑所要实证研究的法律场域的具体特征。对此，下文以一些法律实证研究项目为例，说明研究指标设置中的几个误区。（参见例 3-22，3-23）

例 3-22　公诉质量分析的研究指标

公诉质量是司法质量的重要组成部分,也是评价检察系统的工作的主要指标。公诉质量的高与不高,选择怎样的研究指标? 白建军教授以三百多个腐败案件的检控实践为样本,设置了三个核心的研究指标:

一是控审一致率,即公诉机关与审判机关对同一案件认定结果一致性在所有起诉案件中的比率;其研究假设是,控审一致率越高,公诉质量越高。

二是罪名变更率,即公诉机关对案件性质的认定在多大程度上被审判机关所采纳;其研究假设是,罪名变更率越低,公诉质量越高。

三是无罪率,即审判机关认定的无罪案件在公诉机关起诉案件中的比率。其研究假设是,无罪率越低,公诉质量越高。[①]

例 3-23　审判质量分析研究指标

审判质量是司法质量中最为核心的一个部分,是考察法院工作的主要内容。审判质量的高与不高,白建军教授实际上设置了两个核心变量:一是同案同判率;二是同案异判率。这是因为,同案同判代表了司法平等这一核心价值,具有宪政意义。为进行“同案”的测量,其实际上列举了22 个研究指标:共同犯罪、其他加重情节、自首、立功、重大立功、基本行为、预谋性、被害性、并罚数罪、累犯、公然性、未成年人犯、死亡人数、重伤人数、数额组别、未遂、预备、有损失中止、无损失中止、从犯胁从犯。在判决的“同异”上,主要区分五个研究指标:一致、偏重、偏轻、过轻、过重。[②]

针对不同的社会现象,可以用不同的指标来反映。这预设了一旦研究指标确定不便或者失当,往往影响对分析单位的准确研究。上述研究指标的设置是比较科学、规范的。这主要反映在可观察、可测量的品质上。但是,在许多法律实证研究项目中,研究指标的设置存在以下误区:

一是指标不便。即一些研究指标并不符合可观察、可测量标准,或者不属于经验层面现象,反而被用以解析研究概念。譬如,在研究“公民法律意识”时,用“证据意识”这一本身具有抽象意义、需要进一步解析为研究指标的概念作为指标,其结果是会导致对分析单位描述、解释、探索的模糊不清。研究“公民法律意识”时,可用“文化教育程度”、“法制教育程

①　参见白建军:《法律实证研究方法》,北京大学出版社 2008 年版,第 217—218 页。
②　同上书,第 222—235 页。

度"、"个人品德状况"等可观察、可测量的经验层面的现象作为研究指标。

二是指标失当。即一些研究指标违反特定的伦理责任或者可能诱发风险,由此进行实证研究弊大于利。譬如,在研究"公民法律意识"时,如调查研究未成年人,就不能违反公序良俗选择一些禁忌的指标加以访谈,譬如"被鸡奸后第一反应"、"强奸他人后的首要意识"等。

为克服上述误区,可总结在法律实证研究中确定研究指标的一般方法论:

其一,针对法律信息中的研究概念设计研究变量及其研究指标,应结合分析单位类型、参与者状况(譬如,年龄、文化、与法律信息关系、财富等)等特征,实现研究指标经验化,以便观察、测量。(参见表3-7)

表3-7 取保候审风险研究指标

未成年人研究指标	成年人研究指标
14—16岁;16岁以上未满18岁;本地人;过失犯罪;初犯;从犯;防卫过当或紧急避险过当;自首;立功;可能判处缓刑或较短刑期;主观态度好;积极退赃或主动赔偿;已取得被害人谅解;能提供保证金或合格保证人;家庭经济条件好;监管条件良好;取保后可能工作或就读;会见及走访印象好;无以自伤、自残等方法逃避侦查、起诉、审判的;无脱保或伪造、毁灭证据或串供、妨碍证人作证记录;无证据表明有准备逃跑,伪造、毁灭证据或串供,妨碍证人作证,重新犯罪的	社会关系稳定;本地人;本地有固定住宅或固定投资;过失犯罪;初犯;从犯;防卫过当或紧急避险过当;自首;立功;可能判处缓刑或较短刑期;主观态度好;积极退赃或主动赔偿;已取得被害人谅解;能提供保证金或合格保证人;取保后可能工作或就读;会见及走访印象好;无以自伤、自残等方法逃避侦查、起诉、审判的;无脱保或伪造、毁灭证据或串供、妨碍证人作证记录;无证据表明有准备逃跑,伪造、毁灭证据或串供,妨碍证人作证,重新犯罪的
结论:取保候审风险小或取保候审风险大	

其二,在进行类比研究时,可根据分析单位类型、参与者状况等区分适用不同分析单位的指标,反映不同法律效果的正、负指标等。(参见表3-8,3-9)

例 3-24 H 省 Q 市 H 区"取保候审"实验研究
Z 省 Y 市"未成年人案件取保候审"实验研究
Z 省 Y 市"未成年人酌定不起诉"试验研究

表 3-8　未成年人取保候审风险研究指标

正指标	负指标
14—16 岁,本地人(在本地有固定住所或近亲属),过失犯罪,初犯,偶犯,从犯,胁从犯,犯罪预备、中止、未遂,防卫过当或者紧急避险过当,自首,立功,逃跑可能性小,妨碍诉讼行为(串供,伪造、毁灭证据,威胁证人等)可能性小,主观态度好,积极退赃或主动赔偿,能交纳保证金或能提供合格保证人,取保后可能就读或工作,会见印象好,走访印象好,监护条件好	主犯,累犯,外地人(在本地无住所且无近亲属),可能判处实刑,有前科,主观态度差,家庭经济条件差,监护条件差,同案犯未到案,妨碍诉讼(串供,伪造、毁灭证据,威胁证人等)可能性大,具有逃跑可能性
结论:取保风险小或取保风险大	

表 3-9　未成年人酌定不起诉评估指标

正指标	负指标
14—16 岁,本地人(在本地有固定住所或近亲属),过失犯罪,初犯,从犯,胁从犯,犯罪预备、中止、未遂,防卫过当或者紧急避险过当,自首,立功,情节较轻,继续犯罪可能性小,取保候审期间表现好,主观态度好,积极退赃或主动赔偿,不起诉后可能就读或工作,会见印象好,走访印象好,监护条件好,被害人未报案,被害人无异议,公安机关无异议	主犯,累犯,有前科,主观态度差,同案犯未到案,涉嫌犯罪情节严重,具有一定的继续犯罪可能性,没有悔过表现,拒绝赔偿被害人,被害人有异议,公安机关有异议
结论:酌定不起诉风险小或风险大	

　　其三,在具体的法律场域,需要结合法律信息所处的状态。法律类研究指标可根据一法律信息所处的状态依次灵活设定,这有利于克服指标设定中的不便或者失当情形。一是一般状态指标。即发生频率较高,反映一法律信息处于常态、良性运行状态时的指标。二是突变状态指标。即发生频率较低,但一经发生即有可能酿成风险事故的非常规性指标。三是解释性指标。即虽然不直接构成该研究概念的具体类型或状态,但可外部影响研究概念的指标。(参见例 3-25)

例 3-25　上海社会稳定研究指标设计

　　在研究"稳定"这一概念以及"社会稳定"这一变量时,可确定三重指标体系,即社会稳定指标体系的构成[1]:

---

①　仇立平:《社会研究方法》,重庆出版社 2008 年版,第 325 页。

1）社会稳定一般状态指标

社会痛苦指数、公共安全指数、精神卫生指数、社会紧张指数、利益保障指数；

2）社会稳定突变状态指标

社会冲突指数、社会腐败指数、社会分裂指数；

3）社会稳定解释性指标

经济总量指数、生活水平指数、贫富差距指数、社会保障指数、人口和家庭指数、社会参与指数、政治透明度指数、社会间距指数、价值观念整合指数。

4. 研究样本

在实证研究中，面对各个层次的分析单位，以及同一分析单位不同类型，如何加以选择？在理想的情境下，所有实证研究应该坚持整体研究，即穷尽其分析单位的所有特征，由此进行全面的、普遍的、无一例外的分析。但是，由于在多数情形下，实施这种整体研究十分困难，只能代替以选择部分代表——样本——加以研究进而推论和说明总体的特征。通过选取研究样本，即抽样进行实证研究，在社会科学中，始于1891年挪威的人口调查。二战后，随着计算机技术的发展，抽样日益广泛地被应用于社会各领域。

抽样的类型，根据选择标准，可以区分体现研究者主观意识的非概率抽样和按照随机原则选择样本的概率抽样。

在社会科学中，抽样研究相对整体研究而言，其比较优势在于研究费用较低、研究效率较高、应用范围广、可保障真实性和准确性等。但这都建立在研究样本对整体的代表性上。怎样才能选择到一个有代表性的样本？这是困扰社会科学界的普遍难题。随着统计学的发展，这种难度已经得到降低或被逐步缩减。但是，并非任何个体都能反映总体，这始终是抽样研究的内在弱点。一般而言，确定一个合适的样本容量或样本规模有助于缓解这些质疑。影响样本容量的"变量"大致包括研究的精确度要求、研究者的分析能力、经费保障能力等。

在法律实证研究中，其抽样的难度比起其他社会学科普遍要难。这是因为：一是法律信息运行于社会具体时空条件中，各种类型的法律信息个性比较明显。二是法律实证研究对于研究的精确度要求较高。三是一些法律信息具有保密性，获取准确、充分的样本比较难。这些因素最终都将影响法律实证研究样本的代表性。

譬如,在实验研究中,选择合适的社区,尤其是确定实验地点,涉及对该地自然因素、经济因素、文化因素等的宏观判断,也涉及对该地社会公众法律意识、法律机关法律素养、社会配套制度、与研究者沟通状况等因素的微观判断。(参见例3-26,3-27,3-28)

例3-26　"未成年人取保候审"、"未成年人酌定不起诉"试验研究中实验地点选择标准

确定 Z 省 Y 市为实验地点,主要考虑以下因素:

(1) 属于东部发达地区。2005 年人均 GDP 3433 美元,最近 5 年均在全国百强县前 50 位;

(2) 转型社会特征相当明显,具有我国县级城市目前或者未来面临的一些共性问题,因而具有代表性;

(3) 未成年人犯罪特征具有相当代表性;

(4) 在未成年人权益保护方面具有一定经验。2001 年,Y 市人民检察院被最高人民检察院和团中央联合授予"全国未成年人维权岗"荣誉称号。

例3-27　"刑事和解"试验研究中试验地点选择标准

确定 H 省 S 市为实验地点,主要考虑以下因素:

(1) 该地距离研究者所在地北京较近,属于典型的北方地区;

(2) 该地之前有对刑事和解开展探讨性司法改革;

(3) 该地办案人员法律素养和专业能力较高,对刑事和解理论和实践比较熟悉;

(4) 该地人均办案数量适中,办案人员的工作量和参与实验的压力不是太大。

例3-28　"侦查讯问三项制度"试验研究中试验地点选择标准

确定在北京市公安局海淀分局、河南省焦作市公安局解放分局和甘肃省白银市公安局白银分局三个不同地区同时开展试验,主要考虑以下因素:

(1) 中国人口众多、幅员辽阔、法制统一而经济、文化、社会发展很不平衡;

(2) 推动侦查讯问程序改革的动力和阻力在不同地区不一样;

(3) 选择具有地区差异性的地方进行实验研究有利于促进研究结论

更符合中国的实际情况,具有推广的可行性。

5. 研究方式

在实证研究中必须对资料进行收集和分析,这是研究者所采取的具体形式和方法,即是研究方式。在各学科中,有关研究方式的探讨,名目不一、种类繁多,但大致围绕调查研究、实地研究(观察研究)、文献研究、试验研究等进行。

其一,调查研究(survey research)作为一种量化研究方法,其核心方法是针对抽样样本,通过自填式调查或结构性访谈的方式收集资料,并在对资料进行统计分析的基础上把调查结论推论至样本所在的总体。

其二,实地研究(field research)也被形象地称为"田野调查",属于一种质性研究方式,其要求研究者参与,甚至进入、融入到研究对象的生活环境等研究场域中,通过非结构性访谈、观察等具体的方法收集相关资料,并据此进行归纳、分析以做进一步的研究。

其三,文献研究(literature research)是一种用科学的方法收集、分析文献资料,对研究对象进行深入的历史考察与分析的方法。

其四,实验研究(experimental research)是研究者根据研究目的引进自变量,经过实验,观察因变量是否随着自变量的变化而发生变化,以及发生怎样的变化的研究方式。它是最为复杂,而又最具方法论含量的研究方式。

相对于其他学科而言,在法律实证研究中对各种法律信息的收集和分析,由于其对象的特殊性和外在环境等因素的制约,具有一些特殊障碍和应对的技巧。这在本书"法律实证研究的研究方式"一章中予以专门论述。

在规划设计中,选择哪种研究方式,存在一定的方法论支持,否则容易出现研究方式的偏差,即错误选择的情形。这是因为,在不同的社会情境下,每种研究方式有其适应能力。譬如,在传统农业社会里,对其各种社会现象的实证研究,主要盛行定性资料的调查,资料来源主要是典型的个案,其方法论基础是"解剖麻雀"——通过一只"麻雀"的情况调查"麻雀"的族群特征。这种状况的出现,主要是基于这样的社会事实——在传统农业社会中,同质性程度较高,在一定族群范围内个体的差异性较小。但是,到了现代社会,同质性程度遭遇多元化、多样性等的冲击而极大降低。这意味着,仅仅解剖个别"麻雀"或者典型个案是无法认识"麻雀"族群或者整体社会的。进行普遍的抽样调查并量化研究，由此逐步替代传统的典型的个案调查。

在法律实证研究中，研究方式的选择需要依据方法论，其应考虑的核心问题以及对应的错误选择如下：

第一，与研究问题是否契合与"方式错位"。

在研究主题的指导下，规划设计需要解释或解决的具体、细节问题，这正是进行调查研究、观察研究、文献研究、实验研究主要面对的对象。研究的问题所属的研究领域、问题类型等的不同，直接影响研究方式的选择。譬如，在刑事法、行政法、诉讼法等公法领域进行实证研究，相比较民商法等私法领域而言，一般倾向调查研究、观察研究和文献研究，开展试验研究往往受到法定主义、守法义务、社会条件等的限制。但是，一旦进行试验研究，其法律变革意义较为浓烈。一般而言，涉及法律规范漏洞方面的问题，四种研究方式都有较多使用；涉及司法困境方面的问题，调查研究、试验研究适用频率相对较高。有些法律信息属于保密范畴，对该类问题进行文献、试验研究等往往受到诸多限制。研究方式与研究问题不契合，容易发生对象错误，其直接后果即是"方式错位"，即实证研究获取的结论难以运用于原先规划设计的研究问题，却可能对其他研究问题有所助益。

第二，与研究性质、研究目的是否契合与"功能错位"。

一般而言，在研究性质上，当实证研究属于理论性研究时，为建构或者检测一种理论假设，可将四种研究方式综合使用，但是在观察研究、试验研究上，其耗费的物质成本和时间成本较多，往往为一些大型项目所接受；当实证研究属于应用性研究时，为提出解决社会现实问题的建议和对策，普遍重视调查研究、观察研究、试验研究。这些研究方式在分析社会现象和问题方面具有针对性、实效性。至于文献性研究，多发挥辅助性的功能。

研究目的直接影响研究方式的选择。在描述性研究中，为描述理论的一系列实践样态或者客观归纳一系列现实问题，往往倾向调查研究和观察研究；在解释性研究中，为诠释一种理论假设或解释制度上的变迁，人们最钟爱文献研究，但也往往结合其他研究方式实施；在探索性研究中，为建构新的类型或模式，建构具体建议和对策，一般以文献研究为基础，进行调查研究、观察研究、实验研究的综合运用。

研究方式与研究性质、研究目的不契合，这在很大程度上会限制研究性质和研究目的在实证项目上的功能实现,通俗地说,出现"半生不熟"的效果;"半生不熟"所反映的功能错误,往往导致实证项目在推广上的困难。

第三,天时、地利、人和等因素与"客观风险"。

在研究方式的种类选择上,影响因素是多方面的。有时,选择这种研究方式仅仅是一地、一时的巧合。马林诺夫斯基进行"特罗布里恩德群岛"土著人的观察研究即是例证。(参见例3-29)

例3-29 马林诺夫斯基在特罗布里恩德群岛的观察研究

英国著名人类社会学家马林诺夫斯基,在1914年至1918年之间对新几内亚东面"特罗布里恩德群岛"土著人的观察研究,是纯属意外或者说迫不得已。1914年,马林诺夫斯基参与一考察澳大利亚项目,结果,第一次世界大战爆发,他回国不能,只能滞留澳大利亚和新几内亚。这时,幸运的是,他得到了一珍珠商人的捐助。他不仅没有"饥寒交迫",反而发现新几内亚东面"特罗布里恩德群岛"风景独好,于是就在特罗布里恩德群岛从事实地研究。他发现这里居住着一群有意思的土著人,于是进行针对他们的观察研究。他自己也像土著人一样生活,观察他们的日常生活和工作。在没有翻译的情况下,他努力掌握土著语言,观察土著人的经济交往方式、纠纷解决办法、犯罪处理的习惯法等。他在此基础上撰写成了《西太平洋的航海者》、《原始人的犯罪与习俗》等经典的实证研究著作。[①]

在一般情形下,在一地、一时开展实证研究,选择合适的研究方式往往要考虑天时、地利、人和等因素。譬如,在调查研究、观察研究、实验研究时,需要与一地的制度环境相互契合。譬如,在动物保护的自然科学研究中,需要坚持尊重自然原则,注意生态环境的保护;在民族志研究中,需要尊重"地上之神",尤其是其风俗习惯;在进行法律实证研究时,需要注意一地的政治、经济、文化等社会环境,尤其是与法律信息相关的社会配套制度和社会意识状况。

在法律实证研究中,尤其是与其他社会科学交叉的情况下,研究者采取哪种研究方式应充分考虑有无"客观风险"。一旦研究方式选择不当,

---

① 参见〔英〕马林诺斯基:《西太平洋的航海者》,梁永佳、李绍明译,华夏出版社2002年版,序言第2页。

甚至突破研究本身卷入利益对抗、争议漩涡，可能给研究者带来政治、经济，乃至生命上的风险。非洲猩猩的保护神戴安·弗西遇害事件即是一惨痛教训。（参见例 3-30）

　　例 3-30　科学家戴安·弗西遇害事件

　　"没有谁像她那样热爱大猩猩。"这是美国科学家戴安·弗西（1932—1985）的墓志铭。她全身心热爱非洲猩猩的自然研究和法律保护。为此，她在非洲针对猩猩进行了长期的蹲点观察研究，并积极呼吁社会各部门积极爱护猩猩。她在其专著《薄雾中的大猩猩》中写道："我和'贝特叔叔'有着美妙的接触。它是个天使，带着全队跨过陡峭的悬崖来到我这边，蒂吉特最后过来，它慢悠悠的样子看上去好像并不是很乐意，不过它最终还是来到我身边，温柔地抚摸我的头发……我真的希望自己能够给予它们什么作为回报。"她反对猎杀猩猩，支持对自然栖息地的保护："我决不允许把山地变成该死的动物园！"相对于包括鼓励旅游在内的"理论保护"，弗西所坚信的是"积极保护"。她同样强烈地反对动物园，认为圈养个体动物，会导致很多动物及其家庭成员死亡，包括运输和饲养上的问题，以及动物心理方面的问题。1978 年，弗西试图阻止两只卢旺达的猩猩运往德国科隆动物园。她发现，在捕获这两只猩猩过程中，竟然有其他 20 只成年猩猩为此被害。为此，弗西与其他研究人员、卢旺达政府的公园和旅游部门人经常发生争执。专门研究弗西的犯罪学专栏作家大卫·克吉赛（Dave Krajicek）认为，弗西的保护行为本身也具有二元效应，至少它吸引了国际目光，不少旅游者涌向当地，破坏了猩猩的栖息地，扰乱了他们的迁移习惯，还把人类疾病也带了过去。在非洲的个别美国大使和卢旺达政府一些官员认为，"她是一个固执而又对猩猩有变态心理的女人"。1985 年年底，弗西被残忍地杀害于丛林小屋，她的头被劈成两半，作案工具是一把当地猎食者常用的短刀。之后，一个卢旺达私设法庭宣布两名男子谋杀罪成立，但随后这个罪名被国际法庭撤销，认为这只是当地政府掩盖自己行为的迷障法。15 年后，一个与本案相关的前卢旺达政府官员被送上了法庭，他除了被指控谋杀弗西外，还被指控参与1994 年卢旺达的种族屠杀。[①]

---

　　① 金煜：《与大猩猩零距离接触的女科学家》，载《新京报》2007 年 3 月 8 日。

6. 风险方案和收益方案

在研究方案中,风险方案和收益方案是两大保险装置。风险在本质上是一种损失的不确定性。风险方案可以对实证研究中出现的风险事故及其损失进行预防和救济。收益是可实际获取的各种价值形式。收益方案是对实证研究在实现研究目的上的具体规划。风险方案和收益方案看似一对矛盾体,但实质上是统一的,规划的风险方案切实可行本身就是一种收益。

在各学科开展实证研究,其风险的要素构成、具体类型、预防方式等有所差异。除了前面提及的非洲猩猩的保护神戴安·弗西遇害事件外,还有一系列著名科学家在进行自然科学、社会科学等研究时遭遇人身危险,其中一个重要原因,即是风险方案规划不足,收益方案过于乐观。譬如,富兰克林差点被电死、居里和居里夫人差点被辐射死、李时珍差点被毒死、达尔文差点被咬死、拉瓦锡差点吸纯氧而死等。(参见例3-31,3-32)

例3-31 富兰克林(1706—1790)"风筝试验"与"火鸡实验"[①]

富兰克林不仅是"独立宣言"和美国宪法的起草人之一,而且是一个伟大的科学家。

"风筝试验":他将系上钥匙的风筝用金属线放到云层中,被雨淋湿的金属线将空中的闪电引到手指与钥匙之间,证明了空中的闪电与地面上的电是同一回事,震惊了社会公众——原来"天电"不是"天怒人怨"——如果说希腊神话中巨人普罗米修斯为人类从天上偷下"火种"的,那么富兰克林冒着危险"盗取"了天电。

"火鸡实验":为了验证"地电"与"天电"的相同处,富兰克林想到"天电"可以击死火鸡,于是他就实验用"地电"去击杀火鸡,结果被电打昏了。苏醒后,却不介意地说:"我本想用电杀死一只火鸡,结果差点电死了一个傻瓜。"

富兰克林通过这项危险的实验论证了:"使用5个莱顿瓶(莱顿瓶:当时表示电池的一种基本形式),可以电死一只体重在4.5公斤左右的火鸡,使用这种方式烤制出来的火鸡的体积比原来大不少。我想,火鸡的味道也一定鲜美无比。"当前,富兰克林式的通过身体试电实验,科学界早已不提倡。

---

① 〔美〕富兰克林:《富兰克林自传》,崔晓燕译,中央编译出版社2003年版,第163—166页。

例 3-32　李时珍(1518—1593)"药草实验"①

中国一些古代药书和方士主张,水银无毒,服食可以成仙,是一种长生药。中国明朝的李时珍,针对"炼丹"热潮,分析不少人服用仙丹后中毒死亡的真实原因——仙丹多用水银、铅、丹砂、硫黄、锡等炼取,含有毒素,为此他大声疾呼:丹药能长寿的说法,绝不可信! 同时,为了弄清许多药物的形状、性味、功效等,又毅然背起药篓,带着儿子及徒弟庞宽,"访采四方",跋涉无数穷山深谷,足迹遍及大江南北。就这样,李时珍经过长期的实地调查,搞清了药物的许多疑难问题,于万历戊寅年(公元 1578 年)完成了《本草纲目》编写工作。其中,李时珍为弄清药物的疗效,他曾"亲自品尝"过许多药材植物,好几次差点植物中毒,命断山野,幸亏抢救及时。

值得欣慰的,全书约有 200 万字,52 卷,载药 1892 种,新增药物 374种,载方一万多个,附图一千多幅。达尔文称赞它是"中国古代的百科全书"。因为他在书中纠正前人错误甚多,在动植物分类学等许多方面有突出成就,并对其他有关的学科(生物学、化学、矿物学、地质学、天文学等等)也作出了贡献。随着现代科学的发达,尤其是植物学、化学等的发展以及相关检测设备的发明,有关植物药用和毒性分析,基本消除了李时珍"药草实验"中"亲自品尝"的风险。

法律实证研究是在特定的社会情境中针对各种法律信息展开的。因此,它在风险类型上基本囊括各种政治风险、经济风险、文化风险等,并可能造成一系列紧张关系。对此,在本书"法律实证研究的风险管理"一章中将具体分析。

这里重点探讨的是,在研究方案中,风险方案与收益方案的规划设计需要与研究问题、研究性质和研究目的等结合起来考虑。问题类型不同,其风险的几率和程度可能不同。性质定位、目的种类不同,风险的类型以及表现形式可能不同。

譬如,在刑事法、行政法、诉讼法等公法、强制法领域,其风险方案不仅要避免在项目规划、运行以及推广等过程中出现一些瑕疵的内部风险外,需要特别注意来自外部的违法风险。在民商法等私法领域中,由于其法定主义的边界相对宽松,其违法风险相对而言较少,其风险类型多集中

---

①　参见柳长华主编:《李时珍医学全书》,中国中医药出版社 1999 年版,序言。

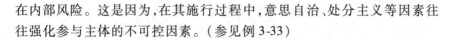

在内部风险。这是因为,在其施行过程中,意思自治、处分主义等因素往往强化参与主体的不可控因素。(参见例3-33)

例3-33　H省Q市取保候审实验地点选择上的反思

H省Q市,位于中国北部,属于旅游型城市。选择其作为取保候审实验研究的地点,其主要考虑标准是:该市距离研究者所在的北京较近;该市外来人口比较多,轻微犯罪的比例比较高,取保候审适用的空间比较大;该市检察机关及政法委对实验项目比较重视。但是,在实验过程中,发生之前研究方案未能准确预测的风险事故:该市一些办案人员还有一定量的社会治安任务和行政任务,譬如,偶尔被抽调承担警戒任务和安全保卫工作,无法抽出许多精力来应对实验项目的具体步骤、方法的严格要求,从而在一定程度上影响了取保候审实验运行。

在研究方案中,研究问题、研究性质和研究目的的规划设计是否科学、规范直接影响收益。法律实证研究中收益的类型主要有:

其一,在理论性研究中,突出表现为对传统法学理论的质疑、提出一种新的法学理论,或者建构一种类型或模式,描述或解释法律问题等。

其二,在应用性研究中,突出表现为提供一立法建议、为法律解释提供论证、获取新闻舆论的普遍关注、转化为司法工作机制等。(参见例3-34,3-35,3-36)

例3-34　"物流业的发展与国际运输法关系"实证研究项目收益

1. 学术价值上,该研究涵摄物流业基础理论和国际运输法基础理论,通过二者相关性研究,将进一步拓展二者基础理论的广度和深度;尽力弥补在该领域上学术研究的欠缺。

2. 制度价值上,该研究强调以法律现代化促进货运物流化,积极寻求物流业与国际运输法之间的和谐关系,旨在推动物流产业的相关改革,推动我国货物运输法律体系的科学化、合理化发展,进而为我国物流业与货物运输法制与国际接轨铺路架桥。

3. 实践价值上,该研究强调通过实证研究的方法,针对实践中出现的问题,为物流业的发展与国际运输法改革提供丰富的实证数据和符合我国实际的、能够推广的改革方案。

例 3-35 **"未成年人取保候审"与"未成年人酌定不起诉"试验研究项目收益**

根据对未成年人案件中取保候审和酌定不起诉改革实验的对比分析和优劣分析,提出未成年人案件中取保候审和酌定不起诉制度的立法建议。

例 3-36 **"疑罪不诉"实证研究项目收益**

理论创新价值方面:

1. 将疑罪不诉的研究与证据裁判主义、人权理论、司法功能主义等结合,以实证研究为最大特色,反思并重新定位疑罪不诉制度的应然功能;

2. 系统归纳和阐述证据不足的主要内涵和适用标准、完善疑罪不诉制度中证据规则和程序保障;

3. 结合域外不起诉适用状况以及检察机关客观性义务探讨,论证我国疑罪不诉与联合国刑事司法准则接轨的具体进路。

实际应用价值方面:

针对我国《刑事诉讼法》再修改的实际需要,力争提出一套切实可行的法律改革方案,以供参考和借鉴。

风险方案与收益方案的规划设计不当,往往导致实证研究"得不偿失",即实证研究在风险的预防和救济方面出现一些问题,或者在实证项目审核和推广方面面临责难。实践中,对风险方案与收益方案的规划设计不当一般导致——预测风险不足、预期收益过大。这中间不排除为科学而献身的殉道精神。

一般而言,在法律实证研究中,影响风险与收益方案的主要因素有:

其一,不可控因素使然。社会生产方式的变更、法律思维习惯的变化、社会意识形态的转换等因素往往增加法律实证研究的不可控因素。不可控因素越多,风险越大,收益可能越小;不可控因素越少,风险越小,收益可能越多。

其二,功利主义作祟。一些失败的个案表明,在其研究方案的规划设计中,风险方案与收益方案具有一定成分的虚假性;在面对风险事故时,风险方案无效,收益方案无效,但为了隐瞒失败,获取实证研究项目中的继续支持,保证自身名誉地位,往往背离科学精神和伦理责任铤而走险。

其三,组织压力等因素影响。在法律实证研究中,来自法律机关的组织压力等因素,也往往造成对风险方案和收益方案的变更。所谓组织压力,是既定的某种组织目标要求各成员作出服务于该目标的行为,从而影响其成员的具体行为模式。譬如,在"未成年人取保候审"试验研究中,在发生"脱逃"——被取保候审人发生逃匿——这一风险事故时,检察机关基于内部考核的内部压力、法院和社会舆论的外部压力等被迫运行"非正式途径"——将"脱逃"化为无形,等同未曾发生的效果——规避实验风险。(参见例 3-37)

例 3-37　杨某脱逃案与法律机关对实验风险的规避

杨某,17 岁,小学一年级文化,云南省 Z 县人。2005 年 4 月 1 日凌晨 4 时许,在浙江 Y 市,杨某被陈某叫去望风,由陈某盗走钻豹 125 摩托车一辆,价值 3000 元。4 月 1 日,杨某被刑事拘留,并于 4 月 19 日因符合法律规定和实验要求被取保候审。保证方式为人保,保证人为杨某的母亲李某。7 月 1 日,该案在向人民法院提起起诉后,杨某不知去向。杨某的母亲给办案人员打电话报告,称杨某出走可能与其几个"哥们"对杨某的劝说有关:"别人跑还来不及,你还去投案,真是蠢。"杨某的母亲认为,"这孩子脑袋不开窍"。杨某被上网追逃。根据当地业务考核,人民法院在开庭前被告人处于取保候审阶段脱逃的,案件无法缺席审理,要对主审法官的业务能力进行扣分处理。检察机关移送起诉的被取保候审人在庭审前脱逃的,上级检察机关在考核下级检察机关起诉科室、办案人员时也要进行扣分处理。检察机关也担心来自被害人、社会舆论等方面的压力。为此,检察机关和人民法院通过沟通,以该案在证据上存在一定问题,经由检察机关提请,案件程序倒流回检察机关补充侦查。2006 年 1 月,杨某再次在浙江 Y 市街头出现,随即被逮捕,并被立即移送起诉至人民法院。

三、研究方案的撰写规则

在实证研究中,研究方案的撰写是对实证研究基本内容进行的书面化陈述,是对实证研究总体设想的全面概括和详细说明。它是实施实证研究的可靠依据,也是进行项目申报、效果测量、项目推广等的客观载体。

在法律实证研究中,通常面对法律规范、法律文化、法律载体、诉讼案件、法律制度等法律信息,以描述法律现象、解释法律原因、预测法律规则、评价法律效果等。来自法律信息的特殊性,对研究方案的撰写规则也有一定影响。

（一）一般性规则

在实证研究中,研究方案根据其作用一般可以区分为项目申报书和正式研究方案。

项目申报书是向有关方面申报项目及其经费资助使用的规范文件,其具有论证性特征,在内容上一般包括:申报者以及研究小组成员的基本情况(包括组成、成果、培训安排等),研究的现状、目的和意义,预期价值或收益,研究思路与研究方法,工作计划,创新之处,参阅的文献资料,经费预算等。

正式研究方案是在确定研究选题后,将其具体细化为具有操作性的工作方案,其具有实践性特征,在内容上一般包括:研究项目的说明,包括研究性质、研究目的、研究问题等,研究假设及其具体说明,确定的研究方式及其具体步骤,研究者的组成与培训安排,出现风险的应对方案,研究的时间进度,经费支出的规划,成果转化形式(中期成果和最后成果)、项目推广计划等。

一般而言,实证研究中研究方案的撰写需要掌握以下规则:

1. 系统性规则

即研究方案的撰写在内容上应针对研究问题与选题,在研究性质与研究目的、分析单位与研究内容、研究方式、风险方案和收益方案等方面,作出内部的有效衔接和统筹安排。

2. 操作性规则

即研究方案的撰写在操作上要有利于向有关方面申报项目及其经费支持,而且要有利于有关方面对研究过程实施监督、管理和控制。当然,在这中间还需保障研究者相对于有关方面的学术独立性问题。

3. 灵活性规则

即研究方案的撰写应考虑到实证研究项目在运行过程中可能遭遇不可控因素,尤其是观察研究和实验研究方案,任何看似完美的方案设计往往在运行中遭遇新问题。这要求研究方案的设计要有可修正的余地。

（二）特殊性规则

除了需要坚持上述基本规则外,法律实证研究项目还需要坚持以下特殊规则:

1. 安全性规则

即在法律项目申报书以及正式研究方案中,如资助项目的有关方面属于国外机构或社会商业机构等,应注意来自国家安全、意识形态独立性、法律信息保密性等方面的要求。在宏观上,要积极防止和平演变、非法利益等对法律实证研究的渗透。在微观上,研究方面的语言表述、内容规划等都应避免这种冲突。法律机关的参与也应坚持政治蕴含的基础,但也应坚持对实证研究的开放心态,避免"闭关自守"。

2. 伦理性规则

即在法律项目申报书以及正式研究方案中,其语言表述、内容规划,一方面,需要强调对参与自愿、参与无害的保障。法律实证研究相比其他学科实证研究,由于具有法的强制性的制度背景,尤其是在调查研究、观察研究、实验研究时,往往涉及参与者隐私性问题,这需要研究方案特别强调并予以专门规划。另一方面,需要强调学术伦理。来自项目审批的有关方面、参与项目的法律机关、社会公众等因素的压力往往对法律实证研究项目造成较大影响,这要求研究方案在防范学术造假、坚持伦理责任方面需要特别强调并予以专门规划。

由于人的局限性,其所进行的制度设计不可能完美无缺。但是,这不排除来自社会事实的传承和流变,逐步会自发衍生一些妥当的制度安排,并经历着历史的多重考验。景观设计学教授俞孔坚在《设计时代》中指出:"我是在耕耘中不愿问过往的土人,并非不善言辞,而是发现,尽管这是一个一日千里的时代,但一些久经验证、通行千载的哲学,却仍然在不断被证明其正确和深刻,即便在某个历史瞬间它们曾经被遗忘得无比彻底。"①对于法律实证研究的规划设计而言,其最终指向的,是发现这一"地上"的"久经验证、通行千载的哲学"。

---

① 俞孔坚:《设计时代——国内著名艺术设计工作室创意报告之土人景观》,河北美术出版社 2002 年版,序言"迷恋耕耘"。

第四章　法律实证研究的研究方式

希望是本无所谓有，无所谓无的。这正如地上走的路，其实地上本没有路，走的人多了，便成了路。

——鲁迅

在实证研究中必须收集和分析资料，对此，研究者所采取的具体手段和方法，即是研究方式。研究方式的科学性和规范性决定了资料收集的充分性和分析的准确性，直接影响实证研究目的的实现。在众多学科的实证研究中，有关研究方式的探讨，名目不一、种类繁多，但大致围绕调查研究、实地研究（观察研究）、文献研究、试验研究等进行。相对于其他学科而言，在法律实证研究中对各种法律信息的收集和分析，由于其对象的特殊性和社会条件、人性基础等因素的制约，具有一些特殊障碍和应对的技巧。

在中国开展法律实证研究，来自研究方式层面的问题最为突出。一方面，传统的研究方式侧重思辨、比较与对策，忽视实证研究，更遑论实证研究方式的探讨；另一方面，在初步开展的实证研究项目中，研究方式的科学性、规范性也颇有不足。结合其他学科关于实证研究中研究方式的探讨促进中国法律实证研究方式的发达，是当前的一个迫切需求。

一、调查研究

调查研究（survey research）采用的是一种问询的方法来获得资料，也就是用书面问询（譬如，自填式问卷）和口头问询（譬如，结构式访谈）的方法来获得关于调查对象行为和思想的资料。其逻辑结构是，从一个先验的认识或把握出发，收集样本并进行资料分析，在此基础上把调查结论推论至样本所在的总体。也就是说,调查研究借助概率抽样的方式,希望超越对资料收集对象所属社会事实的把握,达到对一个更大总体的社会事实的把握。

从功能上来看,调查研究主要包括对社会现象的描述性研究和解释性研究。历史上,在实证研究的各种研究方式中,调查研究曾占据主导地位,甚至成为实证研究的代名词。但是,早期的调查研究往往在具体方法上比较粗糙,经常发生先入为主的预断,或者为特定的政治目的服务,这些因素导致一些调查研究的研究结论经不起检测。近代以来,受实证主义哲学、信息科技技术等的影响,西方国家社会学等学科在调查研究上,一方面日益注重问卷设计的科学性和规范性;另一方面日益重视资料收集的客观性和全面性。

（一）调查研究的基本方法

问卷是调查研究中的基本工具。在调查研究中,基本方法主要包括问卷设计方法以及在此基础上进行信息收集的方法。

1. 问卷设计方法

通过问卷,研究者可以了解参与者的基本信息、对调查内容的态度与意见等。为保障问卷设计的科学性和规范性,问卷设计一般遵循以下三个基本步骤:一是提出研究预设;二是设计问卷草案;三是试验性调查、专家讨论并修改。在问卷的设计的过程中,以下四个基本原则被普遍接受,并具体指导问卷设计(参见表4-1):

（1）前提性原则:问卷设计须以一定的研究假设为指导,并避免漫无目的或无的放矢的问询。也就是说,问卷设计应坚持问题意识,其所包含的问题不能脱离研究目的和由此设定的界限。

（2）基础性原则:问卷设计应考虑参与者的自愿原则,并从适格的参与者的立场出发,避免隐私性、敏感性问题和带有一定价值偏见的用语,实现对参与者的无害原则。此外,问卷设计应避开涉及保密的法律信息。

（3）保障性原则:问卷设计要考虑问题的清楚性和非诱导性。为此,问卷设计要综合考虑参与者的教育背景、认知能力、职业、年龄、生活习惯等因素,并注意克服话语上的生僻、沟通上的障碍。

（4）技巧性原则:问卷设计应灵活选用问题类型,实现封闭式问题和开放式问题的有机结合。前者要求参与者按照设计的问题作出选择性回答;后者允许参与者按自己的方式,充分自由地对问题作出回答,不受任何限制。

（5）结构性原则：问卷结构一般包括调查简介、填写说明和正文三部分。根据结构性原则，问卷设计在问题类型上既应着眼于统计的便利，又应兼顾资料的弹性需求，在问卷结构上一般以由易至难、由客观到主观为准则。

表 4-1　问卷设计基本方法

问卷设计的基本步骤	（1）提出研究预设 （2）设计问卷草案 （3）试验性调查、专家讨论并修改
问卷设计的基本原则	（1）前提性原则——以确定的研究假设为指导 （2）基础性原则——保障参与者的自愿与无害 （3）保障性原则——问题设计的真实性与非诱导性 （4）技巧性原则——灵活选用问题类型 （5）结构性原则——科学编排问卷结构

2. 资料收集方法

在问卷设计的基础上，调查研究需要对参与者进行直接或间接的问询，这涉及一系列信息收集方法的运用。其主要包括自填式调查和结构性访谈。

（1）自填式调查，又称为问卷调查或社会调查。一般而言，它适合于有一定教育程度的参与者。根据调查所选取的方式不同，又可细分为在场调查、邮寄调查和互联网调查三种形式，三种形式在调查研究的成本与收益方面各有利弊，在具体适用中往往取决于研究目的和研究主题等因素的具体考量。（参见表 4-2）

表 4-2　自填式调查的具体形式

自填式调查的具体形式	利与弊
在场调查	沟通较为有效；但资源消耗较大
邮寄调查	成本较低；但回收率不高
互联网调查	调查过程快捷，匿名性强；但参与者范围受限

（2）结构性访谈，又称为标准化访问，即由研究者根据结构化、标准化的问卷提问，把被调查对象的回答填写在问卷上或者按照回答在问卷上选择合适的答案。[1] 它适合于不同类型的参与者，可以通过对话、电视

---

① 仇立平：《社会研究方法》，重庆大学出版社 2008 年版，第 205 页。

或视频等方式进行。它具有过程的易控制性和较高的回答率等优势,但往往成本较高,访问内容也较受限。尤其是涉及隐私性、敏感性的问题,需要具备良善的沟通艺术。(参见表4-3)

表4-3　结构性访谈的具体形式

结构性访谈的具体形式	利与弊
对面访谈	研究者可以有效地控制调查过程,调查资料的效度和信度较高,有效问卷率也很高;但实施成本高,涉及个人隐私或敏感话题时需要沟通艺术
电话访谈	简便易行,成本较低,研究者相对较安全;但拒访率较高,问卷的长度与难度受限,不太适合学术性、研究性调查
视频访谈	兼顾直观性沟通和低成本运作的需求;但受访对象受限,代表性较差,尤其在经济落后地区,样本覆盖面不高

随着计算机技术的发达,"电脑问卷调查法"是目前国际学术界调查社会敏感问题的最佳方法。它通过运用计算机程序编辑问卷文本,以及设计严密的、具有问题回答路径选择和"测谎"功能等的逻辑控制程序,形成被访者与电脑之间"人机视听"的新的应答方式。因此,它既不同于调查员对被访者的"结构性访谈",也不同于以往的"自填式调查"。它在体现被访者、调查员、电脑三者间互动的基础上,实现了被访者在敏感问题上的"自答"。

因此,该方法一经采用,就显示出了其他方法难以比拟的优越性。譬如,在1998年美国《全国男性青少年调查》中,把这种方法与自填式调查进行对照,发现各种敏感行为(包括性行为、吸毒和暴力行为)的报告率都比后者有所上升。也就是说,在面对电脑回答敏感问题的时候,人们最容易说实话。①

(二)法律调查研究的个性

在早期法律实证研究中,调查研究即被作为一种最重要的方法。在立法、司法等法律环节中均蕴含着丰富的法律信息,可以通过调查研究予以收集并分析。上述问卷设计方法、信息收集方法等也基本适用于法律实证研究。

---

① 潘绥铭:《中国人的性生活系列报告之二:我们是怎样调查的?》,载《人之初》2002年第2期。

需要强调的是,针对法律信息的调查研究,与其他学科相比,具有以下两个方面的鲜明特征:

1. 法律信息不对称性

在法律领域,其法律信息较多控制在法律机关手中。社会公众对法律信息的知情程度往往受到限制。一些参与者基于机会主义、有限理性、组织压力、竞争压力等因素故意隐匿或虚构涉及自身利益的法律信息或其他相关信息,希望从中获得特定利益。这可能造成法律信息在主体之间出现不对称性,诱发虚假、错误的研究结论。

这对问卷设计和信息收集的方法提出了较高要求。在问卷设计时应充分考虑参与者法律意识状况,法律机关配合程度,法律信息有无涉密性、隐私性内容等因素。在自填式调查和结构性访谈中,应注意法律机关和参与者因信息不对称可能提出的相互矛盾的意见或结论,并客观分析这些矛盾的类型和原因,在此基础上及时调整研究方案。

2. 法律话语的有限性

法律调查研究涉及多元主体之间的语言沟通。在调查研究的语言构成上,法律话语是其重要部分。但是,在不同的社会情境及其语境下,调查研究的分析单位可能涉及宗教、民族、阶层和社区等因素。对此,仅仅掌握法律话语是远远不够的,还可能需要灵活运用一些宗教性语言、民族性语言、适用于一定阶层的行话、适用于一定社区的方言等。在一些特殊案件中,当事人在道德结构和心理结构上存在问题时,还需要运用道德话语、治疗话语等才能保障沟通的有效性。

这对研究者在语言学及其文化结构上提出了较高要求。在问卷设计上不可偏执于法谚法语,而应充分考虑一时一地的"习惯法",实现话语上的通俗易懂。在信息收集上不可固执于法律人思维方式,而应充分考虑参与者的语言结构、道德结构、心理结构,要经常"换位思考",实现沟通上的充分、有效。

(三) 中国社会下法律调查研究

在中国历史上,调查研究在社会革命和政策制定等方面发挥了重要作用,并在社会学等领域获得较大发展。其发展的轨迹,可以区分两条线索:

其一,以社会革命为导向的中国共产党人调查研究。它是指以马克思主义的唯物史观、唯物辩证法等基本原理为指导,运用阶级分析、矛盾分析等方法,通过个案调查、典型调查和调查会议等方式对社会现象进行调查研究。

以毛泽东同志为代表,他曾在广州主持"农民运动讲习所",亲自传授社会调查的方法和技巧,提出了"没有调查就没有发言权"、"调查就是解决问题"、"不做正确的调查同样没有发言权"的著名论断,并身体力行自己的调查理念,写出了一大批著名的调查报告,对认识当时的社会现实并制定适当的方针政策起到了很大的作用。

表 4-4 毛泽东同志所作的典型调查报告

时间	报告名称
1926 年	《中国社会各阶级的分析》
1927 年	《湖南农民运动考察报告》
1930 年	《寻乌调查》
1930 年	《反对本本主义》(原名为《调查工作》)
1941 年	《〈农村调查〉的序言和跋》
1956 年	《论十大关系》

其二,以社会改良为目的的"学院派"调查研究。它是指在 20 世纪前后社会学开始传入中国的过程中,许多社会学教学机构或者带有社会学研究性质的机构和社会学工作者所进行的旨在了解中国现实情况、分析解决中国社会问题的各种社会研究。[1]

在这一过程中,社会学方面产生了费孝通《江村经济》等经典著作;在法学方面,比较典型的是严景耀等人进行了一系列调查研究,推动了中国犯罪学的发展。

例 4-1 严景耀在犯罪学中的调查研究

1930 年初,在中央研究院社会科学研究所及燕京大学社会学系的赞助下,严景耀率领学生到河北、山西、河南、湖北、江西、安徽、浙江等地 20 个城市的监狱对犯人和监狱管理进行调查,取得了犯罪典型个案史料三百余个。自 1928 年至 1931 年,他在燕大社会学系出版的《社会学界》发表了"北京犯罪之社会分析"、"中国监狱问题"、"犯罪学书目"、"北平犯罪调查"、"北平监狱教诲及教育"、"刑罚概论"、"犯罪概论"等论文。

在当前转型社会中,由于地区发展不平衡性、司法体制现状、传统文化影响等因素,法律调查研究具有一系列特殊问题亟待研究与克服:

---

[1] 仇立平:《社会研究方法》,重庆大学出版社 2008 年版,第 12 页。

其一,抽样样本的代表性。当前,期望通过对局部社会的样本调查来达到对中国这个整体的理解,这是一种良好的意愿。中国地情的复杂性和多样性决定了,通过抽样样本分析中国问题往往存在代表性的不足。正如美国学者柯文(Paul Cohen)指出的那样:"中国的区域性与地方性的变异幅度很大,要想对整体有一个轮廓更加分明、特点更加突出的了解——而不满足于平淡无味地反映各组成部分间的最小公分母——就必须标出这些变异的内容和程度。"①苏耀昌等在进行香港、台湾地区和大陆的社会调查时,通过一系列实际数据和个案,不无感慨:"香港只是一个城市、台湾也是一个不太大的地区。而大陆地大物博,人口众多,民族种类繁杂,每个省都有其地方特色,城市和乡村区别很大。而近二十多年,社会、经济、政治和人口的变迁巨大、快速。不同的地区又有不同的发展经验和模式。在这种环境下,应该如何进行调查研究? 如果在一个城市和一个农村进行调查研究,其结论是否可通用到整个大陆呢?"②在中国转型社会要完全实现抽样样本的代表性基本不可能。

面对这种情形,研究者并非无所作为。研究者可以合理选择一些典型性区域进行调查研究,尽量将研究结论推及更为广阔的区域。通过一条由点及线、由线及面的渐进式道路,也能实现对社会总体的妥当把握。

其二,司法领域个案及数据收集。在法律实证研究中,要通过调查研究出现原创性研究成果,必须掌握一手的实证材料。在一手的实证材料上,一个重要的形式即是来自司法领域的个案和数据,尤其是全国性的统计数据,这往往是进行法律实证研究最基础的信息资料。与一些国家判决公开制度以及先进的法律文献查询系统相比,中国获取司法领域的个案和数据遭遇的阻碍较多。正如左卫民教授指出的:"与美国等相比,我国缺乏系统完善、类目细致的公开的司法统计资料,即使是已有的统计数据在某种程度上也存在不确定性,这使全国性的实证分析成为一种奢望。"③当前我国大多数司法统计数据被定位为国家秘密或者机密、绝密,学者们不可能轻易获取,司法系统的研究人员也只能在内部使用这些数据。

---

① 参见〔美〕柯文:《在中国发现历史》,中华书局1989年版,第142—143页。
② 参见边燕杰等:《华人社会的调查研究——方法与发现》,牛津大学出版社(香港)2001年版,第7—8页。
③ 左卫民等:《中国刑事诉讼运行机制实证研究》,法律出版社2007年版,第283页。

但是,这并不意味着中国目前法律实证研究中司法统计资料通通缺乏客观性。由于我国司法体制是一种高度科层化的结构,自上而下的制度运行在一体化程度上较高。尽管也存在明显的地方差异,或者个案数据存在失真,但是,总体上的共性问题仍旧能够得到反映。

其三,调查中多种话语的掌握与运用。在中国,短短数十年,法律话语经历了深刻的变化,这是许多西方国家所不曾遭遇的。中国法律话语的来源复杂、多元:(1)清末变法的法律移植;(2)20世纪中期苏联法学;(3)党的理论和政策;(4)司法实务部门的习惯;(5)社会公众以及新闻媒体的创造;等等。由于法律意识状况、文化程度等因素,一些法律规范的术语、概念并不能直接用于调查研究;研究者与参与者等在术语、概念的认识和使用上存在程度不等的差异;研究者和参与者在综合运用法律话语、道德话语、治疗话语等上的能力也有待加强。这中间造成的沟通困难和对法律实证研究的消极影响在本书"法律实证研究中的情境沟通"一章中将专门阐述。

解决语言上的上述困难关键在于进行话语之间的协调和转换。进行通俗化的解释工作是消除法律话语有限性的最好办法。譬如,来自犯罪嫌疑人与被告人的话语解释即是一个例证。1996年《刑事诉讼法》修改为贯彻无罪推定、人权保障理念,在被追诉人上区分了犯罪嫌疑人和被告人。但是,在司法实践中,一些遭遇性犯罪、抢劫犯罪、绑架犯罪等涉及人身伤害案件的被害人往往很难走出这种话语上的"牛角尖"——他们会从内心抵触研究者将"犯罪人"说成"犯罪嫌疑人"。为避免这种类型的冲突,在"刑事和解"实验研究中,我们就经常用"对方"、"加害人"或者姓名称谓来应付被害人。当然,这种应付也是有原则的。当被害人的话语透露出"有罪推定"观念,甚至提出不合理的主张时,我们往往需要依据司法最终解决原则、证据裁判原则、平等自愿原则等进行通俗化的解释工作。

其四,调查中心理倾向的控制与把握。在中国基层社会,调查研究在实施过程中可能出现异化,即它不仅是一种社会认识过程或科学研究,可能被假设为一种特殊的政治活动。一些参与者可能猜测调查研究的官方背景,基于迎合、恐惧或者投机等心理,可能"言不由衷"。有的甚至"信口雌黄"。对此,方慧容的研究反思道:"在中国,调查研究又是一个,或者说随时可能转为一个改造调查对象的过程……对于被调查者来说,调查研究的意向则要相对明朗得多,调查研究总被认为是一个纠正错误,或者避免可能的错误,从而有益于被调查者的过程。"①在一些农村和相对落后的地区,或者说在那些很少或没有接触过非官方背景调查的对象当中,上述问题尤为突出。(参见例4-2)

例 4-2 "村支书和村长"的心理影响

在参与"未成年人取保候审"实验研究中的结构性访谈时,我们随着警车拜访一位村里主管综合治理的村干部。在这一过程中,总有人不停地在该村干部家家门口转来转去。村干部见到他们后,对村里的社会治安情况、未成年人管教状况开始支支吾吾。我们邀请这两个人进来,原来他们即是村支书和村长。经谈话,他们一是担心这位村干部是否犯事了,招来了警察;二是担心他说错话。在了解了我们的目的和实证研究后,村支书直接提出,"我们村上上下下对社会治安状况、未成年人管教都高度重视,成果也很突出"。但是,在我们接下来的观察中,该村支部实际上没有任何对未成年人管教方面的专门人员和基本措施。

要克服这一问题,关键在于研究者科学筛选调查地域以及事先控制:一方面,采取积极的对策避免政治因素对调查对象言论自由的干扰,譬如,坚持保密性原则、实现调查对象的个别化等;另一方面,研究者事先要与参与者进行充分、有效沟通,让其消除顾虑,"直抒胸臆"。

二、观察研究

观察研究,即实地研究(field research),也被形象地称为"田野调查"。观察研究要求研究者参与,甚至进入、融入到研究对象的具体环境中,通过访问法、观察法等收集相关资料,并据此进行归纳、分析。它属于一种质性研究方式,最初在人类学研究中得到广泛的应用,后被社会学、法学等积极借鉴。当前,社会学中的观察研究方法相对其他学科具有较大优势。

(一)观察研究的基本方法

在社会学中,观察研究,又称民族志方法,曾集各方恩宠于一身。正如社会学家约翰·布鲁尔为民族志方法确定的8个步骤和具体方法。与

---

① 方慧容:《"无事件境"与生活世界中的"真实"——西村农民土地改革时期社会生活的记忆》,载杨念群主编:《空间 记忆 社会转型——"新社会史"研究论文精选集》,上海人民出版社2001年版。

其他几种研究方式相比,在观察研究中,其步骤要求十分精细,对研究者的中立立场要求极其严格。(参见表4-5)

表4-5　社会学家约翰·布鲁尔关于民族志方法(田野调查)的步骤①

1	概括出目标和目的
2	保证地点和个案选择都是合理的
3	确定资源和需求(时间、经费等)
4	确定抽样范围(时间、地点等)
5	确定守门员、联络人和进入的问题
6	谈判角色
7	确定分析方法
8	离开的策略

在观察研究中,其基本方法有两大项:一是访问法;二是观察法。

1. 访问法

在访问法上,观察研究中访问法与调查研究中访问法有一定差异,前者在访问文本的结构化、标准化上要弱化些,这是由其实地研究背景决定的。但是,这对研究者的沟通能力提出了较高要求:一方面,在访问的准备、访问技巧、访问记录上都需要具有开放性和灵活性;另一方面,为保障实地访问的效果,往往强调认真准备,对沟通地点、时间、对象等的可控性。(参见表4-6)

为保障访问法的顺利进行,其一般遵循以下步骤:(1) 选取调查对象:通过非概率抽样,根据研究者的个人判断和课题的性质选择适合的调查对象,并多以方便和熟悉,有利于进入现场和收集资料为选取标准。(2) 慎重、巧妙地进入调查现场:尽量做到知悉当地语言、人情风俗等生活规范与经验常识,寻找有利于研究者进入现场、开展研究的各种社会关系,并准备正式的介绍信以证明研究的合法性与正当性。(3) 与调查对象中的人群建立友好关系:这种友好关系以实现有效沟通、应允积极配合观察研究为限,不得有超越实证研究目的的利益交换等。

---

① 〔英〕戴维·萨顿:《社会研究方法基础》,陆汉文等译,高等教育出版社 2008 年版,第 109 页。

表 4-6　观察研究中访问法

	类型	结构性程度	研究者要求
与调查研究中的访问法之差异	观察研究中的访问法	结构性程度弱,表现为无结构性和半结构性访问,最多有个访谈提纲	对研究者的要求较高,需具备较强的研究、谈话、沟通等能力
	调查研究中的访问法	结构性程度强,访问时有结构化、标准化的问卷	对研究者的个体能力要求相对较低,但需大量的研究者
主要类型划分	(1) 根据谈话结构的控制程度,可分为无结构性访问(非引导性访问)和半结构性访问(深入访问) (2) 根据访问的次数,可分为一次性访问和反复访问 (3) 根据参与者的人数,可分为个别访问和集体访问		
访问准备	(1) 以非概率抽样的方法选择访问对象 (2) 以参与者方便为原则约定访问时间与地点 (3) 就访问话题与参与者进行事前的沟通 (4) 制定简单明了、开放式的访问提纲		
访问技巧	(1) 提问:问题清楚且开放式;遵循由开放式问题逐步到半封闭、封闭式问题并加以追问,结束访问的顺序 (2) 倾听:以"平视"的视角,用心去聆听,处理好与参与者的关系 (3) 回应:通过语言、非语言的方式进行认同、重复、小结、表达相似经验等,并避免说教式、论说式和评论式回应		
访问记录	全景式、实录式		

2. 观察法

观察研究中的观察法有别于生活观察,作为一种科学研究方法,它具有以下几个特点:以一定的研究目的与设想为指导,做到范围确定、过程系统、工具多样(感觉器官、器材、观察表等)、记录客观,并对观察结果加以证实。根据研究者参与程度不同,具体区分观察法的三种类型:(1) 完全参与法:研究者以完全参与者、成员角色身份加入研究场域,其参与时间和参与场合都较为充分。(2) 参与式观察法:研究者在时间和场合的参与上都不及完全参与法,其只是偶尔以成员角色或者假定成员身份进行研究。(3) 完全观察法:研究者不在研究中担任成员角色,始终以局外人身份进行中立性观察。(参见表 4-7)

表 4-7　观察研究中的观察法

方法	优势	劣势
完全参与法	信息收集	场域危险、伦理责任
参与式观察法	信息收集	妥协性因素
完全观察法	维持法律安定性	信息收集

在观察研究中,研究者的参与程度较高,可以收集到一手的资料,对研究对象可以进行更为全面、细致、深入的考察。在观察研究内部,观察法比访问法所获得的资料更具客观性。但这不是绝对的,观察法中场域状况,研究者认知能力、观察能力,以及观察方法等也可能影响观察结果的客观性。

当然,来自社会学方面的反思也表明,观察研究也存在许多局限。譬如,研究者的人身危险较高,在一些针对落后地区的观察研究史中,不乏悲剧发生;研究者易于被同化,所获资料不免带有价值判断;而且,所获资料一般多而杂,很难系统地进行精细的分类和编码等。①

（二）法律观察研究的个性

在法律实证研究中,法律信息依附于法律载体。与其他学科相比,法律观察研究具有以下鲜明个性:

1. 维护法的安定性

根据法的安定性,法律须被明确规定而且保持相对不变,否则,法律秩序等将受到冲击,也容易造成法律信息的失真。这与实验法可以适当地改变法律规范不同。在法律观察研究中,必须维护法的安定性。即在观察法律场域并获取法律信息时,研究者必须遵守不破坏现有法律秩序的底线,遵守法律场域规则。（参见例 4-3）

2. 法律场域的风险性

在法律场域进行观察研究,由于具有法律的强制性背景和参与方往往具有纠纷性的对抗,具有一定的风险性。譬如,在羁押场所进行严景耀式的"蹲点"研究或充当"卧底",往往需要实施暗中人身保护;在特定社区进行解决纠纷的研究,需要防止纠纷解决不成,发生伤害行为的风险。

3. 法律信息的保密性

在法律观察研究中,观察研究的访问法往往直接接触法律场域及

---

① 仇立平:《社会研究方法》,重庆大学出版社 2008 年版,第 238 页。

其法律信息。按照访问提纲,研究者往往通过深入访问获知许多法律信息,可能涉及国家秘密或个人隐私等。这时,坚持法律的保密性至关重要。一般非经法律机关批准或参与者同意不得向外部泄露观察研究的法律信息,即使合法获得也要遵循及时销毁原则。

例 4-3   严景耀在犯罪学领域的观察研究

1934 年严景耀作的《中国犯罪问题与社会变迁的关系》研究。其研究目的是"试图以社会观点研究形成犯罪的过程,通过对犯罪的调查,观察他们的社会关系以及社会对于他们行为的影响和关心作为参考来研究中国的犯罪问题"。其研究资料来源于在 1927 年至 1930 年在北平京师第一监狱及河北等 20 个城市的监狱进行调查研究、观察研究获取的。(参见第二章表 2-5)

在法律实证研究中,究竟选择怎样的观察法,往往需要进行具体的权衡。一般而言,在保障法的安定性上,完全观察法具有优势,但其在获取法律信息上不如其他观察法;完全参与法在信息收集上最优,但可能因处理不慎遭遇法律场域的危险性,甚至有时因陷入其中社会关系,遭遇伦理责任上的质疑;相对而言,参与式观察比较灵活机动。

(三) 中国社会下法律观察研究

在中国法律实证研究中,观察研究日益获得重视。许多民族习惯法、越轨行为与违法犯罪、监狱人格、社区矫正、刑事和解等方面的项目都积极运用观察研究获得其研究结论。但是,受制于学力储备、社会条件、人性基础等因素,在中国法律实证研究项目中的观察研究,依旧存在不少问题,需要认真克服:

1. 法律场域依然比较局限

当下中国,许多法律观察研究并非独立自主进行,以民族习惯法观察为例,其观察研究成果主要来自民俗学、社会学等相关法律信息的附带性研究。在中国转型社会中,除了自然人、单位外,许多值得研究的法律信息还蕴含于社区、阶层和民族等主体性因素中。在这些法律场域进行观察研究,往往需要较多的人力、物力、财力支持。在法律实证研究中,获得这些项目的经费资助和学力支持往往比起其他法律实证研究项目难。近年来,在中国法学界,一些学者尝试对民族习惯法、流动人口、妓女群体、上访群体等进行观察研究。客观而言,在这些项目中,研究者面临的人身危险性较大。在访问和观察中容易遭受人身攻击。在实施前,稳妥的做法是进行暗中的人身保护,完善学术研究人身保险机制。

2. 观察方式的功利性因素

在中国转型社会中,许多法律问题的形成以及解决涉及多种因素的作用。这导致观察研究中国法律问题往往需要相当精细的步骤要求,需要相当严格的中立性立场。但是,受到自上而下的知识生产体系以及"数量化"的学术评价机制的消极影响,一些法律观察研究项目并未严格遵循实证性精神,反而渗透功利主义色彩。反映在观察方式上,在完全参与或参与式观察场合,一些项目往往为强制论证研究假设,甚至不惜以破坏法的安定性和法律信息的保密性为代价;一些项目的观察研究本身是短暂的、粗糙的、浅层的,但在研究结论上"信誓旦旦";个别项目甚至迎合法律机关意志,不依据观察研究得出研究结论,而是沦为"歌功颂德"的御用性研究。

三、文献研究

文献研究(literature research)是一项古老而又传统的研究方法。在实证研究中,它是一种用科学的方法收集、分析文献资料,对研究对象进行深入的历史考察与分析的方法。在一些人的概念中,文献分析在历史学研究中较为常用,不应属于实证研究的范畴。这是一种误解。实证研究,在本质上是按照一定程序规范和经验法则对有关信息进行定性与定量分析,其并没有时间、空间上的特殊限定。文献研究,恰恰实现了对"古代"和"域外"的跨时空、跨地域研究,使实证研究不必局限一时一地。

(一)文献研究的基本方法

在科学发展史中,许多文献研究,有如"在书海里扬起风帆",证伪了许多因误传等导致的谬误,或者发现一些学科上的原始"密码"、"秘籍"。在人类知识史上,我们必须承认,许多人类的问题早在多年前可能就有解释系统或解决办法,但是由于战争、疾病、偏见、意识形态等导致"失传"。文献研究往往是获得这些"密码"、"秘籍"的重要方法。在《金枝》中,英国著名人类学家弗雷泽通过对古罗马"狄安娜的神庙"的文献研究向我们展示了其中的艰辛过程和发现"深藏在古老习俗后面的信仰和观念的奥秘"后的喜悦——他考察了世界各地大量古代文献、有关传说、民间文学、民俗习惯资料,发现了古老习俗背后其实是一淘汰性的竞争法则:任何一个逃奴只要能够折取神庙旁圣树上的一节树枝,就可以获得同这位祭司进行决斗的权利;而如果在决斗中又能杀死这位祭司,他就可以取前任而代之,从此成为新的祭司和"森林之王"。①

对文献资料的发现和考证是文献研究的关键。针对远古时期的文献研究,文献资料可能来源于骨头、器皿、石块等储存文字信息的物品。这时文献研究的精确性对研究者的知识和人品要求具有较大的依赖性。随着档案学的发展和计算机时代的到来,许多文献资料被集中到图书馆、档案馆、博物馆等。这时,除了传统以纸质为载体的文献资料外,利用网络搜集、查阅电子数据资料成为文献研究的重要方式。

相比较调查研究、观察研究、实验研究而言,文献研究的主要方法包括:针对现存的各种类型的文献进行内容分析;针对他人收集的统计资料进行二次分析;根据研究目的收集大量的历史文献资料进行历史分析。这些方法针对的文献,相对于社会事实而言,都属于间接性的经验。由于其呈现静态,在研究时,除非发生内在的霉变等风险事故,一般具有对研究的无干扰性和无反应性。其在研究上的人力成本和物质成本等都相对较低。(参见表4-8)

表4-8　文献研究的基本方法

基本方法	方法内容	代表性研究成果
内容分析方法	对现存的各种类型的文献进行再分析的一种技术,用以揭示文献的内在结构、传播过程及与社会情景间的关系。该方法包括确定、选择分析文本,分类、编码,分析资料和信度、效度检验四个步骤。	《日常仪式化行为:以知青为例的研究》中对知青日常仪式化行为的分析②

---

① 参见〔英〕J. G. 弗雷泽:《金枝》,徐育新、汪培基、张泽石译,新世界出版社2006年版,序第1—4页。

② 吴艳红、J. David Knottnreus:《日常仪式化行为:以知青为例的研究》,载《社会》2005年第6期。本文关于知青日常生活仪式化行为研究的资料主要来自各种知青回忆录、知青的口述记录、知青书信和知青日记,也包括了两种知青小说。研究者主要依据社会学内容分析法对知青回忆资料进行阅读分析。研究者利用知青在回忆录中所附的作息时间表,也依据知青回忆该行为时用的时间副词,比如"经常"、"每次"、"天天"等来判断该行为的日常性。具体包括:政治仪式;讲故事;唱歌和其他音乐活动;养动物;打扑克;写日记;写信;从事重活;读书、读报和写作;发展爱情;接近自然;保持个人兴趣(音乐与体育)。研究者还依据回忆者对行为的描述和分析来判断该行为是否具有象征的意义、社会性以及在实施该行为时是否遵循一定的程式。在知青的日常生活中,日常仪式化的行为不仅存在,而且几乎构成了知青们生活的主要内容。

（续表）

基本方法	方法内容	代表性研究成果
二次分析（次级分析）方法	一般对他人收集的统计资料进行再分析	《自杀论》中涂尔干对自杀现象的分析①
历史分析方法	根据研究目的收集大量的历史文献资料	《资本论》中马克思对于经济系统的发展过程的阐述；《新教伦理与资本主义精神》中韦伯对资本主义发展历程的考察

（二）法律文献研究的个性

在法律实证研究中,法律文献的特殊性决定了其文献研究的个性。

第一,在许多国家和地区,其档案学比较发达,多数法律文献是公开可查询的,但也有些原始法律文献属于文物保护范畴、国家秘密范畴等,不便获取。这限制了文献研究的范围。

第二,掌握一国一地法律文献,仅仅掌握其语言并不足够,需要了解其背后的深层次的文化结构和具体社会情境,否则容易得出偏颇性结论。

3. 跨时空、跨地域的法律实证研究,在不能获取原始文献资料的情况下,往往充杂许多二手资料。利用二手资料进行文献研究,由于资料质量有时难以保证,所以其效度与信度审查十分重要。

（三）中国社会下法律文献研究

在中国,法律文献研究与中国法律史学发展状况、中国法制现代化特征等因素密切相关。但是,如何进行科学、规范的法律文献研究,这在当代中国存在的困难和面临的争议都较多。

1. 法律文献研究与中国法律史学

在中国法律文献研究史上,来自近代学者的贡献不可小觑。自清末到 20 世纪 70 年代末,是中国法律史学的创立和初步发展时期。在这段时期,法律史学开始摆脱传统律学束缚,在文献研究上取得较多研究成果。

---

① 在自杀研究中,涂尔干查阅和分析了欧洲国家的大量统计资料。虽然他的经验资料仍然大多来自于二手资料,并没有进行实地的考察,但他无疑为其后的社会学经验研究奠定了方法学的基础。他运用统计交互表格等形式,展现了大量的经验资料,用以说明自杀现象受到民族、自然环境、性别、婚姻状况、宗教信仰、社会的稳定和繁荣程度等社会事实的影响,从而建立了社会事实的因果关系。参见〔法〕涂尔干/迪尔凯姆:《自杀论》,冯韵文译,商务印书馆 2003 年版。

　　薛允升、沈家本首开用新的学术观点和方法研究法史之先河,沈家本则是当之无愧的奠基人,其撰写的《历代刑法考》一直被后人视为有重要学术价值的代表作。清末京师大学堂、京师法政学堂等高等学校开设《中国古今历代法制考》、《现行及历代法制沿革》、《中国历代刑律考》等课程,标志着中国法律史学开始作为一门学科登上了法学教育的学堂。继沈家本之后,经程树德、杨鸿烈、陈顾远、戴炎辉、徐道邻和瞿同祖等一批学者的开拓研究,中国法律史学被我国学界普遍认同成为法学的一门独立学科。著名科学家李约瑟在谈到中国法律史时,曾高度评价了杨鸿烈的著作。他认为关于法律史,最好的中文专著是杨鸿烈的《中国法律发展史》和《中国法律思想史》。(参见图4-1)

图4-1　沈家本

　　沈家本(1840—1913),字子惇,别号寄簃,浙江归安(今湖州)人。清末民初的法学大家,曾参与修改《大清律例》,起草《大清新刑律草案》,主持制定民法和商法草案,建议废止凌迟、枭首、戮尸、缘坐、刺字、笞杖等刑罚,禁止刑讯。沈家本在对西方近代各国法律文献的研究和应用上作出了突出贡献,被认为是我国法制现代化的奠基者。

　　与中国近代半殖民地半封建社会相关,中国许多珍贵文献外传。这造成一种尴尬的景象,在文献研究上,来自日本、德国一些学者的研究水平与我国学者不相上下，甚至有所超越。譬如，在同一历史时期，日本学者在中国法律史研究领域也建树颇多，浅井虎夫、东川德治、仁井田陞、内藤乾吉、滋贺秀三、岛田正郎等都在这方面作出了重要贡献。①

"文革"浩劫使中国法律文献遭遇了一定程度的破坏。20 世纪 80 年代以来，随着法律史学的恢复和发展，尤其是对法制史考证、对法律文献的研究开始逐步规范、繁荣。（参见调查摘要 4-1，图 4-2）

调查摘要 4-1

《中国法制史考证》序列（总主编：杨一凡）②

● 甲编：《历代法制考》。本编是当代中国学者撰写的有关历朝法制考证的著作，分为《夏商西周法制考》、《战国秦法制考》、《两汉魏晋南北朝法制考》、《隋唐法制考》、《宋辽金元法制考》、《明代法制考》、《清代法制考》7 卷编辑。

● 乙编：《法史考证重要论文选编》。收入近百年来中国学者考证法史的有创见的论文 105 篇，分为《律例考》、《刑制狱讼考》、《法制丛考》、《法律史料考释》4 卷编辑，需要说明的是，鉴于当代中国学者考证法史的许多学术成果已收入了甲编，本编实际上收入的是除甲编之外的法史考证成果。同时，鉴于有关近代法制考、民族法制考以及许多过世的学者、台湾和香港学者的研究成果在甲编中未得到反映，还有若干法律史料考释的成果在甲编中未能收录，故本编着重选编了甲编未曾收录的这几类论文。

● 丙编：《日本学者考证中国法制史重要成果选译》。收录日本学者考证中国法制史的重要论文 50 篇，分《通代·先秦·秦·汉卷》、《魏晋南北朝·隋唐卷》、《宋·辽·西夏·元卷》、《明·清卷》4 卷编辑。近百年来，日本学者在中国法律史研究领域发表了上万篇论文，出版了一大批有较高学术水准的专著，本编收入的仅是日本学者考证中国法制史的代表性论文。寺田浩明、冈野诚、籾山明、川村康等先生，承担了论文的选编工作。寺田浩明先生作为本编的主编，付出了辛勤的劳动，并编写了《日本学者考证中国法制史重要论文著作目录》。

● 丁编：《法史考证系列专著》。近年来，我国有多位学者在他们

---

① 杨一凡：《中国法制史考证》，中国社会科学出版社 2003 年版，前言。
② 来源：中国社会科学出版社 2003 年版。

所从事的领域内进行了扎实而又有创造性的研究,提出了许多独特的见解。本编收录的是这些学者写的专题性考证成果,其内容是:出土文物并先秦法制研究、碑刻法律史料考、律注文献通考、典权制度考、历代充军考、北魏职官制度考、隋代法制考、唐律与唐代法制考辨、唐式考、宋代刑法考、明代稀见法律文献版本考略、中国近代法律文献与事实考等。

图 4-2 反映中华法系法治文明的浮雕

正如浮雕显示,在相当长的历史时期,中国是世界的中心,中华法系是世界法制文明的中心,其法制文明十分丰富,毫不逊于罗马法学。目前,许多法制史学者主张,复兴中华法系应该是中华民族伟大复兴的一个组成部分。

但是,总体而言,当代中国法律文献研究状况不容乐观:

(1)现知的中国古代法律文献有数千种,到目前为止,我们对绝大多数法律文献尚未及时整理和充分研究。而且,在分布地域上看,除了大陆以外,在港澳台地区都有不少。

(2)还有些重要法律文献一直流失海外。

(3)中国现有文献保护技术和观念普及程度还有待改进。

2. 法律文献研究的立场之争

中国法学界围绕法律文献研究进行了一场旷日持久的"立场之争"。其争议焦点在于:一是通过文献研究,能否认识真实的中国、真实的西方?二是在法律文献研究中,研究者能否实现真正的价值中立。前者被称为"利玛窦式问题",主要探讨文献研究中的视角偏差;后者被称为"马克斯·韦伯式问题",主要探讨文献研究中的"西方中心主义"。

(1)"利玛窦式问题"

可以说,在中国对外交往历史上,意大利传教士利玛窦对中国社会和法律问题的切身体验以及著作、文献对西方了解传说中的中国起到了巨大作用。(参见例4-4)

例4-4 利玛窦文献研究方法

1583年,31岁的意大利人利玛窦开始在广东肇庆定居,并采取"中国化策略"传教。他是天主教捍卫者耶稣会的成员。但他身上没有"欧洲中心主义",无论在印度还是在中国,他都不耻于学习当地文化。在肇庆期间,利玛窦刻苦研习中文,了解中国的风土人情。为了表明"僧侣"身份,利玛窦甚至脱下天主教教服,而改着佛教的僧衣。利玛窦发现,中国很少有人真正爱听他的宗教道理,多数人最感兴趣的还是数学、天文和地理方面的新鲜知识。于是利玛窦开始努力钻研儒家典籍,并在适当的时机尽量展现他的西方学识。

利玛窦在《利玛窦中国札记》中对当时法制状况进行了揭露和批评,"这个国家的刑法似乎并不严厉,但被大臣们非法处死的似乎和合法处决的人数是同样多的。所以发生这种情况,是由于这个国家有一项固定而古老的习惯,允许大臣不经过法律手续和审判,就可以随意鞭笞任何人……结果是常常把犯人打死,有时候,被告给大臣一笔巨款,就可以违反法律和正义而买得活命。"①客观而论,这种评述性意见,在描述中国封建社会纠问式诉讼时,基本扣住了法外用刑和以钱赎刑的特征。

但是,仔细辨别,仍有些表述与中国当时法律状况有所差异,譬如,当时中国刑法是否"并不严厉"?"非法处死"的比例真是如此之高吗?"随意鞭笞"是否"固定而古老的习惯"?应当说,这种对中国封建纠问式诉讼构造的描述存在一定程度的视角偏差,进行了略显夸张的批判,忽视了一定范围内的客观性。在近代,许多西方人对中国抱有法制上的偏见并积极推行领事裁判权和治外法权,其中不无这种落后的先验性看法。实际上,在中国古代刑讯中,其并非"十恶不赦",仍具有一些法制化的范畴。譬如,《唐律疏议》对刑具、刑讯的年龄、方法、程度、违反后果等都作了具

① 参见〔意〕利玛窦、〔比〕金尼阁:《利玛窦中国札记》,何高济、王遵仲、李申译,何兆武校勘,中华书局1983年版,第44—46页,第62页。

体规定："诸拷囚不得过三度,数总不得过二百,杖罪以下不得过所犯之断。拷满不承,取保放之。""若拷过三度及杖外以他法拷掠者,杖一百;杖数过者,反坐所剩;以故致死者,徒二年。""即有疮病,不待差而拷者,亦杖一百;若杖笞者,笞五十;以故致死者,徒一年半。若依法拷决,而避迂致死者,勿论;仍令长官等勘验,违者杖六十。"在文献研究中,割裂当时诉讼构造、司法能力、法律环境完全否定当时的刑讯制度有失公允。

（2）"马克斯·韦伯式问题"

在马克斯·韦伯之前,学者滕尼斯从社会学意义上把文化隐喻为"共同体",认为它是靠血缘、风俗、习惯建立起来的群体组合,其基础是"本质意志",它与生命过程密不可分,在共同体这个有机整体里目的与手段是一致的。① 据此,在文献研究时,遵循价值中立,尊重文化的地方性应视为科学的方法论。

在韦伯对中国材料的文献研究中,他对中国理性主义问题的论述即包含有许多真知灼见。譬如,他对滥用理性主义进行解构即是一种批判。理性主义曾被许多学者用作万能工具,解构了整个世界文明——新教的"宰制型理性主义"或"入世的禁欲理性主义",儒教的"适应型理性主义"或"入世的人文理性主义",道教的"巫术理性主义",犹太教的"律法理性主义"和佛教的"出世理性主义"。

但是,他的论述也存在着一定偏见。他坚持了西方中心主义或"欧洲中心论"（eurocentrism）的立场:"实际上,在上述的一切例子中,问题的核心是西方文化独见的、特殊形态的'理性主义'的本质。"②他从天文学、数学、医学、历史学、政治学、法律、艺术、建筑、文学、教育、国家观等方面对东西方科学的发展历程作了一个以西方特有的理性主义为坐标的比较,凸显西方理性主义的起源性和优越性。

韦伯研究之参照标准是欧洲文化或说欧洲文化的统一性,一方面,这说明其他没有超脱他那时代西方殖民者所固有的西方中心主义视角;另一方面,这与其二手资料分析中国问题有一定关系,尽管他坚持社会学方法论,并宣称遵循"价值中立"的立场。

---

① 〔德〕斐迪南·腾尼斯:《共同体与社会》,林荣远译,商务印书馆1999年版,序言。
② 〔德〕马克斯·韦伯:《韦伯作品集》,康乐、简惠美译,广西师范大学出版社2004年版,第459页。

3. 中国法律文献研究的走向

在方法论上,中国法律文献研究要走向全球化的竞争平台,必须实现本土化上的突破。这也是"一屋不扫,何以扫天下"的朴素道理。

法律文献在本质上是一地法律信息上的载体,反映土地之上"本质意志"和文化结构。这对于中国法律文献研究的启示是,对土地之上的"本质意志"和文化结构了解深厚,意味着对其社会情境和法律信息必须尽可能地全面掌握。这方面的文献不仅仅意味官方法、书本中的法、权威法学,还应包括习惯法、行动中的法、边缘法学等。

目前,许多学者逐步改变传统的轻论证、重表态,轻直引、重间引的学术陋习,重视法律文献研究。但是,一些法律文献研究项目,看似扩大了文献资料数量、改进了研究方法、克服了价值观念偏向等,但忽视了法律文献的本质以及确凿外延,依据的法律文献陈旧、狭窄、意识形态化等,制约了研究的水平和质量。

法律文献的科学保护和合理利用是法律文献研究得以可持续发展的前提。对于中国档案学而言,法律档案,尤其是孤本、善本的储量和开发直接关系到中国法律文献研究的水平和质量。我们看到,尽管中国经济获得了快速发展,法律规范也日益繁杂,但在档案化和文献管理上,"中国速度"并未实现与之合拍。完善法律文献的保护机制、规范法律文献的利用渠道,已经迫在眉睫。

四、实验研究

实验研究是实证研究中最为复杂,而又最具方法论含量的研究方式。实验研究通过建立控制情景、设置变量方式进行研究。实验研究的基本逻辑是,根据研究目的引进自变量,经过实验,观察因变量是否随着自变量的变化而发生变化,以及发生怎样的变化。

(一)"自然科学的宠儿"在社会科学中的作用

实验研究是近代自然科学的发祥地。在实验室里,研究对象可以在严格的已知环境条件下,获得可靠的证据或结论。自然科学只有通过实验才能得出原创、突破性的结论。"1605农药",其名称的由来就是其最终成果形成之前经历了1605次实验。在自然科学中,没有完备的实验就没有完备的科学。实验研究是"自然科学的宠儿"。(参见图4-3)

自然科学如此,社会科学也应当是这样。二者在本质上具有同一性:只有通过实证研究,对成果进行预测,对成果加以检验,才能真正检测社

图 4-3　自然科学实验室研究

会科学成果的有效性、规律性和真理性。

　　以美国霍桑实验为例。霍桑实验是由美国哈佛大学的心理学教授梅奥教授(G. E. Mayo)作为顾问参与的,于 1927—1932 年间在芝加哥西方电气公司霍桑工厂进行的一系列实验。霍桑工厂是一个制造电话交换机的工厂,具有较完善的娱乐设施、医疗制度和养老金制度,但工人们仍不满意,生产成绩很不理想。为找出原因,美国国家研究委员会组织研究小组开展实验研究。研究结果表明,在社会领域开展实验研究,遵循一定的步骤和方法,其能发挥检测和证伪功能,推翻了之前在生产效率提高因素等方面的一系列理论假设。(参见例 4-5)

　　例 4-5　美国霍桑实验

　　1. 基本步骤

　　(1) 照明实验。当时的实验假设便是"提高照明度有助于减少疲劳,使生产效率提高"。可是经过两年多实验发现,照明度的改变对生产效率并无影响。

　　(2) 福利实验。实验目的总的来说是查明福利待遇的变换与生产效率的关系。但实验发现,不管福利待遇如何改变,都不影响产量的持续上升。导致生产效率上升的主要原因如下:① 参加实验的光荣感。② 成员间良好的相互关系。

（3）访谈实验。此计划的最初想法是要工人就管理当局的规划和政策、工头的态度和工作条件等问题作出回答。工人想就工作提纲以外的事情进行交谈，工人认为重要的事情并不是公司或调查者认为意义重大的那些事。

（4）群体实验。实验者原来设想，实行特殊的14名男工计件工资会使工人更加努力工作，以便得到更多的报酬。但观察的结果发现，人们为了维护班组内部的团结，可以放弃物质利益的引诱。

2．基本结论

1933年，梅奥出版了《工业文明中的人》一书，提出了以下见解：

（1）以前的管理把人假设为"经济人"，认为金钱是刺激积极性的唯一动力；霍桑实验证明人是"社会人"，是复杂的社会关系的成员，因此，要调动工人的生产积极性，还必须从社会、心理方面去努力。

（2）以前的管理认为生产效率主要受工作方法和工作条件的制约，霍桑实验证实了工作效率主要取决于职工的积极性，取决于职工的家庭和社会生活及组织中人与人的关系。

（3）以前的管理只注意组织机构、职权划分、规章制度等，霍桑实验发现除了正式组织外还存在着非正式团体，这种无形组织有它的特殊情感和倾向，左右着成员的行为，对生产效率的提高有举足轻重的作用。

（4）以前的管理把物质刺激作为唯一的激励手段，而霍桑实验发现工人所要满足的需要中，金钱只是其中的一部分，大部分的需要是感情上的慰藉、安全感、和谐、归属感。因此，新型的领导者应能提高职工的满足感，善于倾听职工的意见，使正式团体的经济需要与非正式团体的社会需要取得平衡。

（5）以前的管理对工人的思想感情漠不关心，管理人员单凭自己个人的复杂性和嗜好进行工作，而霍桑实验证明，管理人员，尤其是基层管理人员应像霍桑实验人员那样重视人际关系，设身处地地关心下属，通过积极的意见交流，达到感情的上下沟通。

霍桑实验使人际关系的研究逐步闻名于世，它推翻了从泰勒以来人们把人看成经济人的假设，为管理学开辟了一个新领域，即开始重视人、研究人的行为。霍桑实验使管理学从此进入了行为科学的新时代。但是，应注意的是，社会科学实验主要运行于社会中，并非标准化的"实验室"。这导致其在实验场域、外在条件、评价尺度以及功能实现等方面都与自然科学存在一定的差异。譬如,社会科学实验研究中发掘、描述变量间的因果关系、相关关系往往较难;即使变量间存在因果关系、相关关系,往往需要较长的发现、观察期,需要更为谨慎、细致的归纳。社会科学实验研究的上述特征影响了其研究的问题类型和适用范围。

在社会学等学科中,实验研究的基本类型和具体方法相对于其他学科较为发达。一般而言,其基本类型可区分"标准/典型实验模式"和"准实验模式"(包括所罗门实验模式、完全随机设计、随机区集设计、拉丁方格设计等)。"标准/典型实验模式"是实验研究的基点模式,即研究者确定自变量后,将随机抽取的对象区分为实验组和控制组,对实验组进行刺激或抑制,对控制组不实施刺激或抑制。至于"准实验模式",其实质上由"标准/典型实验模式"演化而来,多表现在控制组的数量、实验变量的数量和分配、实验区域差异等方面的变化上。(参见表4-9)

表4-9　实验研究的主要类型

主要类型	标准/典型实验模式	是一种包括前测和后测、实验组和控制组、实验变量的标准化实验方式,在这个基础上可以变形出简化式(无控制组的事后实验、有控制组的事后实验、无控制组的事前事后实验)和复杂式(即多实验组和一个控制组实验模式)
	所罗门实验模式	在标准实验模式基础上,增加一个或两个控制组,以控制前测和外来变量的影响
	完全随机设计	采用简单随机抽样方法,设定几个实验变量,但其中只有一个是真正的实验变量,并按随机方法分配给实验单位,而真正的实验变量只有研究者知道。
	随机区集设计	注意对实验单位及实验单位所在区域差异的控制
	拉丁方格设计	按随机方法分配实验变量,且能控制两个外来变量

在实验研究中,按照规范化的步骤操作至关重要。一般而言,需要以下四个步骤:(1)选择实验变量:要求与研究课题有关,并建立在一定的观察、研究基础上,强调概念的操作化。(2)选择实验组与控制组:一般要求实验组与控制组有较高的同质性,且以两组在空间上分隔开来为宜。(3)测量:包括量表、问卷和现场观察等方法,测量实验研究的结论的信度和效度。(4)分析:即对通过实验研究获得的数据进行统计分析等。

(二)法律实验研究的个性

在法律实证研究各种方法中,实验研究涉及因素最多、过程最为复杂、结果最变幻莫测。正因为此,通过实验进行法律实证研究的过程和结果受到的质疑也较为常见。在许多国家和地区的法律实证研究中,严格意义上的实验法并不多见。

总体而言,法律实验研究,与自然科学实验室相比有下列特殊性:处于更为高级的社会系统形态中,本质上属于一种非受控性研究;实验周期可能比自然科学实验长;实验很难具有超越社会历史条件的超前性;实验不能严格重复;实验成效的认定和评价尺度有差别;实验还受到非科学因素,如政治因素的客观影响、研究能力的主观因素影响等。

具体而言,法律实验研究的个性特征可以归纳成以下三个方面:

一是条件依赖性。也称现实风险性。与自然科学实验不同,在法律实验研究中,实验研究需要刺激或控制实验组,这需要多方因素的支持,尤其是社会条件的允许。对此,除了要求方法论上的科学安排外,还突出反映在对社会情境的适格性要求上及对研究者在沟通艺术上的技能要求上。对于许多法学家而言,这种多元化要求正是法律实验研究的魅力所在。

正是上述条件依赖性导致法律实验研究,与自然科学实验法相比,属于不可控性实验。失败或滥用的实验研究对法律和社会有较强的破坏力。它可能严重影响一地法的安定性及其稳定状况、可能对有关社会条件造成"反向性"伤害。

消解实验研究的风险、促进条件的充分实现,这是各国应对的一般性策略,大致有:确立法律实验的特别批准程序,将法律实验限制在特定范围;合理确立实验的各种步骤(包括进行项目立项与论证、开展实验前调研、确定实验地点、进行试验培训、确定实验的运行方案、明确数据收集方式和评估指标、规范撰写实验报告、明确实验推广方案等);明确法律实验的参与自愿与无害等原则;等等。以美国"曼哈顿保释项目"为例。该项目旨在通过采取某种替代性措施,让贫穷但与社区有紧密联系的轻罪被告人可以无需交纳保释金而予以保释。其实验风险在于轻罪被告人保释后重新犯罪,给社会和公众带来危险。为此,维拉司法研究所采取了一系列科学的方法保障实验研究顺利进行:从最初的制定概念性报告、初步策划、规划项目蓝图,到对试点的风险性评估、付诸实施以及分析数据……①

---

① 参见〔美〕吉姆·帕森斯,梅根·戈尔登,〔中〕郭志媛等:《试点与改革:完善司法制度的实证研究方法》,郭志媛译,北京大学出版社 2006 年版。

二是变量基础性。实验研究建立在假设、变量、测量这三个基本因素上。其中变量的确定以及控制属于关键。在实验研究中,变量可以根据假设的复杂程度和模型的关系分成三类:自变量、因变量和控制变量。自变量可以看成原因,它影响第二个变量,即作为结果的因变量。在一般实验法中,刺激或控制自变量即可完成实验。但在复杂实验法中,还可确定并分析一些影响自变量与因变量关系的控制变量。(参见表 4-10)

表 4-10 实验研究中变量关系

控制变量(Z)

↓

自变量(X)→因变量(Y)

在法律实证研究中,法律信息中的变量关系具有特殊性。这是因为,相对于其他社会科学而言,法学还属于人文科学,关乎人性、秩序与伦理观念,与追求客观性的其他社会科学有所不同。在法律程序、实体规则的实证研究中,改变一具体程序的结构、方式,或者调整一具体待遇的层次、数额等,往往能直接形成自变量与因变量的关系。许多法律程序或实体规则的改革也是根基于此。但是,法律实验研究运行于社会中,具有许多来自法律内的控制变量和法律外的控制变量。在法律内,执法理念、潜规则、业务考评等都可能成为控制变量;在法律外,政治环境、社会舆论、突发事件等都可能成为控制变量。在法律实证研究中,实验法在确定和操作自变量、因变量和控制变量时的状况直接决定其研究程度和水平。有些自变量、控制变量的设置可能遭受质疑。(参见表 4-11)

表 4-11 "刑事和解"实验案件中多样化补偿方式(除金钱给付之外)

序号	案件类型	变量(补偿方式)	受害人	社会声音
1	交通肇事致人死亡	墓前道歉、献花	满意	并非定期强制行为;受办案人员引导
2	交通肇事致人重伤	承接抚养、赡养义务	满意	违反协议后果如何?
3	盗伐(集体)树木	补种并养护树木	满意	犯罪消除效果如何?
4	盗窃(单位)	给受害人劳务补偿	满意	受制于受害人情绪等
5	抢夺	作城市治理义工	基本满意	犯罪消除效果如何?
6	寻衅滋事	在关爱基地作义工	基本满意	犯罪消除效果如何?
7	(校内)盗窃	打扫校舍等一年	基本满意	基本名誉保护如何?

三是推广风险性。实验研究的研究结论:一种是关于法律的规律性认识,这些结论往往具有一定的抽象性和普适性,经常纠正以往常识性的谬误,但是,在研究结论的推广上,其抽象性往往成为不利因素。另一种是法律的功利性对策。这些对策在推广时往往面临较多制约因素:法律和社会条件的变动性、试验地点的限制、实验条件的不可复制性等。

推广法律实验研究的研究结论看似简便,但在法律移植上一旦与社会条件、人性基础等适应性差,可能带来水土不服或因时不宜的危险。菲利曾经感慨道:"因为道德和社会现象不同于自然和生物学现象,很难甚至于一般不可能进行实验,所以在这一领域所进行的观察最有助于科学研究。"①法律实验研究缺乏天时、地利、人和等条件可能寸步难行。

(三)中国社会下的法律实验研究

目前,法律实验研究在各国和地区的发达程度不一。即使在一国和地区内部,各法律部门的运用水平也有差异。这与其法律文化、司法体例、执法理念、社会意识等因素密切相关。

1. 法律实验研究在中国的发展轨迹

在中国古代封建社会中,受制于皇权秩序等,皇帝的敕令、训示等往往直接成为法律条款,其颁布和推行往往具有较大的随意性。通过法律实验研究进行立法在当时政治权力结构中将直接损伤皇帝等的威权。由此,从文献上看,很难考证中国古代封建社会中法律实验研究的情况。

在半殖民地半封建社会的中国,法律实验研究随着法制现代化运动以及对领事裁判权和治外法权的反抗开始"零星"出现。在中国清末变法中,逐步强调对域外的实证考察、在封疆大吏之间系统论证,并积极吸纳法学家的参与。② 在个别环节中,法律实验研究被引入。但是,由于社会动荡、方法粗糙等因素,法律实验研究未成气候。(参见例4-6)

例 4-6 清末检察权制度设计中实证研究

光绪三十三年二月,清末重臣直隶总督袁世凯在天津组织了一批留日政法人士仿照日本法律起草了《天津府属试办审判厅章程》,自行试办新式司法制度,在天津府设立高等审判分厅,天津县设立地方审判厅,在天津城乡地区设立四所乡谳局。其中有关于民事与刑事分科,设立检察公诉制度的内容:"各国诉讼,民刑两事,办法迥乎不同。盖民事祇钱债细

---

① 〔意〕菲利:《犯罪社会学》,郭建安译,中国人民公安大学出版社2004年版,第142页。
② 韩秀桃:《民国时期法律家群体的历史影响》,载《榆林学院学报》2004年第2期。

故,立法不妨从宽。刑事系社会安危,推鞫不可不慎。日本刑事案件,多由检事提起公诉,以免冤狱而省拖累。采取此制,可期庶狱之敉平,而旧日之借端讹诈,及觊法私和等事,亦即不禁自绝。"①又如,民国四年(1915年),司法部积极推广京师地检厅设置简易庭的实践做法,认为"京师地方厅内创设简易庭,专司初级案件办理,颇著成效……以是通饬各省仿照京师地方厅成案,一律增设民刑简易庭,分途并进,以求速敏"。民国十二年(1928年),南京国民政府颁布的《刑事诉讼法》,即根据京师地方检察厅的实践做法,设置对犯罪轻微无检举必要者得不起诉条款,其第245条规定:"检察官认为案件有下列情形者,得不起诉……情节轻微,以不起诉为有实益者"②。这些具体权限的增设或修缮,在完善检察权的制度设计、发挥其总体功能上,堪称典范。

在当代中国,法律实证研究尚未全面引入法学研究和法律变革。在各部门法中,总体而言,法律实验研究并不发达,处于比较落后的状态。近年来,比较突出的是,面对一系列冤假错案的制度压力,为走出"对策法学"的研究窠臼,具体落实宽严相济刑事政策,许多刑事诉讼学者反思传统研究方法,在《刑事诉讼法》再修改过程中与司法实务部门密切合作开展了一系列法律实验研究。"法律实验研究热"在中国刑事诉讼领域的兴起引起了国际学术界,尤其是美国维拉司法所等的密切注意。它们是:

(1)中国政法大学陈光中教授与四川大学法学院左卫民教授、成都市中级人民法院联合进行的"证人出庭实证"实验研究;

(2)中国政法大学陈光中教授委托宋英辉教授在浙江永康进行的"未成年人取保候审"与"未成年人酌定不起诉"实验研究;

(3)中国政法大学樊崇义教授主持的在北京市海淀区、河南省焦作市、甘肃省白银市三地同时的"侦查讯问三项(律师在场、录音、录像)制度"实验研究;

(4)中国政法大学卞建林教授在山东省东营市三个基层检察院,即东营区、河口区、广饶县人民检察院主持的"证据开示制度"实验研究;

(5)中国人民大学陈卫东教授主持的"诉讼制度与司法改革研究中心"组织了一系列实证试点项目,包括"中美取保候审/保释制度的改革

---

① 参见袁世凯:《奏报天津地方试办审判厅情形折》,天津图书馆、天津社会科学院历史研究所编:《袁世凯奏议》,天津古籍出版社1987年版,第1492—1494页。
② 北京市地方志编撰委员会:《北京志·政法卷》,北京出版社2007年版,第9页。

与完善试点项目"、"中国遏制刑讯逼供问题的研究与试点项目"、"法律援助律师抗辩式庭审技巧培训与试点项目";

（6）上海交通大学法学院周伟教授主持的"刑事非羁押措施"实验研究；

（7）北京师范大学宋英辉教授主持的在石家庄、无锡市、南京市检察机关进行的"刑事和解"实验研究；等等。

（8）一些地方实务部门在原来司法改革的基础上，进行了主要定位于司法操作方式层面的实验研究，具体包括"不捕说理"或"结案释法"改革、"附条件逮捕"改革、"特困被害人救助"改革、"附条件不起诉"改革、"羁押巡视员"改革、"涉案外地未成年人刑事保护——关爱基地"改革等。（参见例4-7）

例4-7 地方实务部门在司法操作方式层面的实验研究范本

（1）"不捕说理"

浙江省余姚市检察院在2005年初启动的审查批捕环节"不捕说理"工作机制。其要求承办人员对拟不批捕案件不能简单地作出结论，必须从事实、证据、法律适用、犯罪危害与诉讼风险等方面充分说明理由，阐明检察机关的法律立场和政策选择。① 对无罪不捕案件，从犯罪构成四要件的齐备性上进行分析说理，要求构成犯罪必须达到犯罪主客观统一，如不统一，就不能认定为犯罪；② 对证据不足而不批捕的案件，从证据锁链的严密性上进行分析说理，要求证据锁链"严密无隙"；③ 对轻罪不捕或虽构成犯罪但因特殊事由而无逮捕必要的，主要从法律依据和刑事政策上进行分析说理。①

（2）"结案释法"

案件办完了，当事人不满意怎么办？是当事人对法律理解不到位，还是案件承办人解释不到位？——结案释法为你架起案件承办人与当事人沟通的桥梁。2007年以来，无锡市滨湖区检察院等根据《无锡市人民检察院关于开展百例结案释法工程活动的实施意见》，积极开展了结案释法工作，对案件当事人或特定相关人员采取答难析疑、跟踪协调、教育帮扶、心理疏导等不同方式及时明晰法理，理顺情绪，依靠法律个案的生动示范

---

① 张利兆：《对99人不批捕，公安为何均无异议》，载《检察日报》2006年1月27日。至2006年初，该院先后对99名犯罪嫌疑人作出了不批捕决定，公安机关对不批捕决定无一复议复核，也没有发生被害人申诉等情况。

作用,帮助人们走出法律认识误区,提高他们的维权意识、诚信意识和履行义务的意识,预防和化解矛盾,体现了良好的法律效果和社会效果。①

(3)"附条件逮捕"

在 1998 年左右,个别地方就有"附条件逮捕"类似的探索,有的称为"风险逮捕",有的称为"有条件逮捕",还有的称为"相对批捕"。到 2005 年则正式提出这一概念。北京市人民检察院第二分院《关于准确适用重大案件附条件逮捕加强定期审查工作的意见(试行)》建议稿中提出:"附条件逮捕是指对于本规定所列举的确有逮捕必要的重大案件的犯罪嫌疑人,已经查证属实的证据能够证明有犯罪事实,但定罪证据尚未达到确实、充分程度,认为经过进一步侦查能够取到定罪所必需的证据的,检察机关在向侦查机关提出继续侦查意见,列明需要查明的事实和需要补充收集、核实的证据的情况下,可以批准逮捕,但应当对侦查机关继续侦查情况和羁押的必要性进行定期审查。对于侦查羁押期限届满时,仍未能达到检察机关继续侦查取证要求的,或者经审查后认为没有继续羁押必要的,应当及时撤销逮捕决定。"附条件逮捕究竟是检察机关工作机制的改革创新,还是对法律以及相关政策的突破,学术界争议较大。②

(4)"特困被害人救助"

由于被害人权益保护的法律制度没有得到平衡发展,尤其对陷入经济困境的被害人缺乏必要的救助制度,因此迫切需要建立一种对特定对象的救助机制,帮助特困被害人解燃眉之急。根据《无锡市特困刑事被害人救助条例》,其确立以下救助原则:补充性原则——在加害人赔偿、社会保险、社会救助等获得足额赔偿以后,被害人仍陷于困境的,国家才去救助;及时性原则——申请人因他人犯罪,其生活、医疗已经陷入困境;此时,国家救助工作要在尽可能短的时间内完成,包括采取先行支付措施,以使其尽快摆脱严重困境;适当性原则——根据国家财力考虑,目前情况下的救助,应限于能解决被害人生活困难,在生活没有着落、无以为生的情况下,作为救急办法来解决;将来国家财力资金比较充裕时,可以考虑向全额补偿发展;一次救助原则——在公安机关、人民检察院、人民法院的办案环节,本着"救急不救穷"、保障刑事诉讼活动顺利进行的原则,对被害人通常只进行一次救助,防止重复救助、浪费司法资源。对救助对象

---

① 张缓鸣:《结案释法:让当事人心服口服》,载《江苏法制报》2007 年 8 月 13 日。
② 刘金林:《附条件逮捕:人权保障背景下的探索》,载《检察日报》2008 年 9 月 5 日。

救助设立了以下条件:条件一:须因他人犯罪行为遭受重大损害,并且无法及时获得赔偿和其他社会救助而导致生活、医疗陷入严重困境的。条件二:被害人有明显过错的不予救助。[①]

（5）"附条件不起诉"

2007年,山东省蓬莱市检察院着力探索和实践附条件不起诉制度。附条件不起诉的定义为:检察机关对符合一定条件、应当负刑事责任的犯罪嫌疑人,暂时不作出决定,代之以设立一定的期限、规定一定条件进行考察,期限届满时再根据其考察期间的表现作出最后处理决定。经过慎重选择,10起案例进入蓬莱市检察院附条件不起诉的实践。这10起案例均为犯罪嫌疑人主观恶性较小,或具有过失、受骗、被胁迫等情节;或平常表现较好,属于偶发性犯罪的;或犯罪后具有认罪、悔罪表现,不具有重新危害社会或者串供、毁证、妨碍作证等妨害诉讼进行的可能;案件事实清楚,证据确实充分;犯罪嫌疑人不属于流窜作案、有固定住址及帮教、管教条件。[②]

（6）"羁押巡视员"

从2008年3月起,在吉林省辽源市检察院、中国人民大学、英国英中协会的共同推动下,辽源市检察院从社会各界选出20名巡视员,负责对辽源市羁押场所监督巡视。他们有医生、社区代表、民营企业家等,来自于社会各个阶层。巡视员可通过巡视、单独访谈等,了解被羁押人的人身权利和民主权利的保障情况。8个多月来,巡视员共提出了二十多个问题,有关部门均作出了回应,并就相关问题进行了整改。根据课题总结,羁押巡视制度在遏制刑讯逼供、保障被羁押人合法权益方面成效明显。[③]

这些法律实验研究项目在刑事诉讼领域的兴起,对于反思传统研究方法、完善法律变革方法等均具有重要的启示。长期以来,以改进立法,推进司法改革,改变规则为归属的对策法学研究使得学者们"围着大会堂转",其消极后果是,许多法学理论"好看不中用",不能有效解决实际问题。

[①] 杜萌:《记者探访:首部救助特困刑事被害人的地方立法有望启动》,载《法制日报》2008年6月11日。

[②] 高斌、王惠:《专家聚焦"附条件不起诉"》,载《检察日报》2007年12月15日。

[③] 王新友:《羁押巡视:辽源探索监督司法新路径》,载《检察日报》2008年12月1日。

（7）"涉案外地未成年人刑事保护——关爱基地"

2008 年 8 月起，无锡市在江阴试点建立未成年人关爱教育基地。即从 2300 余家民营企业中择优建立 4 家未成年人关爱教育基地。基地（企业）挑选人员，担任涉罪外来未成年人的保证人，让他们在审前获准取保候审。基地（企业）提供免费吃住，解决他们在取保候审或判缓刑后缺少监管场所、帮教无法落实的问题。基地（企业）同时无偿传授机修、喷漆等劳动技能，帮助补习文化知识，提高他们日后回归社会的信心和能力。目前，4 家基地（企业）接纳的 6 名涉罪未成年人中，除一名仍在候审外，其他被判缓刑或不起诉人员继续留在基地（企业）工作，开始靠诚实劳动自食其力。[1]

以法律实验研究为代表的实证研究开辟了一条新的道路：不直接以西方理论判断、包揽中国问题，而是基于实证性研究，提出中国问题，发掘中国模式，促成中国理论。与这种宏观设想相比，上述法律实验研究项目毕竟属于初步探讨，在实证研究的科学性、规范性上尚有一定缺憾。许多问题亟待进一步改善。譬如，研究团队的专业性、与各种社会条件的协调性、研究中的风险管理、研究结论的客观评估等。也有一些实验研究被指责为良性违法。[2]

2. 制约法律实验研究的因素

在西方国家，法律实验研究在检测法学理论、促进法律变革上发挥了重要作用。从其社会条件上看，有两点至关重要：

一是市民社会、法治社会的发达为法律实验研究减少了很多障碍。在西方国家，法治主义的根基和法律实验的范围相对较为广泛。政治经济问题乃至日常的社会问题，都完全可能被转化为法律问题来处理。对此托克维尔指出，在美国几乎所有重大的政治问题都被转化为法律问题而交由法院审理，所有的党派在它们的日常活动中都要借助于法律语言，大部分公务员都是或曾经是法律家。[3] 这种社会环境下，法律实验研究具有深厚的法制基础，容易自下而上推进，而且受到的政治干预等较少。

二是专业化、成熟化的研究团体为法律实验研究提供了保障。法律实验研究相比其他法律实证研究而言具有较强的条件依赖性、推广风险

---

① 黄东、居敏：《江阴"关爱基地"显大爱》，载《江苏法制报》2008 年 8 月 28 日。
② 刘金林：《附条件逮捕：人权保障背景下的探索》，载《检察日报》2008 年 9 月 5 日。
③ 〔法〕托克维尔：《论美国的民主》（上卷），董良果译，商务印书馆 2004 年版，第 310 页。

性。西方国家扎实的学力储备为其法律实验研究提供了专业化、成熟化的研究团队。许多学者坚持价值中立,根据学术伦理认真进行法律实验研究。不可否认的事实是,在分析西方问题,提出西方模式,归纳西方理论上,这些研究团队成果卓越。

对当前中国转型社会而言,尤其在政府主导的法制现代化模式中,法律实验研究存在一系列制约因素,归纳起来,大致有:

(1)社会转型中社会条件对变量因素的消极影响

在中国转型社会中,经济的快速发展,相应的法律规范、道德观念、心理结构等并未随着"中国速度"取得同步发展。这导致,与西方国家不同,在中国一个简单的法律问题很可能牵涉社会舆论、社会保障、政府行为、经济问题、心理干预等一系列问题。这对法律实验研究的变量设计、实施、评估等而言,都带来了程度不等的不确定性背景。社会舆论、社会保障、政府行为、经济问题、心理干预等一系列问题不仅会增加法律实验研究的控制变量和不可控因素,还可能消解法律实验研究的效应。在一些法律实验研究中,对研究结论仅作出"成功"抑或"失败"的二元判断较为困难。

法律实验研究在当前社会条件下对法律变革的推动作用也难以居于主导地位。在中国当前法制建设中,主要是政府主导法制模式,反映在立法体制上,国家权力机关的权力较大,来自民间自发秩序规则的考察仍是中国的薄弱项,来自法律实验研究的作用和影响力有限;反映在司法体制上,其改革步骤也多是自上而下的,来自法律实验研究的作用和影响力有限。

(2)社区多元对地点选择的消极影响

在高度计划体制时代,"社区"理论以及实践为单位社会掩盖。单位成为一种制度、一种统治。单位多元性影响法律实验研究地点的选择。在当前转型社会中,由于地理位置、经济状况、人文素养、自治程度、内部竞争关系等方面因素,形成了多样性的社区。具体而言,随着小城镇社区的发展,中国传统的城乡二元社区结构被逐步打破,在发达地区,原来的"二元社区结构"已被农村、小城镇、城市"三元社区结构"替代。社区多元化形成多样性的社区模式。譬如,在都市中人口集中、相互陌生化的大型生活社区,商业"大款"或明星云集的别墅社区;人口流动性强、文化碰撞激烈的城郊社区;乡土特征明显,但日益受到国家法秩序入侵的村落社区;僧俗和谐、旅游经济主导下的佛教圣地社区;等等。(参见图4-4)

图 4-4　巡回法庭法官走在开庭的路上[①]

　　在中国许多地区,法律设施条件差异很大。为方便诉讼当事人,法官到当事人的村里、家门口、田间地头开庭,切实做到面向农村,面向基层,面向群众。对于法律研究者而言,这也是一个重要的观察"窗口"。

　　在不同社区,其法律内部和法律外部条件千差万别。法律实验研究地点的选择要实现样本上的代表性意味着在规划设计研究方案时,应充分了解该社区相关联的天时、地利、人和因素,使其符合样本需求。但是,中国这种社区多元化是一种复杂、变化的多元化。这造成了研究者的两难选择:不基于"袈裟之地"进行实验研究无法获知具体的、一线的实证材料;但是,基于"袈裟之地"的法律实验研究结论究竟能否"盖尽九华",甚至推广至总体社会,恐怕殊少研究者有这种自信。[②]

　　(3) 现有研究团队在方法论上的不足

　　在当前转型社会中,受制于传统文化、政治体制、学术环境等因素,总体上还缺乏专业化、成熟化的研究团体开展法律实验研究。反观西方国家法律实验研究,其对研究团队的价值中立和学术伦理要求较高。与之有落差的是,中国现有研究团队总体上在方法论上存在不足,反而具有一系列非专业性、不成熟表现。譬如,一些法律实验研究项目基本依附部委机关的课题,具有部门利益和意志特质;一些自发性、民间性的法律实验

---

　　① 李永华、张学乔:《巡回审判正在进行》,载"中国法院网"2009 年 4 月 9 日。

　　② 相传,当年九华山地主之权,是当地富豪闵阁老公公所有。建寺时,曾请闵阁老送地,闵老个性乐善好施,且对地藏比丘,非常信敬,问要地多少? 地藏答:"谨要一袈裟之地足矣。"闵老认为一袈裟之地,所占几何? 于是慷慨答允。谁知地藏比丘,撒开袈裟,竟盖尽九华。

研究项目往往难以获得资助;有关法律实证研究的方法论探讨和研究在中国法学界尚处于初步阶段。

3. 法律实验研究的未来走向

可以预见,随着中国法制的进一步发展以及司法资源的丰富,法律实验研究将获得较大发展。司法改革的艰难进程也将使决策者日益重视对法律信息的实验研究。

法律实验研究在中国稳步发展,需要特殊注意的是避免一种特殊的实验风险——"良性违法"。当前,许多司法改革措施具有动机良善但实际违法的"良性违法"情况,对法的统一性、可预测性等造成一定破坏。譬如,在刑事和解探索中,一些检察机关将和解后的刑事案件退回公安机关实行撤案处理,在严格意义上,这些案件并不符合《刑事诉讼法》第15条关于依法不追究刑事责任的范围。又如,在法律实验研究中,因往往涉及改变一些变量因素,包括改变现行法律或操作方式,这需要综合权衡。在必须改变现行法律或操作方式场合,应完善法律实验的特别批准程序,将法律实验限制在特定范围,避免实验的政治、法律风险等。再如,一些实验研究的具体探索在一地一时具有积极意义,但在彼时彼地可能出现负面质疑。

法律实验研究在中国稳步发展,需要结合中国社会情境和经验法则设计科学的"变量关系"。在法律实验研究中,还要结合中国市场经济、转型社会等状况掌控其中的可控因素与不可控因素。对此,培育一批法律实证研究的专业化、成熟化研究团队十分必要。其基本要求,一方面,研究者应坚守实验中的伦理准则,坚持价值中立和学术伦理;另一方面,研究者应实现知识多元化,促进法律实验研究与中国社会的适应性。

总之,在法律实证研究中,调查研究、观察研究、文献研究和实验研究等研究方式都各有特征。在实际的项目运行中,这些研究方式往往被研究者灵活组合、混合使用。灵活组合、混合使用调查研究、观察研究、文献研究和实验研究代表了法律实证研究在方法论上的多元化倾向。在这些复合型项目中,各种研究方式孰先孰后、孰轻孰重,有待根据研究目的等具体分析。但也不排除,随着研究方式的交错使用,在功能实现上出现趋同情况。"蜜蜂本意是觅食,但它传播了花粉。"这在法律实证研究中并不少见。

第五章　法律实证研究的风险管理

我们生活在一个除了冒险别无选择的社会。

——〔德〕卢曼①

我们的一生是在管理风险，而不是排除风险。

——〔美〕沃尔特·瑞斯顿②

风险已经成为我们生产生活的组成部分，无处不在，无时不在。"防范风险"、"规避风险"、"化解风险"是当前社会的流行词汇。如何预防、救济风险，即对风险进行管理，是各学科研究的一重点领域。法律实证研究需要多方外部环境的支持，尤其是社会条件的允许，还要注意与一国法律文化、意识形态、司法体制等本土因素契合。来自外部和外部的一系列不确定性，可能导致法律实证研究中研究方案的调整、研究结论的无效等。法律实证研究具有许多现实风险，而且在风险的构成要素、具体类型、管理方式等都有其鲜明特征。

在处于"转型"的社会形态中，社会治理结构、诉讼文化观念、纠纷类型和社会解纷机制等的变化，意味着一系列不成熟社会结构下的制度风险。在中国这样一个急剧"转型"的社会里开展法律实证研究，受外部社会环境和法律内在结构等的影响，具有一系列特殊类型的风险。总体而言，中国法制化进程的首要前提是建立一个合法稳定的公共秩序，防止社

---

① N. Luhmann, 1993, *Risk: A Sociological Theory*, Berlin: de Gruyter, p. 218.
② 参见金银岛网交所主办："2009 石油价格风险管理高端培训会（大连）"培训材料（2009年8月）。

会变革和分化转型的复杂矛盾带来的制度风险。这对中国法律实证研究在遵守现有宪法秩序、防止类型化风险、促进社会的"有序"转型上提出了较高要求。

一、本质与类型:风险社会下的法律实证研究

在原始树林中,原始人往往需要面对周围豺狼虎豹的威胁。随着火和房屋这些"防御性设备"的发明,人类对动物的恐惧心理逐步降低。火药的出现,让豺狼虎豹彻底惧怕了人类。但是,逐步过渡到文明社会的现代人,其遭遇的威胁和恐惧并未消失,反而有所增加。

（一）风险社会（risk society）下风险本质与类型

在人类社会,风险是无处不在的,可以说,世界的每一个角落都有潜在性风险。德国社会学家贝克在《风险社会》（1986）、《风险时代的生态政治》（1988）、《世界风险社会》（1999）、《风险社会理论修正》（2000）中,力图告诉大家一个事实——人类生活在自己创造的工业文明引起的风险社会及其社会风险之中。

> 在原初社会,风险多被理解为"遇到客观的危险",除了"周围豺狼虎豹的威胁"外,还有"来自上天地动山摇的惩罚"、"航海遭遇礁石、风暴等事件"等。在中世纪,拉丁词 risicum 主要用于海上贸易以及随之而来的有关损失或损害的法律问题。那时,风险是指一种客观的危险,一种上帝的举动,一种不可抗力的可能性。

在人类现代化的道路上,我们在沾沾自喜于自己的制度文明、技术革命的同时,却一步步将自己套入现代化的风险社会。我们引以为傲的一项制度可能失灵,我们日夜相伴的技术可能崩溃……来自"温室效应"、沙尘暴、赤潮、转基因食品、核威胁等问题的争议即是自然科学例证。"法律依赖症"等现象的出现,也是对人类"理性建构"和"制度文明"的极大冲击:我们可能设计出无风险的社会吗?

> "基蒂·吉诺维斯"就是一个在现代性下的悲剧:在自诩高度发达的法律文明下,现代人逐渐养成了一味诉诸"警察"和"法官"等司法剧场的习惯,形成在社会责任上的漠视和拒绝。这种"法律依赖症",使许多人遗忘了人类在原始森林中围剿豺狼虎豹那种传统的"凝聚力"。其后果,不仅增加了不法行为发生的风险,也实质上伤

害了力挺现代化的学者。[①]

如何准确把握风险的本质与类型？在近代社会,风险概念的提出以及争议与近代保险业的产生密切相关。特别是 20 世纪 60 年代以来,出现了大量的风险研究文献,涉及自然科学、社会科学中的诸多学科。围绕风险定义的争论也是社会利益冲突的体现形式,因为如何定义风险直接关乎如何分配风险以及采取哪些措施预防和补偿风险。譬如:

1. 统计学、保险学等学科通常把风险定义为不确定性,即为一件事件造成破坏或伤害的可能性或概率。[②] 著名的《新帕尔格雷夫经济学大辞典》(The New PalGrave A Dictionary OF Economics)就认为"风险现象,或者说不确定性或不完全信息现象,在经济生活中无处不在"。其通用的公式是,风险(R) = 伤害的程度(H) × 发生的可能性(P),这可帮助进行成本与收益分析。[③]

2. 人类学者、文化学者们通常把风险看作"社会的产物",并定义为一个群体对危险的认知。风险是通过社会过程形成的,玛丽·道格拉斯认为,风险应该被视为关于未来的知识与对于最期望的未来所持共识的共同产物,由于环境的不同,每一种社会生活形态都有自身特有的风险列表。[④] 由此,风险是社会结构本身具有的功能,作用是辨别群体所处环境的危险性。

3. 在社会学家中,英国安东尼·吉登斯、德国乌尔里希等,将风险首先定义为技术对环境产生损失,然后抽象为"现代化的产物",即一种应对现代化本身诱致和带来的灾难与不安全的系统方法,由此反思现代性理论。

在吉登斯看来,风险社会是现代性文明的结果。风险社会就是日益生活在高科技前沿,无人能够完全明白,也难以把握各种可能的未来。他认为风险有"外在的风险"(externalrisk)和" 人为的风险"(manufac-

---

① 参见〔美〕唐纳德·布莱克:《社会学视野中的司法》,郭新华等译,法律出版社 2002 年版,序言。"基蒂·吉诺维斯综合症"(Kitty Genovese syndrome)的提法起源于美国这样一起案件:一名叫吉诺维斯的女孩在自己公寓附近被人奸杀;在歹徒行凶过程中,她的邻居都听到了女孩的呼喊声,有的人甚至还在自家窗户里目睹了悲剧的全过程;但是,没有一个邻居出面阻止犯罪;当警察赶到,歹徒已经逃之夭夭。

② 赵其宏:《商业银行风险管理》,经济管理出版社 2001 年版,第 3 页。

③ 〔英〕约翰·伊特韦尔等:《新帕尔格雷夫经济学大辞典》,金瑞得译,经济科学出版社 1992 年版,第 785 页。

④ 〔英〕玛丽·道格拉斯:《洁净与风险》,黄剑波等译,民族出版社 2008 年版,序言。

turedrisk），其中外在风险是指意外地从外部打击个体的事件，这种事件的发生有一定规律可循，而人为的风险则几乎没有任何防范经验可以借鉴，难以预测。现代性总是涉及风险观念。①

在贝克看来，人类以前的活动所涉及的都是个别人的风险；而现在，源自于核裂变或放射性废料的则是所有人类面临的全球性危险。"地球已经变成一架弹射坐椅，不分贫富，不分黑白，也不分南北或东西，但是这种效应只有在发生时才存在，而一旦发生，它又不复存在了，因为不再有什么存在了。"②由此，风险是最为"民主的"，因为其影响是普遍的，超越了国家、阶级、财富等界限，在风险面前，财富和权力都失去了力量，每个主体都是平等的。这些风险问题的特征是没有确定的解决办法；更确切地说，它们的特点是一种"根本性的矛盾"。③

德国社会学家卢曼则认为，贝克主要关心的只是技术风险，是一系列灾难性后果，而现实社会生活中还有许多其他风险，如金融市场投机中的风险、人生筹划中的风险、不安全的性活动中的风险，乃至在花费了大量的时间和努力去申请有关风险研究的基金而得不到的风险等等。④

纵观前人对风险的研究，归纳起来，主要有两种意义：一种是物质特性意义，另一种是理性认知意义；主要有两种视角：一是不确定性视角，二是损失性视角。两种意义和两种视角可以实现统一——风险在形式上是客观存在与主观认知的结合体，在本质上是一种损失的不确定性。基于此，可将风险区分为风险因素、风险事故和损失三个基本要素。

其中，风险因素是指引起或增加风险事故发生的机会或扩大损失幅度的原因和条件。它是风险事故发生的潜在原因，是造成损失的内在的或间接的原因。风险因素根据性质通常分为实质风险因素、道德风险因素和心理风险因素三种类型。上述三种风险因素中，道德风险因素和心理风险因素均为与人的行为有关的风险因素，故二者合并可称为无形风险因素或人为风险因素。风险事故则是造成生命财产损失的偶发事件，又称风险事件。也就是说，风险事故是损失的媒介，是造成损失的直接的或外在的原因，即风险只有通过风险事故的发生，才能导致损失。至于损

---

① 〔英〕安东尼·吉登斯：《失控的世界》，周红云译，江西人民出版社 2001 年版，第 22 页。
② Beck, U. 1992, *Risk Society: Towards a New Modernity*, Sage Publications, p.28.
③ 〔德〕乌尔里希·贝克等：《自反性现代性》，赵文书译，商务印书馆 2001 年版，第 13 页。
④ N. Luhmann, 1993, *Risk: A Sociological Theory*, Berlin: de Gruyter, p. 218.

失,主要是指非故意的、非预期的和非计划的价值减少,既包括物质价值,也包括精神价值。

（二）法律实证研究的外部风险与内部风险

法律实证研究,相比较其他领域而言,其风险的构成要素、具体类型、预防方式等有所差异。与自然科学研究不同,法律实证研究并非拘泥于实验室内,而是在特定的社会场域针对各种法律信息而展开。

这决定了,在外部意义上,法律实证研究需要多方外部环境的支持,尤其是社会条件的允许。这包括整个自然、法律、政治和社会等环境的支持。在内部意义上,法律实证研究涉及各种法律信息,需要与一国法律文化、意识形态、司法体制等因素契合。在事与愿违的情形下,法律实证研究即存在损失上的一系列不确定性,具体可区分为外部风险和内在风险。

1. 外部风险

外部风险,也称环境风险,是指法律实证研究所处的整个自然、法律、政治和社会等环境对研究项目而言蕴含一系列不确定性。其中,自然风险包括如火灾、地震、台风等。法律风险包括法律出现变更、司法机关出现调整等。政治风险包括政体或国体的变化、种族宗教的冲突、战争和政策发生调整等。社会风险包括社会结构发生剧变、突发性事件等。

在进行法律实证研究时,除了自然风险外,其他外部风险可能相伴发生。在一些敏感领域开展法律实证研究,譬如,涉及一国宪法秩序问题、国家安全问题、种族关系问题、涉及一国主权问题时需要特别谨慎。其间容易诱发多重外部风险。在针对法律实证研究的诸多限制中,来自政治因素的影响至关重要。不考虑政治上的忌讳往往是风险的前兆。

在封建社会的改革变法中,皇权秩序和权术斗争往往造成一系列改革家无法幸免的悲剧。在当时社会条件下,实证性的政治法律改革具有较大风险。（参见例5-1）在当前社会,随着政治民主化、学术自治化的发展,"科学无禁区"作为一项基本原则得以确立。但是,这种"无禁区"是相对的,它并不意味着自然科学和社会科学的研究可以脱离政治蕴含,自由飞行。（参见例5-2）

例5-1　张居正改革变法

在中国明朝万历年间,张居正改革变法（除"一条鞭法"外）出现"人在政在,人亡政息"的悲剧,在主观原因上除了他本人在作风问题、选择错误接班人等原因外,以下因素起到了消极作用:一是在皇帝一言定法或废法的封建社会,改革变法的成败基本取决于帝王的态度。帝权和相权本是一组相依相克的矛盾,权高盖主,遭到皇帝的忌恨,往往成为宰相的悲剧,张居正也不例外。二是张居正改革变法损害了某些集团的既得利益,尤其是文官集团。这些人在张居正生前迫于权势无可奈何,只能等其死后伺机反扑。在封建皇权语境下,改革的风险与制度内无法调和的矛盾有关。改革派与保守派之间的力量对比、有无伤及当时的政治基础(尤其是皇权秩序)往往影响改革变法走势。①

例 5-2 Camelot(卡梅勒)计划

在美国社会学研究中,20 世纪 60 年代 Camelot(卡梅勒)计划即是其中最为显著的案例。其研究目的有二:一是建立一套评估发展中国家发生内战可能性的程序;二是在可能发生的情况下,逐步准确地识别政府可能采取的消弭战争的行动。此项计划由美国国防部背后支持,针对智利国内政治问题进行干预性研究,在实施过程中因导致美国和拉美国家关系紧张而中止。②

2. 内部风险

内部风险,是指法律实证研究本身在项目规划、运行以及推广等过程中出现瑕疵,致使不能实现研究目的等一系列不确定性。其中,规划风险,主要是指由于在内容上的规划不当,致使在实际运行中出现的致使研究不能继续的瑕疵。运行风险,主要是指在规划中不可预知、而在运行中突然发生的致使研究不能继续的瑕疵。在具体类型上,根据风险发生的原因,可区分为财产风险,即可能导致特定财产发生毁损、灭失和贬值的风险;人身风险,即可能影响研究者和参与者人身权利的风险;责任风险,即可能因侵权或违约依法对他人遭受的人身伤亡或财产损失应负赔偿责任的风险;信用风险,即可能因一方侵权或违约给对方造成损失的风险。推广风险,主要是指在项目通过运行符合研究预期目的,但在推广时发生适用不能的瑕疵。

在法律移植中,照搬式引入他国法律应用方法和法学研究方法,虽有实现短时间"洗心革面"的效果,但很可能诱发内部风险。在各种内部风险中,信用风险(credit risk)是其核心风险。譬如,作为参与者的法律机

---

① 有关张居正的评述,参见黄仁宇:《万历十五年》,中华书局 2007 年版,第 70—99 页。
② 〔美〕艾尔·巴伦:《社会研究方法》,邱泽奇译,华夏出版社 2005 年版,第 77 页。

关可能因为经费保障、功利主义观念等在实施中降低支持力度、配合程度;作为参与者的当事人等可能对研究者提供虚假信息或隐匿重要信息。许多法律实证研究项目在质量和数量上往往不能实现履约要求,多是信用风险的缘故。

> 近代以来,中国向"西方法制图景"迎娶各种法学方法成为一时潮流:从沈家本、程树德的缜密考据和历史归纳,到梁启超媒介东西方的史学方法和法史学论述,从陈顾远关于中国法制史概念之解说和法制史的质与量之评判,到杨鸿烈法律发展史、法律思想史的架构和中华法系研究,以及瞿同祖法律社会学和法律人类学方法的运用等均是其例。①

在法律实证中,外部风险与内部风险具有密切联系。一些外部风险与内部风险互为因果。譬如,一些规划风险的发生即是法律风险、政治风险和社会风险对研究规划的具体反映。这对进行风险管理提出的方法论要求,一是准确识别外部风险与内部风险;二是明确二者的具体联系,进行有效管理。

二、风险管理:可控因素与不可控因素

在实证研究中,完全避免风险是不可能的。相对于思辨研究而言,实证研究的魅力,即积极承认一定范围内不可知领域的存在、积极承认一定条件下的可错性的空间。风险管理是近代新兴的一门管理学科,是指社会经济单位、个人通过对各种风险的认识、损害后果的衡量、风险处置方法的选择和执行,以最小的成本取得最佳安全效果的经济管理手段。与自然科学实验室通过限制实验规模、控制应急预案避免实验损失相比,在社会科学实证研究中,一般通过风险管理尽量达到预防的目的;一旦风险事故发生,在难以控制的情况下往往针对损失进行"损害最小化"处置。

(一) 风险管理的基本方法

在社会学、人类学、经济学等领域的实证研究中,风险管理都占有重要地位。没有进行风险管理的项目往往被认为是不可靠的,不值得投入的。随着市场经济的发展,经济学,尤其是金融学的风险管理无论在策略还是方法上均走在前列。当前,西方经济学将风险管理与资金的时间价

---

① 韩秀桃:《民国时期法律家群体的历史影响》,载《榆林学院学报》2004年第2期。

值、资产定价并列称为现代金融理论的三大支柱。对金融企业来说,为取得收益而管理风险是其成功的核心技能。

在法律实证研究历史上,犯罪学的实证研究起步较早,在风险管理方法上相对其他法学学科走在前列。后来,这些方法被逐步推广到其他学科的法律实证研究。当前,管理法律实证研究风险主要运用以下几种方法:

1. 运用风险评估方法

即通过一定标准识别在法律实证研究中有无风险,如有,明确属于外部风险还是内部风险。在规划设计和具体运行中,风险评估的方法有所差异。在规划设计上,法律实证研究通过运用概率论、数理统计和专家论证等方式预测风险的损失频率与损失程度。在此基础上,通过评估认为风险过大的,应尽量避免进行此类法律实证研究项目,或者在无法拒绝的情况下依据最坏的打算设计风险控制方案。在具体运行中,法律实证研究需要针对个案进行风险评估。法律领域风险评估方法,较早发迹于犯罪学实证研究,并在以下领域获得广泛运用:预测特殊犯罪的再犯罪、评估未来暴力的风险、识别和追踪高风险犯罪等。其方法体系,主要包括:

(1)"临床评估方法"。在早期的犯罪学实证研究中,风险评估往往采用"临床评估方法",由一名心理健康专业人员、临床医生等评估罪犯的人身危险性、再犯可能性等。这里使用的是关于罪犯现成的信息,作出对风险的主观判断,而不是试图建构信息。这种方法对评估主体的评估能力和伦理责任提出了较高要求。

(2)"精确评估(基于证据)方法"。在后来的犯罪学实证研究中,"精算评估方法"逐步取得优势地位。这种方法的关键特征是收集有条理的一系列与犯罪有关信息,根据经验法则和科学方法,得出精确风险量表。这些信息化的量表直接、明了,但多是静态方面的考察,在一些个案中可能无法解释运动变化中的风险因素。(参见例5-3)

例5-3　加拿大刑事司法"再犯统计信息量表"

在加拿大刑事司法中,其"再犯统计信息量表"在再犯率的犯罪学风险评估领域享有盛誉。它们由以下指标体系构成:现行犯罪、收押年龄、以前被判刑次数、有条件释放是否撤销、有无逃跑、警戒程度、第一次成年后犯罪的年龄、有无伤害罪前科、收押时的婚姻状况、刑期长度、有无性犯罪前科、有无非法闯入前科以及逮捕时的就业情况。①

（3）"静动态评估方法"。与犯罪有关的信息是否一成不变的？对此，犯罪学实证研究者们区分了两种相互区别而又共同作用的评估方法：静态评估与动态评估。前者是针对过去已经发生的不变风险因素的评估。譬如，犯罪人的处罚历史，第一次犯罪时的年龄等。后者是针对通过干预能够改变的活动的风险因素的评估。譬如，犯罪人的经济状况、反社会态度、与犯罪相关的需求等。"静动态评估方法"强调评估要静动结合，尤其考察运动变化中的风险因素。

"静动态评估方法"是迄今最为全面、科学的风险评估方法。在前文论述的"未成年人取保候审"实验研究与"未成年人酌定不起诉"实验研究中，许多风险评估指标即是吸收了"静动态评估方法"设立的。（参见例5-4）

例5-4 加拿大社区矫正项目"静动态评估方法"

在加拿大许多社区矫正项目中，对罪犯的风险评估采用"静动态评估方法"被认为是有效的。其静态风险因素包括：少年法庭所作的从14岁起的犯罪记录、暴力犯罪的前科、先前不服从社区监管的记录等；其动态风险因素包括：反社会态度、同伙特征、糟糕的问题解决能力、冲动性格、不稳定的家庭关系和社交关系等。②

2. 确立风险控制方案

一方面，筹划损失发生前的风险预防，避免或减少风险事故形成的机会，减少风险忧患。另一方面，筹划损失发生后的风险救济，以损害最小化为目标，努力使损失的标的恢复到损失前的状态，包括维持实证项目的继续开展、恢复遭受破坏的社会条件、承担相应的社会责任。二者有效结合，构成完整而系统的风险管理目标。

伴随着20世纪七八十年代以来出现的金融自由化、全球化和金融创新的发展，金融机构所面临的风险环境也日益复杂化，尤其是20世纪90年代一系列风险事件的发生，极大地促进了现代金融风险管理控制的发

---

① Andrews, D. A., Bonta, J. (Wormith, J. S. (2006), The recent past and near future of risk and /or need assessment, *Crime and Delinquency*, 52, p.7—27.

② Bonta, J. (Rugge, T. (2004). Case Management in Manitabo Probation. http://ww2. pesepc-sppc. gc. ca/publications/corretions/200401 e. asp.

展。无论是在风险控制的手段、内容还是机制和组织形式上,风险管理都发生了很大的变化。其中,预防、多样化分散、转嫁、对冲、补偿等成为金融风险控制的基本策略获得普遍运用。(参见表5-1)在法律实证研究中,虽然其风险的类型、原因等方面与金融风险可能有所不同,但在风险的基本类别、管理策略等上具有许多类似之处。在民商法领域,尤其是在证券市场的法律实证研究中,控制风险的基本策略多移植自金融风险管理方法。

表 5-1　金融风险控制的基本策略

比较:金融风险控制的基本策略				
序号	策略	方式	成本	适用领域
1	预防	侧重于内控和损失准备	内控费用、准备金和机会成本	市场风险、信用风险和操作风险
2	多样化分散	投资或交易对手分散	交易费用	非系统性风险
3	转嫁	购买保险、期权,要求企业进行担保、抵押等	直接费用支出	市场风险、信用风险
4	对冲	确定性替代	丧失盈利机会	信用风险
5	补偿	与转嫁相反,重在事前价格补偿,关键在风险定价	潜在的损失	各种风险

　　针对可能出现的内部风险、外部风险,许多法律实证研究项目往往区分可控因素与不可控因素,分别采取控制新性方案或影响性对策,争取以最小的成本获得最大安全保障。(参见表5-2)

表 5-2　法律实证研究的风险管理方案

法律实证研究:风险管理方案		
1.　风险评估方法	外部风险与内部风险识别	损失频率与损失程度评估
	(1) 判断外部风险 (2) 判断内部风险	(1) 运用概率论和数理统计、专家论证等 (2) 运用临床评估、精算评估、静动态结合评估等
2.　风险控制方案	风险预防:损失发生前	风险救济:损失发生后
	(1) 改变引起风险事故和扩大损失的各种条件 (2) 事先做好吸纳风险成本的计划安排 (3) 分析可控因素与不可控因素	(1) 以损害最小化为目标 (2) 维持实证项目的继续开展 (3) 恢复遭受破坏的社会条件 (4) 承担相应的社会责任

（二）可控因素分析

法律实证研究，尤其是法律实验研究，与自然科学实验等相比，其可控性如何？法律实证研究运行于社会中，其可控因素无法与实验室相比，而且在表现形式也较复杂。

1. 研究方案

研究方案是法律实证研究中最主要的可控因素。在法律实证研究中，研究方案本身是程序规范和研究内容的书面记载：依据问题意识确立研究问题，根据研究目的设置研究指标，确立操作化流程，选择研究方式进行资料收集和分析，在得出研究结论后确立可持续的推广计划……

控制研究方案，可及时管理法律实证研究中外部风险和内部风险，而且其成本也相对较小。譬如，在地点的选择上，可事先避免或者及时避开自然风险高发地点；在项目的类型上，避免可能遭遇法律风险、政治风险、社会风险冲击的项目；在出现一些严重风险类型时，可通过中止研究项目、变更研究项目等减少损失；在研究方案中，当研究指标、操作化流程、研究方式或者推广方案等方面出现瑕疵的，可及时更改。正因为此，研究方案的调整在法律实证研究的风险管理中居于核心位置。

2. 自变量与控制变量

在法律实验研究中，其可控因素上具有特殊性。实验研究建立在假设、变量、测量这三个基本因素上。其中变量的确定以及控制属于关键。在自变量、因变量和控制变量三种因素中，作为原因的自变量、影响自变量与因变量关系的控制变量等是可控因素。

在遭遇风险事故时，法律实验研究中可控的自变量与控制变量可灵活调整。譬如，改变一具体程序的结构、方式，或者调整一权利义务设置，往往成为法律实验研究中的自变量变化。司法操作方式、业务考评机制、社会支持制度等往往是可控的控制变量。当然，在不同的法律实验研究中，根据研究问题的设置，自变量和控制变量的关系可能混同、交叉等。

自变量与控制变量的设计是否科学、规范，往往直接决定法律实验研究风险的可控程度。在规划设计时，法律实验研究项目往往需要对自变量与控制变量进行风险评估。其核心任务，即是判断它们是否具有外部风险和内部风险。

（三）不可控因素分析

在法律实证研究中，总有一些不可控因素。譬如，我们很难预测法律机关是否一直积极参与并支持实证研究；有时我们会对当地社会舆论的走向很难作出判断;在一些实证研究中,许多参与者的行为模式,尤其是拒绝参与,甚至抵制实证研究,显得莫名其妙。

　　法律实证研究的不可控因素主要有两大类型:一方面是"社会事实"的流变性或者说不确定性;另一方面来自人的流变性或者不确定性。前者集中反映为社会生产方式的变更、法律思维习惯的变化、社会意识形态的转换等。在特定场合,这些因素容易综合形成突发性事件。譬如,对研究项目的集体抗议等。这种不确定性具有宏观性、潜在性,不易察觉,也不易控制。后者集中反映为实证研究参与者受制于各种因素,出现与实证研究矛盾的思维定式或行为模式。其风险因素的核心内容是来自诚信方面的危机或者说是失范。

　　　　在当前中国,诚信危机目前正受到各界关注,从"华南虎事件"到"嫦娥月照事件",从"纸馅肉包子"到"辞职门事件",再到"三鹿奶粉事件",诚信问题有如滚雪球一般越积越大。拯救信任已刻不容缓。但是,为此支付的代价也将是沉重的。

　　1. 社会事实的分析

　　在社会事实方面,来自自然、法律、政治和社会等环境的外部风险对于实证研究而言基本上都是不可控因素。譬如,在法律实证研究中,如果发现研究地点是火山、地震、台风威胁区域,这时对这些自然风险进行人为控制是不现实的。但这不妨碍在规划设计研究方案时,可以通过避免自然风险区域实施控制行为。

　　在社会事实方面,最不可控因素可能要数政治因素或意识形态。在现代社会,政治因素无孔不入,无处不在。政治因素已经深入到人类的各种社会生活,影响着人类的各种社会行为。塞缪尔·亨廷顿曾经说过:"身处正在实现现代化之中的当今世界,谁能掌握政治,谁就能掌握未来。"研究中适当加入对意识形态的考量,可以防止陷入政治忌讳,也能让研究思维更加敏锐、研究视野更加开阔。

　　2. 人的分析

　　在人的方面,来自诚信方面的危机或者说是失范是一些最不可控的因素。归纳起来,其主要表现在以下五个方面:

　　(1) 有限理性

　　有限理性,是相对于完全理性假设提出的。人类受到自身能力的限制和环境的约束,他们不可能知道关于未来行动的全部备选方案,不可能把所有的价值考虑统一到综合性效用函数中,也无力计算出所有备选方案的实施后果。正因为此,特定主体在考虑信息和决策成本的普通计算结果的意义上,很可能不具有最优的特征,甚至其行为模式违反功利主义的人性假设而实施趋害避利行为。在法律实证研究中,基于传统习惯、偏好、特定价值取向,或者潜意识,许多参与者往往选择破坏实证研究的行为模式。这里的有限理性往往很难控制。

(2)机会主义倾向

所谓机会主义倾向,是指人们借助于不正当手段谋取自我利益的行为倾向,包括有目的、有策略地利用信息,如说谎、欺骗、违背对未来行动的承诺等。在行为选择中,机会主义倾向本质上是一种短期理性,而且突出表现为个人在利益和道德原则的天平上下赌注于前者。在法律实证研究中,机会主义往往通过观察法律实证研究的"利益",不惜采取虚假方式减少参与成本,或者利用虚假数据和结论,骗取功利性成果。机会主义倾向往往防不胜防。

(3)竞争压力

所谓竞争压力,是指由于制度建设存在的空白及缺陷对于遵守诚信的人在竞争中造成压力,可能驱使其放弃伦理原则来确立一种竞争优势。确切地说,"如果所有其他的竞争者都严格遵守一定的道德标准,那么一些行事相对不道德,而又没有受到制裁的人就会在竞争中建立优势。由此,竞争造成了一种压力,使人因竞争之故而逐步地适应较低的道德标准。如果法律或某些具有制裁力的行业准则不能阻止这一过程,不讲诚信也就在所难免了"。① 在法律实证研究中,许多参与者的竞争压力是内化的、不易察觉的,但往往受到功利主义政绩观、地方保护主义等因素影响,采取"良性违法",甚至故意违法的方式进行法律实证研究项目。

(4)权力寻租

有权力的地方就有腐败。这是因为权力具有寻租的暧昧性。在法律实证研究中,尤其是试验研究,往往需要改变一定的自变量或控制变量。这本身蕴含着法律信息在一定程度上的灵活变动,并可能带来一些临时性的超越现实法律规范的特殊利益。此时,一旦发生权力寻租场,即可换来正常法律活动不能带来的利益。虽然一些权力寻租是可以预防的,但

---

① 〔德〕霍尔斯特·斯泰因曼、阿尔伯特·勒尔:《企业伦理学基础》,李兆雄译,上海社会科学出版社 2001 年版,第 26 页。

在法律实证研究的控制机制上往往无能为力。它可能来无影,去无踪。

(5) 组织压力

所谓组织压力,是既定的某种组织目标要求各成员作出服务于该目标的行为,从而影响其成员的具体行为模式。从组织结构出发,一些劳动分工、角色定位、部门利益、决策权限的分散、传统的等级命令制等,都会对其构成挑战。在法律实证研究中,一些法律机关的配合程度上往往难以识别和控制。在法律实证研究项目中,当研究收益与其职业利益发生冲突,或者带来职业上的不便利时,一些法律机关往往主动退出实证研究或者实际"隐身"。组织压力与竞争压力都是内化的、不易察觉的。在法律实证研究中,参与的法律机关普遍具有组织压力,而在对其实施控制的机制上往往是徒劳无功。

三、中国模式:法律实证研究的风险管理

依据问题意识,在法治主义的本土化中,"中国模式"这一概念蕴涵着社会、经济、政治、文化等诸多层面的多样性和复杂性。对于法律实证研究而言,"中国模式"的风险,集中表现在:一是在外部风险上,如何防范法律实证研究与法律、政治和社会等外部环境的冲突;二是在内部风险上,如何避免法律实证研究在中国水土不服,或者出现有害方案。

(一) 社会转型下的特殊风险与体现

清末以来,中国社会的变迁,陈寅恪先生曾将称为"数千年未有之巨劫奇变"。意指"近数十年来,自道光之季,迄乎今日,社会经济之制度,以外族之侵迫,致巨疾之变迁;纲纪之说,无所依凭,不待外来学说之掊击,而已消沉沦丧于不知觉之间;虽有人焉,强聒而力持,亦终归于不可救疗之局"[①]。中国社会变迁,自清末变法以来,伴随法制现代化步骤,悄然已经百年。

来自社会学家们的研究表明,当前中国,社会仍处于模式的整体转型过程中,与清末时期不同的是,当前转型的重点在于:一是从以礼为主导的熟悉人社会向以法为主导的陌生人社会转变;二是从以规训、强制为特

---

① 陈寅恪:《王观堂先生挽词序》,载刘桂生、张步洲编:《陈寅恪学术文化随笔》,中国青年出版社 1996 年版,第 5 页。

征的单位社会向追求自由、平等的公民社会的转变①;三是从强调自然主义的人治型社会向强调规则主义的法治型社会的转变;四是从以身份和习惯为核心的非市场型社会向以权利和契约为核心的市场型社会的转变。

来自法律专家们的研究表明,当前中国社会转型与法制现代化仍有矛盾或不契合处,在纠纷解决方式上存有不少制度性的困境,成为转型社会的不和谐因素:

其一,公权力主体主导性职权地位的制度扩张,相关权力制约机制和权利保障机制跟进不足,结果在中国法律秩序中出现司法权威与裁判可接受性的短路联接,呈现"司法怀疑主义增长、裁判可接受性差"的尴尬局面;

其二,私权利主体之间合意的制度性弱化,往往不能形成纯化的合意以及正当的强制,结果在中国法律秩序中出现强制与合意的短路联接,呈现"强制不当、合意不纯"的制度困境;

其三,人际之间,包括公权力主体与私权利主体,强势群体与弱势群体之间的和谐状态遭遇诚信失范的"寒流",纠纷的现实解决与恢复平和秩序之间发生短路联接,出现"人际不和谐、司法不平等"的现实危机。

来自社会事实的诸多冲突,尤其是一系列特殊类型的案件和矛盾,构成法律实证研究的复杂背景,增加了法律实证研究的困难。当前中国存在一系列转型社会特征的冲突类型:

其一,现有经济体制下"经济利益纠纷案件"爆炸。在城市,主要有企业改制过程中出现的退股、分红纠纷;在农村,主要有农村土地承包和转让、土地征用或经济收益分配及因土地开发而引起的山林权属纠纷。纠纷中缠绕传统因素、现实利益、当地政策、社会稳定等多种因素交织,现有司法审判往往力有不逮,甚至徒增困境。

其二,现有行政体制下"与民争利案件"严重。在经济发展的欲求下,一些地方政府使用土地的冲动难以遏制,在建设规划、征地开发、城市拆迁等过程中不是让利于民,而是与民争利,由此出现的补偿纠纷、暴力

---

① 在实然层面,中国社会在社会类型上具有单位社会特征:单位作为一种制度,一种统治,一种社会结构,一种生活方式,一种依赖和寄托,在中国社会结构以及人们日常生活中的各个角落发挥着重要影响。参见李汉林:《中国单位社会——议论、思考与研究》,上海人民出版社2004年版,第3—12页。

执法问题不断。

其三,现行立法体制下"法律模糊地带案件"频繁。法无明文规定、法出多门且内部冲突、"行动中的法"与"书本中的法"的脱节,立法滞后性以及非规范性衍生一批疑难、复杂案件,在现实法律程序内难以获得及时公正解决。

其四,现行司法体制下"特殊维权方式案件"突出。刑事诉讼领域的冤狱问题、北京的"上访村"现象、地方政府部门"接访"现象、政绩考核"零上访"指标现象、农民"群体性事件"等背后交织着隐性诉讼及其潜规则、执行困境、权利救济缺失等问题。

法律外部各种社会条件的复杂,法律内部环境的不成熟、不规范等,可能导致法律实证研究的可控性因素相对模糊,不可控因素"恶性"增长。法律实证研究处理不慎,很有可能诱使一些制度风险,危及转型时期的社会秩序与法律秩序。中国转型社会下的特殊风险直接影响法律实证研究在制度层面的历史使命——寻求安定的社会秩序和逐渐生长的法律秩序。在中国司法改革层面的实例,积累了许多经验,但教训也很深刻。(参见例5-5)

例5-5 问题意识下的中国司法改革

在中国转型社会中,司法改革的正当性在于,根据社会发展的制度需求作出灵活性的调整有利于弥补来自立法的滞后性。但是,司法改革过程中暴露的问题也相当明显,遭受许多批评,值得在法律实证研究中加以借鉴进行风险管理。……目前的司法改革缺少统一的思路和指导,基本上是各自为政。有学者指出,司法改革缺乏统一的灵魂:"法院搞一套,检察院搞一套,司法行政部门又搞一套。各项改革措施各不衔接,相互矛盾。更有甚者,提出的一些改革措施着重点在于加强自己部门的权力。这不是司法改革,而是在搞割据。对此,中央和立法机关并没有提出明确的方案和思路,致使司法改革各自为政,各行其是。"[1]很多司法改革措施涉及国家的基本诉讼制度和司法制度,法律被弃置一边,或者被"废除"。譬如,有些法院自行施行审判长责任制、全国法院总共制订了三百多个证据规则,有些法院自行设置小额诉讼程序,有些法院将应当适用合议制审理的案件,改用独任制审理等等。

---

[1] 来自对杨立新教授的访谈,参见赵凌:《司法酝酿重大改革》,载《南方周末》2003年8月14日。

（二）法律实证研究的风险管理

在中国转型社会寻求安定的社会秩序和逐渐生长的法律秩序,这对法律实证研究中风险管理提出的方法论要求:一是不能危及,而应优化宪法秩序;二是避免毁损,而应优化司法体制;三是不得销蚀,而应维护公序良俗。

在建国后一段时间内,中国曾以意识形态为基准,以阶级分析为方法对清末变法以来法学方法的探索予以否定。譬如,"中华民国"时期六法全书及法学体系不仅被全面废置,"旧法学家"也被进行系统化的纪律训导。在20世纪80年代后,法学研究中"禁区"日益减少,研究方法日益多元化。当前,来自自然风险、威权主义、无政府主义等对法律实证研究的影响较为少见。主要的风险类型集中在项目规划风险、项目运行风险和项目推广风险上。如何对这些风险进行有效管理,是中国法律实证研究进一步发展的关键所在。

1. 管理项目规划风险

在中国,增进项目规划与中国社会的适应性是管理其风险的核心。这也是发现中国问题、提升"中国模式"、总结中国理论的要求。其方法,一是在项目规划时,加强对中国法律的权威性、民族性、宗教性、阶层性和社区性方面实证研究,要实现法治主义的本土化,这些研究问题是无法绕开的;二是在项目规划时,注意研究问题与现有法律规范、司法体制、社会观念、执法理念和社会支持等因素是否契合。这种契合不是简单的被动的适应,而是具有方法论上的实证性,可用以积极改造这些因素,实现这些因素的内在超越和合理配置。(参见例5-6)

例5-6　规划设计与法律政策关系

在"未成年人取保候审"与"未成年人酌定不起诉"实验研究中,其规划设计与最高人民检察院全面贯彻宽严相济刑事政策、完善了办理未成年人犯罪案件的工作制度是契合的。因此,在项目运行中,其受到的阻力和风险将大大限缩。当时,最高人民检察院要求:各级检察机关按照最高检院的统一部署,积极探索刑事和解等落实宽严相济刑事政策的具体措施,完善对未成年人犯罪案件由专门机构或专人办理以及社会调查、亲情会见、分案起诉等办案制度,建立轻微刑事案件的快速办理机制,扩大简易程序和简化审理程序适用,为有效化解社会矛盾,构建社会主义和谐社会服务。

一个科学、规范的项目规划可以使法律实证研究者少走很多弯路。譬如,在中国一地进行法律实证研究,应使项目规划尽量符合天时、地利和人和因素要求;在一单位进行法律实证研究,项目规划需要在一定程度上妥协单位内特殊的组织压力、竞争压力及其潜在规则;开展与法律变革相关的法律实证研究,项目规划能否说服决策层提供人力、物力、财力等上的支持,能否与当时的法律政策契合相当重要。这意味着,在项目规划上,要合理考量意识形态,遵守意识形态的禁忌性规范,允许一定范围和程度上的妥协。

2. 管理项目运行风险

法律实证研究在项目运行中出现一些之前不可预知,或者事前已经预知但不可避免的瑕疵,这并不值得大惊小怪。但是,一旦项目运行中发生风险,即需要认真对待。其可能造成严重的社会危害性。(参见例5-7)

例5-7 "刑事和解"实验研究中的项目运行风险

在"刑事和解"实验研究的规划设计中,其风险预防方案包括:防止刑事和解中的权力滥用、防止刑事和解中以钱赎刑、防止刑事和解中显失公平?

但是,反思刑事和解的实施过程,实验研究是否严格避免上述三种风险?在项目运行中,以下因素可能导致风险:

• 权力滥用:即办案人员可能因为权力寻租促成不符合条件的和解。其主导因素包括:一是通过权力寻租,办案人员可以虚构一个充分善意的加害人,修复与被害人关系;办案人员可以暗示被害人不利结果以诱使其答应和解;办案人员可以通过除了金钱之外的多样化的赔偿方式优先照顾有利害关系者;由于和解的过程牵涉较大司法成本,与数量化的考核指标有一定冲突,办案人员对于诉讼流水线上的没有任何关系因素的案件往往忽视自己的和解主导权力。这容易造成和解过程中司法的不平等。

• 以钱赎刑:即加害人可以通过金钱的力量实现不符合条件的和解。其主导因素包括:一是金钱在当前转型社会各阶层的生存和发展中居于重要地位,多数人在达到"临界点"数量的金钱面前都可能动摇,包括被害人及其近亲属;二是加害人可采取"逐步增加金钱数量"的方法对被害人及其近亲属、办案人员施加诱惑和压力;三是很多被害人及其近亲属不存在对公益劳动、劳务补偿的需求,而是将金钱视为判断加害人悔意的核心依据。在一、二、三因素的作用下,以钱赎刑成为被害人与加害人合谋超越罪刑法定、罪刑相当等法治原则的自私选择。在这一过程中,由于和解可能带来退回公安撤销案件、不起诉、量刑从轻等实质性好处,实际上为律师的刑事业务带来了较大的利润空间。与办案人员存在利益关系的律师可以在一定条件下操纵刑事和解。

● 显失公平:即被害人通过高于实际损失的收益实现和解。其主导因素包括:一是被害人通过刑事和解感受到自己诉讼地位和权利的提升,这种直线上升的状况容易造成其在权利感上的膨胀;二是多数加害人在面临诉讼时都或多或少有"关系优于法律"的经验性判断,对于刑事和解都或多或少有藉此减轻处罚的欲望;三是当膨胀遭遇欲望,可能促使被害人漫天要价,超越实际损失,提出较高要求;如果被害人在当地具有一定的关系资源,可能会进一步加深显失公平。

在项目运行中,发生运行瑕疵的,需要对可控因素进行控制:方法之一是及时调整研究方案。具体包括局部调整和全盘调整。在发生无法预料到的突发性社会事件时,应紧急启动风险救济方案。方法之二是改变自变量或者控制变量,在可控的条件下继续进行实证研究。

在项目运行中,许多运行瑕疵是由不可控因素促成的。对此,在风险预防和风险救济无效的情况下,可做的工作是准确归纳研究遭遇瑕疵的各种条件,分析不可控因素的类型特征或作用机理,为以后法律实证研究提供经验与教训。(参见例5-8)

例5-8 "刑事和解"实验研究中项目运行风险的管理

在"刑事和解"实验研究的规划设计中,为管理项目运行中的和解风险,包括权力滥用、以钱赎刑和显失公平,具有以下解决方案。当然,其实际效果如何,有待具体评估。

● 控制权力滥用方案:一是对于刑事和解案件进行风险评估,严格依据信息调查评估有无和解可行性;二是通过团体而非个人决定是否刑事和解;三是进行刑事和解要求充分认罪、充分赔偿、充分谅解;四是强化惩戒司法腐败措施。

● 控制以钱赎刑方案:一是强化办案机关对和解协议进行合法审查功能;二是除了金钱给付以外,鼓励根据案件情况和公序良俗探索多样化补偿方式;三是即使加害人无法提供金钱补偿,在根据严格指标考察可确认加害人充分认罪、提供公益劳动消除犯意等的,也可进行和解。四是严

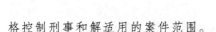

格控制刑事和解适用的案件范围。

● 控制显失公平方案:一是强化办案机关对和解协议进行公平审查功能,即使当事人双方达成和解,对于显失公平的,也可实施撤销;二是赋予达成和解双方对于显失公平协议的申请救济权;三是强化办案人员对与当事人双方的法制教育、心理辅导工作,克服偏见、报复等主观因素。

在一些法律实证研究项目中,虽然一些因素不可控制,但可施加积极影响。譬如,在人的方面,针对参与者可能存在的有限理性、机会主义倾向、竞争压力、权力寻租和组织压力等,可以通过专门业务培训、法制教育、心理辅导等机制,减少其对实证研究的消极影响。在涉及诉讼案件的法律实验研究中,控制项目运行中的风险往往需要做好附加义务体系、司法工作机制的配套工作。(参见例5-9,例5-10)

例5-9 被取保候审人及保证人、监护人义务须知

在"未成年人取保候审"实验研究中,为防止被取保候审人逃匿、重新犯罪等,在合法的前提下确立了对被取保候审人和保证人、监护人的一些附加义务。

被取保候审人及保证人、监护人义务须知

第一条 被取保候审人应当遵守《刑事诉讼法》第56条规定的义务:

(一)未经执行机关批准不得离开所居住的市、县;

(二)在传讯的时候及时到案;

(三)不得以任何形式干扰证人作证;

(四)不得毁灭、伪造证据或者串供。

同时,取保候审决定机关可对其附加以下义务:

(一)提交保证书:保证不妨碍诉讼的顺利进行;并不得有下列不良行为:

1. 属于在校生的,无故旷课、逃学;

2. 酗酒;

3. 携带管制刀具;

4. 打架斗殴,辱骂他人;

5. 强行向他人索要财物;

6. 参与赌博或者变相赌博;

7. 观看、收听色情、淫秽音像制品、读物等;

8. 进入特定的成人娱乐场所以及网吧、游戏厅等场所;

9. 吸食、注射毒品;

10. 无正当理由,脱离监护人在外单独居住;

11. 其他违反法律法规,危害社会的行为。

(二)提交定期报告:每周要到取保候审决定机关书面报告工作、学习、生活情况;

(三)参与有关机构举办的专门性法制教育和心理辅导;

(四)定期参与特定的社会公益性工作;

(五)在夜间24点后不得外出;不得夜不归宿;不得离家出走;

(六)不得进入特定的成人娱乐场所以及网吧、游戏厅等场所;

(七)属于单位职工的,不得无故请假或旷工;外出出差,必须经过取保候审决定机关同意;

(八)不得与同案犯见面、通话或联络;

(九)变更居住地点的,及时报告;

(十)当被害人特别提出请求时,不得与被害人接触;

(十一)其他。

被取保候审人违反《刑事诉讼法》第56条规定的义务,或者被违反以上附加义务且情节严重的,已交纳保证金的,没收保证金,并依法变更强制措施;被取保候审人未违反《刑事诉讼法》第56条规定的义务和以上的附加义务,或者违反以上附加义务但情节不严重的,取保候审结束时,应当退还保证金。

第二条 保证人应当履行《刑事诉讼法》第55条规定的义务:

(一)确保被取保候审人履行前条规定义务;

(二)发现被保证人可能发生或者已经发生违反《刑事诉讼法》第56条规定的行为的,应当及时向执行机关报告。

同时,保证人还应遵守如下附加义务:

(一)发现被取保候审人有违反第1条规定的行为,及时向取保候审决定机关报告;

(二)每月向取保候审决定机关书面报告被取保候审人工作、学习、生活情况;

(三)督促或组织被取保候审人参与专门性法制教育和心理辅导、定期的社会公益性工作;

(四)其他。

保证人有违反其义务的行为,取保候审决定机关可予以训诫,情节严重的,可处以罚款,司法拘留;构成犯罪的,依法追究刑事责任。

对于采取保证金方式取保候审的,被取保候审人的监护人承担以上保证人的义务。

开始时间＿＿＿＿＿　　结束时间＿＿＿＿＿

盖章(办案机关)　　被取保候审人签名＿＿＿＿＿

被保证人或监护人签名＿＿＿＿＿

例 5-10　被不起诉人及监护人义务须知

在"未成年人酌定不起诉"实验研究中,为防止被酌定不起诉人重新犯罪等,在合法的前提下确立了对被酌定不起诉人和监护人的一些附加义务。

被不起诉人及监护人义务须知

第一条　人民检察院作出酌定不起诉决定的,应当对被不起诉人予以训诫或责令具结悔过、赔礼道歉、赔偿损失,或者由主管部门予以行政处罚或者行政处分,并可以对被不起诉人在半年内附加如下义务:

(一)提交保证书:保证不再违法犯罪,并不得有下列不良行为:

1. 属于在校生的,无故旷课、逃学;

2. 酗酒;

3. 携带管制刀具;

4. 打架斗殴,辱骂他人;

5. 强行向他人索要财物;

6. 参与赌博或者变相赌博;

7. 观看、收听色情、淫秽音像制品、读物等;

8. 进入特定的成人娱乐场所以及网吧、游戏厅等场所;

9. 吸食、注射毒品;

10. 无正当理由,脱离监护人在外单独居住;

11. 其他违反法律法规,危害社会的行为。

(二)提交定期报告:每半月要到人民检察院书面报告工作、学习、生活情况;在外地工作或就学的,可通过邮寄方式提交定期报告;属于在校生的,定期报告须由班主任或校长签名;

(三)参与有关机构举办的专门性法制教育和心理辅导;

(四)定期参与特定的社会公益性工作;

（五）不得与同案犯见面或通话；

（六）当被害人特别提出请求时，不得与被害人接触；

（七）在传讯的时候及时到案；

（八）在夜间 24 点后不得外出；不得夜不归宿；不得离家出走；

（九）其他。

第二条　人民检察院在决定不起诉时，可对被不起诉人的监护人附加如下义务：

（一）确保被不起诉人履行前条规定的附加义务；

（二）发现被不起诉人有违反第 1 条规定义务的行为，及时向人民检察院报告；

（三）每月向人民检察院书面报告被不起诉人工作、学习、生活情况以及遵守义务情况；

（四）督促或组织被不起诉人参与专门性法制教育和心理辅导、定期的社会公益性工作；

（五）其他。

被不起诉人或其监护人违反其义务的，人民检察院可予以训诫，情节严重的，可处以罚款、司法拘留。被不起诉人在半年内，重新犯罪的，从重处罚。

开始时间_____　　　结束时间_____

盖章（办案机关）　　　被不起诉人签名_____

　　　　　　　　　　　监护人签名_____

3. 管理项目推广风险

在法律实证研究结项后，并不意味着可以高枕无忧、皆大欢喜。更为繁重的任务还在项目评估及其推广上。这是因为，法律实证研究，尤其是法律实验研究，往往被限定在一定领域和一定范围进行，而且是在控制自变量和控制变量下进行的，其研究具有条件依赖性；一旦将其扩大，其面临的不可控因素增加，外部条件更加复杂，之前法律研究的结论可能发生变化。究竟如何进行项目推广，避免不被认可或者"南橘北枳"等风险是各国法律实证研究的难题。忽视法律实证研究项目评估以及推广，可能滋生伪实证主义或者"软脚虾"实证主义。

在当前，中国一系列法律实证研究项目开始重视有效性评估和对外推广。评估和推广的策略大致包括：（1）撰写、出版书籍；（2）新闻媒体报道;(3)与参与的法律机关合作;(4)提交立法建议或报告;(5)召开会议;(6)与特定机构或团体沟通;等等。同时,一些法律实证研究项目在评估和推广上存在较多缺陷,影响了其可持续性发展。譬如,进行研究的次数和频率十分有限,相应的追踪机制不充分,基于利己主义等扩大成效。其背后原因,经费保障不足、支持力度不够是重要因素。

值得反思的是,一些研究成果喜欢追逐时髦,仅依据极少个案即建构宏大理论体系,而且标榜以实证研究。对此,学术界不乏质疑:"有一个学术现象很有趣:当我们对几百个案件样本进行定量分析时,人们会通过质疑这区区几百个样本的代表性而拒斥定量研究,但反过来,对那种仅用一两个实例就可以论证宏大理论的研究,反而不从样本代表性的角度审视理论本身。"[①]

管理项目推广上的风险,需要考虑中国地区发展的不平衡性,强化样本的代表性,增强项目评估的客观性。对此,可进行如下操作管理风险:一是增加法律实证研究的地域代表性,尽量保持东西或南北位置上的平衡、发达与落后角度上的兼顾;二是对法律实证研究的推广本身进行风险评估。这时的评估,应基于研究结论,分析其生成条件,进一步探讨的可能,总结其与扩大后社会条件的适应性。在必要时,可以增加进行法律实证研究项目的次数和频率。

在管理法律实证研究上的风险时,我们看似大有作为,其实不尽如此。德国社会学家贝克的话又让人回归忧郁和理性:"'不确定性回归到社会中'首先意味着越来越多的社会冲突已不再被当作秩序问题而是被当作风险问题。这些风险问题的特征是没有确定的解决办法;更确切地说,它们的特点是一种根本性的矛盾,这种矛盾可以通过可能性计算加以领会,但却不能通过这种消除。"他作出了这样的预测——现代文明越发展、科技越进步,不确定性就越明显,也就是说,我们就越危险。这为法律实证研究铺设了一条荆棘道路。

---

① 白建军:《少一点"我认为",多一点"我发现"》,载《北京大学学报》(哲学社会科学版)2008年第1期。

第六章 法律实证研究的伦理责任

如使用一些不切实际的方法一样,有些研究方法会因为伦理上的禁忌或政治上的困难而难以进行。

——〔美〕艾尔·巴伦①

许多对于优秀社会科学的伤害,都是由于在研究时,研究者偷偷摸摸地在构成结论的论点中隐藏了他们的意见,而假装是公正无私所造成的。没有人能做到真正的客观,有关社会的本质当然无从客观:因为太多个人利害关系会涉入其中。

——〔美〕Kenneth Hoover,Todd Donovan②

科学研究有无伦理上的界限?这在人类社会是一个极其尖锐而现实的问题。一些科学家,为科学目的,或假科学之名,往往放弃自身的伦理责任。譬如,为达到研究目的不择手段、不顾社会后果、屈从于政治强权和不当利益等。社会科学的目的应是改善人类的生活品质。在法律实证研究中,研究者以及参与者等是否坚持伦理的界限,以及遵循什么样的伦理责任,这是决定法律实证研究能否顺利开展的一个重要的主体性条件。

在当代中国,不乏违反学术伦理的事例以及批评声音。一些落后的学术思维和习惯深刻存在。这与自上而下的知识生产体系、存在数量化倾向的学术评价体系以及社会环境等因素密切相关。借鉴其他学科关于

---

① 〔美〕艾尔·巴伦,《社会研究方法》,邱泽奇译,华夏出版社 2005 年版,第 61 页。

② 〔美〕Kenneth Hoover,Todd Donovan:《社会科学方法论的思维》,张家麟译,刘佩怡校,韦伯文化事业出版社 2001 年版,第 9 页。

伦理责任的探讨,完善法律实证研究中的伦理责任,促进其研究过程的科学精神和研究结论的真、善品质,是中国法律实证研究迫切需要解决的现实问题。

一、基本类型:科学研究中伦理责任

科学研究与伦理责任的关系如何？韩国的首位"最高科学家"黄禹锡在2005年11月24日辞去"国际干细胞研究中心"主席职务时的致辞十分精辟:"伦理与科学是驱动人类文明前进的两个车轮。"但遗憾的是,黄禹锡随后因"伪造、篡改和剽窃"曝光,被"地球人"痛斥为"学术骗子"。几乎同时,来自东京大学教授多比良和诚的论文造假事件和挪威癌症专家论文造假事件也逐渐浮出水面。翻阅科学史,不难发现,科学研究在伦理责任上的危机还不仅于此。一些科学家,为科学目的,或假科学之名,往往放弃自身的伦理责任,为达到研究目的不择手段、不顾社会后果,屈从于政治强权和不当利益等。

> 在2004年,根据调查,美国遭到举报后披露的科研造假案达到274起,比2003年增长50%,创下有史以来最高纪录。根据美国社会学家进行的一项调查显示,超过1/3的科研人员承认在过去3年中有过不端科学行为。①

科学家们怎么了？

在当代学术界,大家普遍认为,没有伦理底限的科学研究几乎等于犯罪,而且事实上造就了许多犯罪。在科学研究中遵循伦理责任,随着社会时代的变化也在发生变迁。但其主线是明确的,科学研究应具有求真与求善的双重品格。科学家掌握了专业科学知识,他们比其他人能更准确、全面地预见这些科学知识的可能应用前景;在伦理责任的约束下,他们还应去预测评估有关科学的正面和负面的影响,以减少科学风险。

在科学研究中遵循怎样的伦理责任,这在学术界的讨论中,主要有以下五个类型:

其一,追求价值中立。17世纪,英国皇家学会的科学家以向保皇党保证保持价值中立,不插手神学、形而上学、政治和伦理的事务,作为获得

---

① 肖显:《伦理与科学的驱动 三成科学家曾作假背后》,载《世界科技报道》2006年1月24日。

自由发表文章和通信权利的交换条件。马克斯·韦伯、默顿等人强调科学共同体的行为规范,提出"为科学而科学",做到知识上的诚实、普遍性、公有性、无利益性、系统的怀疑主义、独创性、谦虚、理性精神、感情中立、尊重事实、不弄虚作假、尊重他人的知识产权等伦理责任,产生了深远影响。

其二,强调整体秩序。1949 年《纽伦堡法典》,强调科学实验要遵循知情同意、有利、不伤害、公平、尊重等原则。具体而言,科学研究应遵循人道主义原则、动物保护原则和生态保护原则。在自然科学研究中,其具体包含两项规则:(1) 不得大规模灭毁生命物质规则,譬如,对植物和动物的研究不能过分以人类为中心实施严重侵害其生命的行为。当然,在不影响其物种存续情形下,可进行一定范围和程度的侵害性研究。最为直接的证据是对小白鼠、羊和牛等的病毒分析、基因改造、器官移植研究。(2) 不得危及非生命物质规则。这以自然环境保护方面的经验和教训最为显著。根据绿色社会中人类与环境的和谐原则,它要求科学研究不得制造环境灾难。

其三,突出为大众服务。20 世纪 30 年代以贝尔纳、李约瑟、C. P. 斯诺等人为代表的一批英国进步学者,认为科学家不应该躲在象牙塔中而应该为大众服务、为大众理解,有责任用科学为人类造福。

其四,呼吁为人类和平服务。1940 年前后,有关原子武器的争议带来了科学研究目的的的探讨。"二战"后,以爱因斯坦、尼尔斯·波尔等为代表的科学家们呼吁科学研究应用于和平目的,避免用于战争。

其五,要求有效披露潜在危机。1974 年生物学家伯格发表公开信自动暂停重组 DNA 研究,引起对基因研究的潜在危害的讨论。当一项正在进行的研究可能破坏生态平衡、物种或人类和平时,科学家被认为有责任停止研究并向社会公开这一研究的潜在危机。1984 年在瑞典乌普萨拉制定的《科学家伦理规范》中规定:当科学家断定他们正在进行或参加的研究与这一伦理规范相冲突时,应该中断所进行的研究,并公开声明作出判断时应该考虑不利结果的可能性和严重性。

在实践中,追求价值中立、强调整体秩序、突出为大众服务、呼吁为人类和平服务和要求有效披露潜在危机五个伦理责任的类型具有统一趋势。但是,需要注意的是,在现代社会,由于科学技术已经被深深打上了意识形态的烙印,实际上很难苛求科学家的个人行为选择达到多重标准的统一。

在一些国家和地区,受社会经济状况、学术评价体系等因素影响,一些科学家仍把科学研究作为谋生的职业,为实际的功利目的"鞍前马后"。对于他们而言,来自伦理责任的约束往往比较脆弱。

二、基本原则:法律实证研究中伦理责任

从法律实证研究的适用场域来看,法律实证研究并非拘泥于实验室内,而是在特定的社会场域针对各种法律信息而展开。在法律实证研究中,需遵循怎样的特殊的伦理责任?

社会是变化的。社会事实方面的不可控因素以及在人方面的不可控因素加深了包括法学在内整个社会科学关于伦理责任的思考。在社会学实证研究中,伦理责任问题被抬及影响研究方法科学性的一个决定性因素。艾尔·巴伦主张:"社会发展与科技进步都会影响到社会研究方法的采用及规范,但保护研究对象的伦理、法律框架,自由、仁慈和正义三项原则的重要意义是不容忽视的。"① 为此,他密切关注其中伦理问题并主张在研究方法中实行以下几项普遍流行的伦理准则,譬如,自愿参与、对参与者无害、匿名与保密、无欺骗、不隐瞒研究缺点、自动接收审议和坚持职业伦理规范等。② (参见表6-1)

与社会学不同的是,法律实证研究围绕各种法律信息展开,而且一般具有如下作用:描述特定法律现象、解释法律的某种原因、预测某个法律现象或后果、评价某种法律实践的实际效果、直接作为立法参考等。由此,在伦理责任的内容上,法学与社会学的要求有所差异:譬如,法律的阶级性、强制性等属性决定了法律实证研究在伦理负担上必须坚持谨慎又谨慎的态度,因为一项法律实证研究结论获得推广可能影响成千上万人的生活,甚至国家和社会的基本秩序;又如,法律实证研究必须考虑来自法律人思维方式的特征、法律职业道德的要求,这实际上是超越普通人日常观念的一种"一般理性标准"。

① 〔美〕艾尔·巴伦,《社会研究方法》,邱泽奇译,华夏出版社 2005 年版,第 71 页。
② 同上书,第 61 页。

表 6-1　职业伦理规范:《美国民意研究协会行为规范》(1)、(2)

《美国民意研究协会行为规范》(1) ①
规范 I　工作人员的职业实务原则
A. 谨慎收集和处理资料,采取所有合理的步骤来假设结果的正确性。
B. 谨慎进行研究设计和资料分析。
1. 根据职业判断,采取最适合于手中研究议题的研究工具和分析方法。
2. 不应为了得出符合自己意愿的结论,而选用特定的研究工具及分析方法。
3. 不应故意曲解研究结果或策略性地采用与现有资料不符合的解释。
4. 不应暗示我们的解释比实际材料有更高的可信性。
C. 在所有的研究报告中,应该准确、详尽地叙述研究发现与研究方法。
《美国民意研究协会行为规范》(2) ②
规范 II　在与人打交道时的职业责任
……B 客户或资助人
1. 对于所取得的客户资料和为客户所做研究的结果,除非客户正式授权发布,否则应该遵守保密的原则。
2. 应该清楚自己在技术与设备上的限制,只接受可在该限制下能顺利完成的工作。
……D 研究对象
1. 不应欺瞒研究对象或使用虐待、强迫或羞辱研究对象的策略或方法。
2. 应当保障每一位研究对象的匿名权,除非研究对象为了特殊目的放弃匿名保护。除此之外,对所有足以辨认研究对象身份的资料应该严加保密。

　　我们经常看到,在刑事法律类的法律实证研究培训中,一般要求研究者对于犯罪嫌疑人、被告人的罪行不得"疾恶如仇",而应坚持"无罪推定"态度以及超然中立的立场;作为参与者的律师们仍需为他明知有罪的人辩护;在民商法等私法领域,要求不能强迫参与者参与实证研究,尽量考虑参与者的经济利益、隐私权利等。

　　孙笑侠在《法律家的技能与伦理》一文中将法律家的思维方式阐述为五个方面,其中也蕴涵一定的伦理责任:(1)运用术语进行观察、思考和判断;(2)通过程序进行思考,遵循向过去看的习惯,表现得较为稳妥,甚至保守;(3)注重缜密的逻辑,谨慎地对待情感因素;(4)只追求程序中的真,不同于科学中的求真;(5)判断结论总是非

---

① 参见 American Association for Public Opinion Research, By-Law (May 1977),转引自〔美〕艾尔·巴伦著:《社会研究方法》,邱泽奇译,华夏出版社 2005 年版,第 72 页。
② 参见 American Association for Public Opinion Research, By-Law (May 1977),转引自〔美〕艾尔·巴伦:《社会研究方法》,邱泽奇译,华夏出版社 2005 年版,第 72 页。

此即彼,不同于政治思维的"权衡"特点。① 法律家的上述技能与伦理要求在与诉讼案件相关的法律实证研究中表现较为明显。

总体而言,在法律实证研究的实施中,与社会学等具有较大类似性,并主要体现在以下自愿参与、参与无害、有限欺骗和有效披露四个基本原则上:

（一）自愿参与原则

在法律实证研究中,自愿参与原则,是指研究者要保证参与者自主决定是否参与到研究中。该原则之所以获得广泛认可,并在多数涉及人的调查研究、观察研究、实验研究等中得到切实遵守,反映了法律实证研究在内的科学研究对人性的尊重,尤其是对人的行为和观点自主权的尊重。在法律实证研究中参与者是主动、积极,还是被动、消极提供基本信息给研究者,这直接影响信息收集和分析的质量和水平。尤其是在法律实验研究中,虽然多控制在一定组织单位和一定案件范围内进行,但对法律规则或操作方式有所改变,这对参与者而言,不尊重其自愿参与权利,容易侵犯其应有的法律保障。

在法律实证研究中,自愿参与原则的探讨主要围绕与法律信息相关的当事人展开。根据法的强制性特征,在法律诉讼阶段的当事人在内心上很难说是自由的。这时能否真正保障当事人的自愿参与,学术界存在不少质疑。譬如,在一些刑事法律实证研究中,往往涉及犯罪嫌疑人或被告人的参与。他们往往处于刑事追诉或刑事执行状态,有的还正被羁押。在他们参与的法律实证研究中,为保障其自愿参与性,理想的状态是赋予他们知情权、被告知的权利和自主选择的权利的"三重权利"。在未成年人等限制诉讼行为人的项目中,为保障其自愿参与性,应然的办法是补充征询其法定代理人的意见。但是,研究者往往担心:一旦完全如实告诉他们并保障其"三重权利",许多研究结论的得出恐怕变得十分困难。当事人往往基于各种理由回避对自己不利的信息。

当然,也有很多实证研究的开展本身不需要或无法征询参与者本人的意见。譬如,涉及死者的法律实证研究;不涉及面对面沟通的数据收集等。这里需要注意的是,不咨询意见并不意味着可以放松对参与者隐私、名誉权等的保护。

---

① 孙笑侠:《法律家的技能与伦理》,载《法学研究》2001 年第 4 期。

在法律实证研究中,与自愿参与原则相对应的是"官僚主义倾向",即对参与者不告知其详情,不征询其意见,径行按照自身需求进行实证研究。有的调查研究往往利用沟通语境、沟通媒介等不规避资源参与原则,这导致在问卷设计、访谈语言中存在信息失真现象;在一些观察研究中,研究者进入研究场域看似进行了意见咨询,但在观察时不尊重一地的风土人情以及习惯法,恣意突破之前意见咨询"所许可的范围"。"偷拍偷录"似乎成为一些实证研究者的癖好,而且受到猎奇者和功利主义者的推崇。①

参与者要获得实质的自愿性,可明确:在"不违反法律强制性规定"的前提下,参与者享有对是否参与实证研究的充分处分权,期间应免受物质诱惑、心理折磨等"内在压迫环境"或肉体折磨等"外在压迫环境"。法律宜明文禁止对参与者是否参与实证研究施以"内在压迫环境"或"外在压迫环境"。如此,参与者自愿的情况下,其意思表示真实、有效的可能性更大;这种主导性地位也往往能增长他们参与实证研究的积极性。(参见例 6-1)

例 6-1 刑事和解中参与自愿的保障性程序

全美律师协会刑事司法部曾经在 1994 年 8 月向代表大会提交的报告中就当事人自愿参与刑事和解提及了相关的保障性程序:(1) 参与刑事和解程序的加害人与被害人必须完全自愿;(2) 加害人与被害人的程序性目的必须以书面的方式予以确认,并通过适当的程序实现这些目的;(3) 拒绝参与刑事和解绝不会对加害人产生任何不利影响。② 其中,解决"内在压迫环境"的关键在于明确"和解不成不为过":当事人达不成协议或者达成协议后根据协议允许一方反悔的,不能因此使一方当事人陷入不利境遇或承受不利负担。譬如,在刑事和解中,加害人和受害人在和谈过程中陈述的与定罪量刑有关的犯罪事实,不得作为拒绝和解以后刑事诉讼程序中定罪量刑的证据。解决"外在压迫环境"的关键在于在合意、非合意的判断甄别中,应从内心意思自治的主观探求转变为外在合法

---

① 相关论述参见雷小政:《心灵体验:法律实证研究四个伦理原则》,载《中国社会科学院报》2009 年 6 月 25 日;雷小政:《一米阳光:我所观察的被害人救助》,载《法制日报·周末》2009 年 3 月 19 日。

② Jan Bellard: Victim of offender mediation, The Fall 2000 issue of "The Community Mediator", the newsletter of the National Association for community Mediation.

律性的客观判断。具体而言,基于法官等主持者违反法定程序、强制(无效)和解情形、基于和解标的违反法律强制性规定,判断为非合意。①

需要注意的是,在法律实证研究项目中,参与者的自愿与非自愿往往被格式化处理。这是因为,在司法实践中许多参与者难以把握自己的心理状态,也难以作出"泾渭分明"的描述。一些貌似自愿参与的个体也可能隐藏着不可告人的秘密或者虚伪的个人动机。这需要研究者对参与者自愿性作出细致、耐心的甄别以及外在的、程序的保障。

(二)参与无害原则

在法律实证研究中,参与无害原则,是指研究者要保证参与者不能因为参与研究而遭受损失。其要求,一是法律实证研究应防止参与者因为参与研究而受到物质损失或心理伤害;二是研究者就研究资料的使用及披露不能给参与者造成伤害。后者在有效披露原则中也有所体现。参与无害原则要求一般性、原则性地禁止侵犯参与者的隐私权等,除非参与者根据风险评估在自愿的基础下作出真实的允诺。

在法律实证研究中,一些研究方式运用不当,极容易伤害参与者。譬如,在调查研究中,许多法律信息涉及参与者的隐私内容,譬如,成长经历、身体状况、联系方式、性交历史、财务状况等一些平常不愿回顾或曝光的信息。一些研究者认为,获知这些信息能增加研究的效率和深度、广度。因而在这些信息的收集和分析以及事后披露上以研究者利益至上,忽视这些信息在参与者所在的人群中间,乃至整个社会中可能造成诸多消极影响。

在刑事法律、行政法律、诉讼法律等公法、强制法领域进行实证研究,应确立禁止不利于被追诉人、禁止不利于行政相对人等具体原则以保障参与无害原则的实现。这是因为,在这些法律部门,授权具有法定性,超越法律对参与者施加有害影响,违反了法定主义、法律的可预测性等基本理念。一些法律实证研究项目貌似以多数人正义为目标,实际以牺牲参与者利益为代价。这无论在制度安排,还是实证研究来看,都有违正义的基本准则。

根据罗尔斯的理论,无论我们以什么样的理由来否定任何一个

---

① 关于强制和解情形的归纳,参见〔日〕木川统一郎:《民事诉讼法改正问题》,成文堂1992年版,第145页。

公民的自由都是不正义的,不管是因为维护秩序还是提高效率。他指出:"每个人都拥有一种基于正义的不可侵犯性,这种不可侵犯性即使以社会整体利益之名也不能逾越。因此,正义否认为了一些人分享更大利益而剥夺另一些人的自由是正义的,不承认许多人享受的较大利益能绰绰有余地补偿少数人的牺牲。所以,在一个正义的社会里,平等的公民自由是确定不移的,由正义所保障的权利决不受制于政治的交易或社会利益的权衡"①,"作为一种无论何时何地都属于全体人类的人权概念,它不仅忽视了文化的多样性,而且忽视了人的个性的社会基础"。② 由此,法律作为一种制度安排首先应该尊重和注重个体的利益,那种扼杀人的个性和自由的法律就是恶法。在实证研究中借口多数人倾向和利益而抹杀个人利益的做法也是值得怀疑的。

在实际运行中,坚持匿名与保密两项研究方法有利于实现参与无害原则。在具体标准上,当研究者无法辨认哪种反应属于哪个参与者的意见时,这个参与者就是匿名的。当研究者能够指认特定参与者的回答,但承诺不会将其公开时,该研究就达到了保密的要求。匿名的研究方法可以使得参与者作出较为详尽和准确的回答,但此种研究方法使得研究资料回收的可能性降低。通过事前伦理教育、过程集中收取、事后规范使用并及时销毁等方式可以促进保密性的实现。(参见例 6-2)当然,这种研究方法可能影响实证研究的推广。

例 6-2　警车与警服:与参与无害原则的冲突

在"未成年人取保候审"实验研究、"未成年人酌定不起诉"实验研究、"刑事和解"实验研究中,研究者在收集与犯罪嫌疑人、被告人的有关信息时涉及对其所在社区的调查。此前,研究者是在办案人员的陪同下坐警车到达调查地点的。面对身穿警服的办案人员以及警车,不时出现人群围观、议论等现象。经调查,一些犯罪嫌疑人、被告人及其家属认为这样会影响他们的正常生活和在周围人群中的印象。在后来的调查中,研究者尽量避免坐有警察标识的车辆。在不得不使用警车的场合也将警

---

① 〔美〕约翰·罗尔斯:《正义论》,何怀宏等译,中国社会科学出版社 2001 年版,第 3—4 页。

② 〔英〕A.J.M.米尔恩:《人的权利与人的多样性——人权哲学》,夏勇、张志铭译,中国大百科全书出版社 1995 年版,第 6 页。

车停驻在远离调查地点不易发现的地方。研究者和陪行的办案人员都统一身穿便服。

为实现参与无害原则,可与参与自愿结合起来,确立"知情同意"(informed consent)制度。即研究前要告知参与者研究内容以及可能遭遇的危险,之后由其签署一个同意的声明。这种形式上的保障措施不仅运用便利,而且属于看得见的方式,容易救济。实现参与无害原则对研究人员的专业素养、沟通能力、表达方式等也提出了相应的要求。

（三）有限欺骗原则

在法律实证研究中,有限欺骗原则,是指研究者在一般情况下要真实告知参与者研究内容,但允许在特定情形下对参与者进行一定程度的欺骗,而且事后要向该参与者作出特别解释。有限欺骗原则的核心要求包括:一是少数的研究在性质上即要求不得不对研究对象进行某种程度上的欺骗。二是在研究结束后,研究者应向参与者进行必要的"专门解释",进行事后最大限度地弥补。

总体而言,在科学研究中,欺骗是一项不道德的行为。诚实是做人、做事之本。为此,作为一般性原则,研究者应向参与者表明自己的研究者身份、研究目的以及研究收益等研究内容。而且,有些实证研究,如果不说明研究者身份、研究目的以及研究收益,可能导致参与者的怀疑,甚至敌意,促使研究者无法获得预期收益。但是,充分的信息披露可能给一些参与者带来不必要的恐惧和内在的压力。有的参与者基于对研究本身的否定性评价或其他因素,可能选择回避的立场或者"睁着眼睛说瞎话"。

作为例外,特定的实证研究需要进行有限的欺骗。首先,研究者实施这种欺骗是善意,而非恶意的。其次,它具有抑制参与者提供谎言的功能。譬如,在法律实证研究可能给参与者带来超越法律的利益时,参与者往往基于机会主义倾向、竞争压力等,用谎言应对研究者主持的调查、观察以及实验等。这时,根据具体情境掩饰研究者身份、研究目的或研究收益等研究内容,可以获取参与者的主动、积极参与,提供真实的信息。(参见例6-3)最后,这种欺骗不得给参与者带来严重的消极的后果。这也是参与无害原则对有限欺骗原则的制约。

例6-3 取保候审中的有限欺骗

在"未成年人取保候审"实验研究中,一些被取保候审人和保证人在通过各种渠道知悉研究者对于取保候审"有实质性的建议权",有的甚至误解为"有实质性的决定权"后,实施虚假陈述等诚信失范行为。譬如,编造对自己有利的案件信息和个人信息,隐瞒或转嫁对自己不利的案件信息和个人信息。在原因调查中,有保证人称:"你们是北京来的专家,容易信任人,为家属们的行为感动,这是与办案人员最大的差别"。后来,在收集资料的过程中,研究者仅对犯罪嫌疑人、被告人及其家属等披露研究者对取保候审"具有一定的建议权,没有决定权"。① 此前的诚信失范行为有所减少。

在实证研究中,参与者都会对遭受欺骗感到懊恼、气氛,只是程度不同而已。因此,在事后的"专门解释"时,应考虑:一是此前有限的欺骗给参与者究竟带来多大伤害;二是事后的"专门解释"必须谨慎,而且需要选择恰当的语言和方法进行。对于损害结果,需要进行事后最大限度地弥补。这方面的成本预算在研究方案中应科学规划设计。

(四) 有效披露原则

在法律实证研究中,有效披露原则,是指研究者应向社会公众和同行诚实、充分披露在实证研究中遭遇的各种风险因素以及在研究结论方面的有限性。在法律实证研究遭遇外部风险、内部风险时,如何进行风险预防和风险救济,这是风险管理的重要内容。而且,风险管理的质量和水平如何,直接影响研究结论方面的有效性。对于研究者而言,对这些风险因素和在有效性上的不足如何在必要的时候进行合理披露,则是典型的伦理议题。

科学因开诚布公而进步,因自我保护和欺骗而受阻。② 为保障法律实证研究遵循伦理责任,需要即时跟踪并消除其中的隐患因素。

美国科学社会学家罗伯特·默顿提出的科学研究"自我管制机制论"认为,由于实验结果的可检验性、同行专家的严格审查,科学研究就能受到比任何其他领域"无法比拟的严格管制"。③ 因此,对于社会科学家们而言,有效披露是利人利己的事情。研究者将自己所采用的研究方法或技术中的缺点及错误向公众予以公布,这是一种自我管制、有利社会的

---

① 参见雷小政:《论取保候审中的诚信失范及其缓和》,载方流芳主编:《法大评论(第四卷)》,中国政法大学出版社 2006 年版,第 24—48 页。

② 同上书,第 68 页。

③ 〔美〕威廉·布罗德、尼古拉斯·韦德:《背叛真理的人们——科学殿堂中的弄虚作假》,朱进宁、方玉珍译,上海科技教育出版社 2004 年版,序言。

伦理要求。

在社会学研究中,为防止一些研究者不遵循有效披露原则,有两种方式起到了重要作用,根据艾尔·巴伦的论述,一种是"召开制度性审议会",即由联邦法律所确认的由教职人员(或其他人士)组成的一种审查组织。其职责在于通过审议组织内所有以人类为对象的研究计划,将参与研究者所面临的危机降至最低。另一种是"制定职业伦理规范",即由专业学术机构制定并公布一套正式的行为规范,以期能使研究人员的研究行为更符合社会伦理准则。

在法律实证研究中,研究者有效披露遭遇的各种风险因素以及在研究结论方面的有限性,既是法律科学化的重要保障,也是推进法治主义有序进行的必要保证。很难想象,我们可以期待一群自私自利、缺乏诚实的法学家来建构法治主义的大厦。他们倒是可能织绣出来一些人治主义的"遮羞布"。

在一些法律实证研究项目中,受政绩观、虚荣心、学术评价体系等因素影响,有的研究者可能会偏向"正面的发现",而忽视"负面的风险";有的研究者可能隐藏具有风险性的研究方法或技术中的缺点及错误,甚至用另一些错误来掩盖这种错误;有的研究者往往将明确的研究方法或技术中的缺点及错误归入"模糊地带"、"不可知领域"。这些做法和观念都违反了有效披露原则。事实上,社会公众和同行的眼镜是雪亮的。有时,一些犯错误的科学家的失误就在于——把社会公众和同行想象得过于单纯和简单。

三、现实危机:中国法律实证研究分析

在当代中国,其法律现代化的基本路径,主要体现为政府主导法制模式,在"自发自生秩序"上并不见长。结果,在推进法制的基本力量、变革进程的次序方面,主要反映为政府的影子、政府的声音、政府的功劳。这种格局给中国法律实证研究造成一种消极影响:在当代中国,推进法律实证研究的主体力量主要是政府及其法律机关,而且在知识生长上倚重的是自上而下的模式。可以说,中国当代法律实证研究的伦理责任,主要以官方的自上而下的引导和外在控制为主。来自学术自治范畴的自我控制相对较为薄弱。

(一)外在控制的实证分析

伦理责任在中国当前法律实证研究中实现程度如何?如何认识对伦

理责任的外在控制为主的机制?

这种法律实证研究状况的优势在于,通过理性建构一理想的法律信息,并通过实证研究检测其有效性,进而推进法律的变革。其一,这种模式符合知识生产的效率原则,在当前学力储备不足的情况下,符合中国市场经济发展和社会总体转型的特殊国情要求。其二,这种模式有利于贯彻公共利益和公共道德,防止研究者基于个人诉求"信马由缰",走向自由主义的怀抱。

这种法律实证研究状况的劣势在于,这种实证研究试图控制研究者在实证研究中的伦理责任,但具有一些内在局限:其一,这种知识生产体系容易沾染"官僚主义倾向",与知识分子对自治性的理想需求具有一定的矛盾;其二,一旦其中的公共利益和公共道德取得至上地位,抑制对个体利益、个体道德的自然生长,或者说两种利益观、道德观不能得到有效的协调,可能导致实证研究中的诚信危机,典型的特征是"夸夸其谈,却空洞无物"。

在这方面的反思,对于方兴未艾的中国法律实证研究而言,殊少见诸文字,也殊少丑闻。这中间,与许多研究者对这一"新兴事物"采取谨小慎微的方法处置有关;总体而言,这是法律实证研究者们"集体自我保护"的结果。他们正行走寻求"自发自生秩序"、克服"自上而下知识生产体系"的道路。这时,强化反思性研究,尤其是直接指向研究者的伦理责任,是不适时宜的,或者说,是弊大于利的。

(二) 伦理责任的两种迷失

令人担心的是,这种外在的宽容氛围导致了在一些法律实证研究中伦理责任的迷失。有的质疑这是一种"集体的迷失"。譬如,在对待当代中国民营企业家的"原罪"问题实证研究中,先不论一些法律实证研究背后的支持因素对研究结论的影响,有的研究结论本身即陷入对伦理主义的迷惘和责任归属的混乱。究竟问题的起因是政府责任、企业家责任,还是社会责任?"放弃追诉论者"忽视了在法律追诉时效内,其罪刑问题在法律制度的变迁范畴之内按照法律面前人人平等、罪刑法定等基本法制原则仍应追究,只是轻重问题。"积极追诉论者"中国民营企业家的"原罪"问题在很大程度上反映了从计划经济到市场经济的强制性制度变迁过程中法律制度的总体性缺陷和隐藏其后的政府层面的责任。(参见例6-4)

例6-4 民营企业家的"原罪"问题

在中国,一些法律实证研究项目集中研究民营企业家的"原罪"问题,即当代中国民营企业家的发家史,尤其是'第一桶金'的获得,沾染了不可洗刷的罪恶。从法律上讲,就是指责民营企业家的资本积累过程是通过非法手段完成的。譬如偷税漏税、生产假冒伪劣。一些学者根据实证研究坚决主张进行深层次、彻底地进行法律追诉。一些学者根据实证研究从制度环境和制度缺陷角度主张不能再清算"原罪"。法律对此如何应对?一些地方根据调查研究,规定处置了保护与打击并重的司法措施——"以追诉时效为临界点"。这一举措获得比较广泛的支持。譬如,河北省政法委《关于政法机关为完善社会主义市场经济体制创造良好环境的决定》第7条规定:"对民营企业经营者创业初期的犯罪行为,已超过追诉时效的,不得启动刑事追诉程序;在追诉期内的,要综合考虑犯罪性质、情节、后果、悔罪表现和所在企业在当前的经营状况及发展趋势,依法减轻、免除处罚或判处缓刑。"

在根据研究假设得出研究结论的过程中,也有不少"个人的迷失"。譬如,个别研究成果属于"屁股决定脑袋"的产物,在得出研究结论时具有偏颇的阶层性立场。在社会民众中盲目痛恨或坚决力挺"原罪"民营企业家的都大有人在。一些标榜"左翼"的经济学家也加入了其中混战,并倡导对"原罪"民营企业家进行原教旨主义式的剥夺。这与市场经济的发展规律以及法治主义等是相冲突的。应当说,在一些伦理责任上的集体迷失或者个人迷失往往是价值权衡失当的结果。某种意义上,也由于方法在科学性的不足所致。在司法领域,"以追诉时效为临界点",体现了保护与打击并重的政策考量,获得了广泛的认可。这也在一定程度上止息了上述争论。

（三）法律机关的控制力分析

上述伦理主义的迷失,可能影响研究者的实质参与,也可能限制研究结论的有效性。在司法实践中,一些法律实证研究项目出现"言不由衷"的情况,不是源自自上而下的知识控制,也不是来自研究者的伦理责任迷失。作为参与者的法律机关对法律实证研究的控制力是一个重要原因。

应明确的是,在当前中国,法律机关对法律实证研究的控制力在不同部门法中的表现有所差别。在民商法等私法领域,其法律实证研究受意思自治、处分主义的影响,"研究者"的自主性和学术自治伦理较强。法律机关对研究的过程和结论的控制力相对较弱。例外的情形是,在转型社会下,一些民商法等领域私法问题伴生公法化问题,并与一系列转型社会特征结合。这时,来自法律机关的控制力较强。

在刑事法律、行政法律、诉讼法律等公法、强制法领域,法律机关普遍希冀对法律实证研究保持较强的控制力。其主要原因有二:

其一,在我国诉讼文化中,法律机关的职权性地位和作用强化了其在法学理论和法律变革中的使命感、责任感以及参与法律实证研究的欲望;通过控制法律实证研究,其可充分、有效利用自身掌控的法律信息,获得制度内更广泛的认可和许多荣誉性的评价。

其二,在我国现行司法体制中,法定主义和守法义务要求,法律机关"有法必依"、"执法必严",也塑造了其在参与法律实证研究中的谨慎性立场。一些超越其诉讼地位和作用、违反法定主义和守法义务的实证研究可能带来职业上风险,损害其职业上利益。

在一些公法化问题的多元主体参与的法律实证研究中,法律机关的控制力造成了对研究者的制度性压力,在一定程度上削减了后者的伦理诉求。任凭学者自由发挥、自主控制的法律实证研究在当代中国并不多见。

具体表现在:

其一,在参与实证研究的力量对比上,一些法律机关往往占据主导性地位和对研究者的比较优势。虽然学术界和实务界联合启动了一些法律实证研究项目,但是,占据主导性地位的法律机关多占有实证研究的"决定权"、"中止权"、"执行权"等。他们既是"参与者",又是"裁判者",有时本身又是"研究者"。这种比较优势和角色混同直接造成法律机关在法律实证研究中"说了算",限制实证研究在问题意识和批判性上的功能实现。

其二,在参与实证研究的自愿性上,一些法律机关基于职权主义在保障参与者自愿性方面存在不足。在许多以司法改革为名的实证项目中,处于羁押状态的犯罪嫌疑人、被告人可能"莫名其妙"就被卷进了法律实证研究。一些参与者可能"莫名其妙"遭受一定程度的不利性法律后果。譬如,在关于被告人认罪案件快速审理上,存在的问题之一就是与"禁止不利于被追诉人的法律解释和法律创造"的法理原则存在冲突,也影响了裁决的可接受性。

其三,在进行实证研究的风险管理上,一些法律机关基于前瞻性实证研究进行的一些法律实证项目可能使得参与者获取超越法律的利益,但这往往带来法律适用的不平等问题。譬如,关于辩诉交易的尝试。实际上,这可能带来实证研究的法律风险,即产生对法定主义、守法义务的破坏,影响人们对于法治主义的信心。一些检察机关进行的法律实证研究,如暂缓起诉,即遭到了不少质疑。其中,法律监督机关本身不认真践行守法义务是最强烈的批评声音。

其四,在参与实证研究的信息交换以及披露上,一些法律机关基于职业偏好可能使研究过程和结论具有"官僚主义倾向"。在一些法律实验研究个案中,职业偏好与"官僚主义倾向"结合,往往导致法律机关对有利于参与者的法律信息"视而不见",对不利于参与者的法律信息"锱铢必究",导致对参与者的不利性后果。(参见例 6-5)

例 6-5　取保候审中的职业偏好

在"取保候审"实验研究中,根据取保候审中的诚信机制,办案机关应当依法公正地适用取保候审:办案人员的职业利益、偏好、非理性情绪等因素不能过分地影响取保候审的实验过程。但是,在实验中,办案人员往往具有两个层次的羁押偏好:一是一般性的羁押偏好。这主要是由于取保候审的职业风险大于职业利益催生的。职业风险主要有:取保候审工作量要远大于羁押;适用取保候审时存在被取保候审人逃匿的风险,而逃匿行为与办案人员的考评、工作能力评估成绩挂钩;适用取保候审案件的实际办理期限相对较长,影响结案率等。二是对外地人员的特殊羁押偏好。这主要由对外地人员适用取保候审的客观困难造成的。譬如,许多外来务工人员主观上自由和权利意识淡薄,客观上难以提供合适的保证人或提供足额保证金;跨地区的司法协查、协助机制不够完善;外地人员取保后逃跑,由于地区差异和司法资源局限性,追逃成本大且追捕不易成功等。即使涉案的外地犯罪嫌疑人、被告人符合取保候审中诚信机制的要求,具有履行取保候审法定义务的客观条件,也拒绝适用取保候审。

在刑事诉讼法律实验研究中,有关羁押率、起诉率、无罪判决率的项目在总体上收效甚微,或者在实验后出现"反弹",与法律机关存在一定程度的"羁押偏好"、"起诉偏好"、"有罪判决偏好"有关。这也增加了社会各界对这些法律实验研究有效性的质疑。

(四)伦理责任的未来走向

在中国,实现法律实证研究中的这些伦理责任:自愿参与原则、参与无害原则、有限欺骗原则、有效披露原则,完全摒弃职权主义传统不可行。其中一个关键的原因是,来自法学界关于实证研究的力量和方法方面的储备难担大任。

实证研究需要专业化的研究团队以及科学精神、学术伦理,这与当前中国法学的学术风气、学术评价机制等具有一定的冲突。① 在对付科学不端行为的问题上,尽管美国科学界一直存在着"由政府监管"还是"科学家自律"的争议,但是与罗伯特·默顿提出的科学研究"自我管制机制论"相比,中国法学界学者在承担实证研究中伦理责任上具有一定的软肋。

从国内学力储备看,许多学者依旧满足于、习惯于思辨研究的便利,对"中国模式"及其问题意识的浅尝辄止,分析外国实证状况,习惯"美国的剧本中国演员"或者"只取果,不移树"——这是一条现实的可依赖性"路径",符合许多学者"利益最大化"的诉求。

其一,实证研究所需要的时间、心力成本与学术数量之间落差较大,这与当前中国学术考核机制,尤其是学术职务晋升机制存在一定的冲突;这会产生一种外在的功利型牵引力,诱惑学者追求实证研究项目的"短"、"频"、"快"。

其二,多数法律学人并不富裕,对一些实证研究要求的人、财、物条件基本上"望尘莫及",勉强为之,不仅有"捉襟见肘"的内羞,可能还有"难以为炊"的外耻。

横亘在中国法律实证研究的研究者面前、必须跨越的阻碍是——内在的学术伦理与外在的功利控制,如何协调与平衡? 在中国法律实证研究的伦理责任的走向上,哈耶克提供了一种有益的思路,即是推进中国"自生自发秩序",反思"理性架构主义"。可以说,试图通过法制现代化以及政府和法律机关主导的实证研究构造完美无瑕的制度是一种"致命的理性的自负"。② 理顺研究者在法律实证研究中的伦理责任,有以下要点是殊值强调的:

(1) 培育知识"自下而上"的生产流程;

(2) 培育法学家群体;

(3) 倡导法律实证研究中研究者的科学精神和学术伦理;

① 参见雷小政主编:《原法(第2卷)》,中国检察出版社2007年版,第27—28页。
② 〔英〕哈耶克:《自由秩序原理》(上),邓正来译,三联书店1997年版,第61页。

（4）鼓励多元主体参与法律实证研究项目；

（5）给予法律实证研究项目充分、长期的经费保障；

（6）引导法律机关克服"官僚主义倾向"和职业偏好；

（7）培育社会求善、求真意识。

最后，需要保持清醒认识的是，在法律实证研究中，坚持伦理责任的绝对主义恰恰可能销蚀伦理责任。科学程序本身是无生命的，它在有想象力的研究者中，是一个有力的研究工具；但人的心灵比起任何研究工具而言，是一种更微妙的工具。科学对人的这种顺从决定了，在实证研究中必须处理好"苛求"与"宽容"这两种力量。谚语道：若想替月亮裁制衣裳，就要每夜为它圆缺度量。在法律实证研究中，如果我们人力所及都不能"每夜为它圆缺度量"，我们自然也不能过分苛求研究者不仅要做到，而且还要裁制出称心如意的"月亮衣裳"。超越社会条件和人性基础的"苛求"可能造成一批法律实证研究中的"伪君子"。有时，适度的宽容，对于法律实证研究者的成长、本土法律秩序的生长而言，不啻为"温床"。

第七章 法律实证研究中的情境沟通

在中国乡土社会中,国家的法律条文、政府的权力运作、民间的习俗惯例以及村庙的超验权威都对民间的纠纷起到化解和平息作用……可以断言,纠纷的解决是多元权威参与下才可能实现的,只谈国家的法律或只谈民间习俗或许都是不全面的。

——赵旭东①

长期以来的法学研究,以国家权力为核心,以官方法典为依据,但却忽视了中国社会存在的多层次的习惯法和多元的权力体系,一句话,人们专注于"官方的",轻视了"民间的",这是一件遗憾的事情。

——刘黎明②

长期以来,在法的本体论上,传统观点一直视法律为统治者意志,并预设了一种自上而下的单行法律运行模式,即法律是国家制定的,用以治理民众的强制性规范。法律的实证研究的一个重要功能,就是以第一手的实证材料为支撑,分析本土法律秩序及其社会情境,促进一国或地区各阶层之间进行有关法律的良善沟通。对社会情境的充分理解,对沟通艺术的娴熟掌握是开展法律实证研究的最高境界。它突破了方法论的局限,将社会事实的流变性与人的流变性系统地结合了起来。

在中国法学界,"民间法"与"官方法"争议持久,对中国传统法学

---

① 赵旭东:《权力与公正:乡土社会的纠纷解决与权威多元》,天津古籍出版社 2003 年版,第 295 页。

② 刘黎明:《契约·神裁·打赌——中国民间习惯法习俗》,四川人民出版社 1993 年版,第 2 页。

研究在分析本土法律秩序及其社会情境不足敲响了警钟,在促进法律实证研究本土化上提供了许多研究素材。只有在真实、充分了解中国社会和中国法律的情境下,并在此基础上实现各阶层进行有关法律的良善沟通,由此才能真正提炼出中国理论,形成中国模式,解决中国问题。

一、社会情境:乡土意识的诠释

艾青诗言:"为什么我的眼常含满泪水,因为我对这片土地爱得深沉。"土地是人类的栖息地。是否回归"足下文化"? 这是法律实证研究无法逃避的疑问。确切地说,是否回到平常,回到平常的人、平常的事;是否回到当代,回到当代的人、当代的事? 回答这一问题的关键是,如何解决人与土地的关系。它需要尊重、善待和适应土地以及土地上的自然、人文。法律实证研究,本质上是法律人研究一地人与人之间、人与自然之间关系的展开。

"乡土"是一个社会学家钟爱的概念。它被定格为研究人与土地关系的核心概念,用以解读制度安排与作为生命系统的土地之间的关系。在现代法律中,往往面临一个残酷的命题:社会在进化,"乡土"被一些社会学家定格为过去:一方面,它是一个不会重返的时代,研究"乡土"往往意味着凭吊过去,无法承载现代社会的特质与复杂。另一方面,它在分析当代问题时,往往与封建专制意识、小农意识、暴发户意识相联系,反映人的落后性。由此,乡土的图景也往往被大致想象成:乡村、落后、老年人、悠闲、贫穷、稻田,与都市相对的存在。正因为此,在都市与乡土的竞争关系上,都市聚拢了绝大多数现代人的目光;反而使得社会情境的研究重点和核心领域转向——看似与之处于彼岸,但实际与之一体的乡土。

(一)乡土意识的研究危机

针对上述困惑,当前,研究乡土社会的持续性观念,尤其是乡土意识在现代社会的表现与生命力,进而解释跨越乡土与都市人的行为模式等成为社会科学的重要命题。此即乡土意识研究的核心内容。乡土意识在本质上解决的是人与土地的关系。其中的土地有很多近义的概念:家乡、故乡、第二故乡,在历史中,流放地、插队地等也名列其中。对此,试图捕捉旧时光的人,因出生背景、行走范围和视阈的差异,可能认同一个乡土,也可能两个乡土,甚至更多;有的人的乡土是乡村,有的是小镇,有的则是都市本身。

这些都是合情合理的生命样态。① 在迁徙、旅行的过程中,这一视阈还可能扩及域外。人们执恋于不同的"法族"和国家认同,这些排列组合而成的乡土认同会产生诸多的乡土意识样态。正如吉登斯指出的:"对所有从传统活动场合的控制中解放出来的群体,存在多元的生活风格的选择。"②在可诠释的立场,在当前关于社会和法律研究中,乡土意识的研究存在深层次的危机。具体表现在:

1. 单向度的思考

许多法学家没有认真对待现实社会的异质性、没有去正视本土的多样性,所以容易把乡土与都市二元对立,或者过分否定都市,或者洁癖式地审视乡土。在文学领域,主要表现在"乡土文学论战"和"现代诗论战"的剑拔弩张;在政治领域,主要反映在"城乡统筹论"与"城乡二元论"、"全球化"与"反全球化"等的论战中。虽然民歌运动、怀旧电影系列、乡土美术图腾也加入了这场冲突,但在法学界,乡土的意义被狭窄化,往往与纠纷解决方式的程序非规范、非证据裁判、权威的非逻辑主义等联系在一起。

2. 边缘化的解构

"市场"中的伦理基调往往与乡土中的基础文化有一定冲突。这在二战后,殖民主义解体,许多国家在现代化与"传统法"、"移植法"与"固有法"之间的徘徊中得到很好的印证。以"后"为旗帜的学问,如"后设"、"后现代"、"后殖民"等,具有对之前语言和理论加以反省的基调和意义,但也存在"追逐辩护技巧",或"用概念推敲概念","用术语膨胀理论"等工具化痕迹。在这种话语楼阁下,法学界的后现代论者往往偏激地否定当下理论模式,在一定程度上倒掉了"澡盆中的婴儿"。面对解构后的废墟,一些法学家产生寻根式的困惑。

3. 乡土的单一性

成长世界的深刻记忆是影响人的行为模式、思考习惯的重要方面。和写实主义接轨,寻找生活困境的解决,每个人都有一个返乡的历程。但这条路,对于肠胃经历过都市烟尘洗礼的人来说,往往五味杂陈。利益性的视角,或者单一性的思维下,片面扩大一地的乡土时光,替代乡土本身的多样性和流变性,这是常见的问题。年轻生命在返乡的历程中往往经

---

① 简义明:《返乡的历程》,载《读书》2007 年第 5 期。
② 〔英〕安东尼·吉登斯:《现代性与自我认同》,赵旭东、方文译,三联书店 1998 年版,第93 页。

历盛世的骄傲被挫败、新价值遭遇族辈的抵抗等困境。在法学界,随着法学家们行走范围的扩大,许多域外处理本土问题的经验被归纳为狭窄的单一模式,而且多有夹杂"猜测",这导致比较法中"南橘北枳"等毛病。

尽管存在上述研究层面的总体性危机,但是,在阐释乡土与法律进化的融合和排斥处,许多法理学者和民法学者获得了成功。他们在规则层面将乡土因素中的秩序观、纠纷解决方式等恰当地引入到现代法律体系中,消弭来自国家法优越主义中的傲慢与偏见。一个经典的研究范本是,许多学者对美国印第安人、加拿大爱斯基摩人和澳大利亚土著居民法律文化进行了研究,描述了国家法优越主义下的忽视与偏见,以及保护他们的政策和立法是如何逐步获得突破的,进而论证了法律多元主义和法治主义多样性的合理性。①

(二) 社会情境要素分析

任何社会和任何人都曾经历乡土意识。差别在于遗忘程度不同。现代人对乡土意识存在的种种耽溺与仇视,大多都是对乡土因素缺乏真实、充分的了解所致。对乡土的理解,社会科学愈来愈多的理论主张注意到:

乡土的精神性——乡土是一种活的精神象征,有故事,有生命,很多现代化社会的问题,可以在返乡的路上获得解决,忽视乡土的一些固有原则和精神恰是现代性的一个后果;

乡土的实质性——乡土本身具有当下的问题,它本身具有流变性,在进化的过程,有的需要外力推动加以变革,有的需要促进其内在秩序的深化。

由此,乡土意识是认识社会及其社会情境的有效工具。乡土认同应反映一个客观化的阐释过程和一个能动性的说服过程。在法学研究中,前者要求法学家们在社会事实层面细致体会、认真描述自己经历过的、所观察到的多样化的乡土情境。这是一种要求具有深入浅出、触类旁通能力的知识体验。

根据法律实证研究分析单位的研究,其主要类别包括个人、群体、组织、社区、产品、事件和制度等。在乡土意识中,其研究的重点,包括传统、权威、宗教三大客观性因素以及社区、阶层和民族三大主体性因素。客观性因素与主体性要素之间形成交错,伴随社会事实流变,逐渐形成各种类型的法律制度文明。

① 〔日〕千叶正士:《法律多元》,强世功等译,中国政法大学出版社 1997 年版,第 226 页。

1. 客观性因素

（1）传统。传统的本质是习惯或习俗。在整个法律体系中始终贯穿了的一个恒定的假设就是，习性的自然且自发的演化确定了"正确与错误的界限"。在法律实证研究中，忽视甚至排斥习惯或习俗的作用，可能遭遇社会事实的坚决抵制，出现内部风险，最终"无功而返"。

（2）权威。人类历史从威权主义过渡到权威主义，一方面肯定了多元化的权威形式，既包括制度性权威，也包括非制度性权威。在不同历史时期，不同案件类型，这些权威形式相互竞争、渗透。① 在法律实证研究中，各种权威形式是法律实证研究可以依借的力量，用以减少风险成本。忽视本土化的权威形式，移植外来权威，可能进一步加深司法怀疑主义。

（3）宗教。宗教伴随人从原初人到现代人的转变。宗教所具有的仪式、传统、权威和普遍性的特征，在法律的制度和价值层面同样存在。② 在一些国家和地区，宗教对社会各领域均有道义的支配权。在现代社会许多地方，虽然这种法权丧失了，既不能克服通货膨胀，亦不能反对令人不满的政治换届，不能化解恋爱的缠结等，但它仍是一个重要的自在性功能系统。在信教地区进行法律实证研究，与宗教法则和教长力量相协调是其得以顺利开展的有效条件。

2. 主体性因素

（1）民族。无论社会学、人类学，还是法学，纷纷承认民族的多样性及其文化的差异，使其在处理法律问题时关注特殊的心理结构、道德结构。民族习惯法在民族地区扮演着经久不衰的角色。在民族地区开展法律实证研究，纯粹依据国家法的强制被证明是行不通的。

（2）社区。由于地理位置、经济状况、人文素养、自治程度、内部竞争关系等方面因素，社区具有多样性维度。各"社区"的自治规则，或强或弱，能影响法律实证研究的实际效果，尤其是涉及参与者回归社区的场合。来自社区有效或无效的判断直接关系参与者的回归程度和状况。

（3）阶层。由于地域发展的不平衡、社会分工的差异等因素，在各种社会形态中均存在一定的阶层结构。在其中，因身体天然因素形成的"自

① 赵旭东:《权力与公正:乡土社会的纠纷解决与权威多元》,天津古籍出版社 2003 年版,第 295 页。
② 参见〔美〕哈罗德·J. 伯尔曼:《法律与革命——西方法律传统的形成》,贺卫方等译,中国大百科全书出版社 1993 年版,第 200—201 页。

然性的弱势群体"与因社会性的或体制性的原因形成的"社会性的弱势群体",在阶层结构中居于重要地位。这对法律实证研究而言,会促使其对弱势群体保持必要的倾斜性并掌握特殊的沟通艺术。

从乡土意识切入分析社会情境的要素,尤其是针对传统、权威、宗教三大客观性因素以及社区、阶层和民族三大主体性因素的分析,在社会科学研究中,与社会学家马克斯·韦伯和大法官卡多佐对主体的行为模式的分析有许多契合之处。这对传统法学研究中将人模式化、简单化为单一取向而言是一种变革。

与传统的规范性(normative)法学研究不同,社会学家马克斯·韦伯从意义、文化和价值上通过个人行动,主张社会行动者之所以会信任某种统治并依其命令行事,可能是出于传统、情感、某种价值信念或是对某些成文规定的认可。权威的多元化构成人类行为复杂化的一个重要原因。

大法官卡多佐从司法裁决与创造法律的经验法则分析其中方法性资源,包括哲学的方法、历史的方法、传统的方法、社会学的方法以及"下意识因素"的体验等,都论证了社会情境的复杂性——"人"的行为模式的多样性。(参见表7-1)

表 7-1　人类(含法官)行为模式的影响因素分析

卡多佐司法裁决中四种方法性资源①		韦伯关于社会行动的类型化研究②	
1	哲学(逻辑)的方法	1	工具理性的取向
2	历史的方法	2	价值理性的取向
3	传统(习惯)的方法	3	情感式的取向
4	社会学的方法	4	传统性的取向(根深蒂固的习惯)
5	"下意识因素"的体验　↔		韦伯关于宗教的类型化研究
		1	禁欲主义宗教
		2	神秘主义宗教
			韦伯关于合法统治的权威类型研究
		1	传统权威
		2	卡里斯玛权威
		3	法理权威

① 参见〔美〕本杰明·N.卡多佐:《司法过程的性质》,苏力译,商务出版社1998年版,第69—70页。

② 参见〔德〕马克斯·韦伯:《社会学的基本概念》,顾忠华译,广西师范大学出版社2005年版,第34—35页。

二、沟通艺术:法律实证研究的灵魂

在现代法治范式上的讨论中,强调具有对话协商、回应反思和"规制的自主性"导向的"程序主义范式"要求形成与国家协商对话的合作机制和框架,分享政府决策权,促进多元"治理"和社会民主。① 程序法治和商议式民主尊重了这样一个事实:社会是被语言解构的。交往理性,与工具理性有所不同的是,它是以言语行为为基础,以交往过程中的相互理解和相互协调为基本机制,最终达到交往共同体各主体间共同接受的合理目标。

(一) 理想的沟通工具与氛围

迄今为止,对于法律实证研究而言,在实现沟通艺术化的建设方面,哈贝马斯交往行为中的沟通理论、"理想的言谈环境"假设最具指导意义。

作为前提,需要认识到,法律实证研究项目与哈贝马斯的交往行为范畴并不完全对等。法律实证研究与立法以及一般性的法律论辩有所差别。其参与的主体往往较多,而且动机各异,受到诸多不可控因素影响;其结论的达成往往不通过也不取决于论辩中的共识。但是,二者的共同之处在于,法律实证研究项目中的许多研究方法涉及沟通工具以及沟通氛围的要求。

哈贝马斯交往行为中的沟通理论、"理想的言谈环境"假设对法律实证研究中沟通艺术的知识贡献体现在:

1. 勾画了在法律实证研究沟通中理想工具

根据哈贝马斯的论述,语言沟通的基本单位并不是语句,而是将语句应用于特定的沟通情境。由此,任何言辞都预设了四项有效性声称(validity claim):(1) 正当声称(righteousness claim):言词行动是正当得体的。(2) 真理声称(truth claim):命题内容是真实的。(3) 真诚声称

---

① 德国学者哈贝马斯主张建构一种非中心化的社会图景:"在后形而上学世界观的条件下,只有那些产生于权利平等之公民的商谈性意见形成和意志形成过程的法律,才是具有合法性的法律","根据商谈论,商议性政治的成功并不取决于一个有集体行动能力的全体公民,而取决于相应的交往程序和交往预设的建制化,以及建制化商议过程与非正式地形成的公共舆论之间的共同作用。人民主权的程序化、政治系统对政治公共领域之边缘网络的依靠,这两者是同一种非中心化的社会图景联系在一起的。"〔德〕哈贝马斯:《在事实与规范之间:关于法律和民主法治国的商谈理论》,童世骏译,三联书店 2003 年版,第 371、507 页。

（truthfulness claim）：说话者命题意向是真诚的。（4）可理解声称（comprehensibility claim）：言辞意义是可以理解的。

由此，要实现有效沟通，其言辞必须具备规范一致性、共享命题知识、主体真诚互信、意义可理解性等。在法制语境下，法制的本质不仅是一种行为秩序，还是一种话语秩序。而且，法律是依靠语言表达，并通过语言建构的。可以说，法律就是言语的法律。法律应用的细节是语言构成的。在法律环境中，掌握沟通艺术，灵活运用语言这一沟通工具，是影响法律实证研究能否有效实行的一个基础性条件。

2. 描绘了在法律实证研究沟通中的理想氛围

话语作为主体间交流的载体，其最重要的功能是意义有效沟通的实现。但是，"话语间性"及其"负效应"的存在却使这种功能的发挥受到抑制。"话语间性"主要有三种表现形式：一是符号间性；二是主体间性；三是语境间性。

根据哈贝马斯的论述，真理性的共识的获得，有赖在程序上实现"理想的言谈环境"。其具有四个基本要素：（1）在理性论辩的过程中，所有潜在的参与者都有相等的机会，从事沟通的言谈情境。（2）使用陈述性的言谈行动，以便进行解释、说明、质疑、反驳与辩解，没有任何先前的概念，可免于被检讨和批评。（3）使用表意性的言谈行动，自由表达自己的态度、意向及情绪，以便参与者能互相了解。（4）使用规约性的言谈性动，如命令、反对、允许、禁止等，以便排除只对单方面具有约束力的规范，即排除特权。

由此，要实现有效沟通，需要遵循机会均等、客观性、自由度、排除特权等要求。

在威权主义语境下，法律的应用往往借用肢体表达或者盛行简单、直接的"权力—命令模式"，这种传统模式对语言意义的确定比较任意。语言的不确定性，加上沟通氛围的局限，可能导致法律的不确定性。美国学者布赖恩·比克斯在《法律、语言与法律的确定性》中，通过对"意思中心"、"开放结构"、"遵守规则"、"简易案件"、"正解"、"功能种类"等与法律的确定性的相关概念进行了梳理，认为法律与语言的代沟并非不可跨越。① 问题在于，在法律实证研究中，语言的构成并不限于法律话语。

---

① 参见〔美〕布赖恩·比克斯：《法律、语言与法律的确定性》，邱绍继译，法律出版社2007年版，第3—4页。

（二）沟通艺术与三种语言

在法律实证研究中，调查研究、观察研究、文献研究、实验研究等都涉及语言沟通。其沟通主体不仅包括研究者、参与者，在项目推广中还包括诸多相应机关、团体和个人。突破话语间性的"负效应"，让理解变得完美，一方面需要实现话语主体之间价值一致性；另一方面，需要完善话语使用的体系和方法。在法律实证研究中，这对具体项目的研究者提出了在语言学及其文化结构上的高要求。

无疑，法律话语在法律实证研究中占据主要地位，但仅此还不够。在不同社会情境下，对突破话语间性的"负效应"的具体方式有所要求。譬如，涉及宗教、民族、阶层和社区等，其话语往往需要进行有意义的有效连接；一些宗教性语言、民族性语言、适用于一定阶层的行话、适用于一定社区的方言等也可能被用以沟通。在更多的场合，法律话语需要与道德话语、治疗话语相结合，才能有效满足法律实证研究的需求。美国学者萨丽·安格尔·梅丽通过参与陪审团实证项目研究，总结道，在诉讼的多种话语上，法律话语、道德话语、治疗话语构成了居支配地位的意义框架，在不同类型案件，乃至同一案件的处理过程中，三种话语往往相互转换。① 法律话语、道德话语、治疗性话语等如何在法律实证研究中发挥作用？

1. 法律话语

法律话语是表达法律实证研究载体——法律信息的最直接的表达方式。其在诉讼各阶段，具体表现为特定的话语体系，譬如侦查话语、检察话语、法庭话语等。这对开展法律实证研究而言，法律话语在其项目规划、项目运行以及项目推广等各阶段都有所适用；多数实证研究的参与者，尤其是法律机关和各种法律代理人，在沟通时都主要使用法律话语。

当法律规则遭遇具体个案的案件事实时，面临更多的是不确定性，其"边界"不仅不确定，甚至游离不定；如果用"概念核"与"概念晕"来解释，那么不确定性就表现在"概念核"不"坚硬和明确"，"概念晕"的范围更是模糊得难以确定。② 这是法律话语的第一个内在局限。譬如，在法律发展史中，"财物"、"武器"、"人"、"交通工具"等法律概念就曾在一系列疑

---

① 参见〔美〕萨丽·安格尔·梅丽：《诉讼的话语——生活在美国社会低层人的法律意识》，郭星华等译，北京大学出版社 2007 年版，第 152—158 页。

② 〔德〕阿图尔·考夫曼、温弗里德·哈斯默尔主编：《当代哲学和法律理论导论》，郑永流译，法律出版社 2002 年版，第 274 页。

难案件中遭遇不确定性的争议。① 在现代法律中,"可以"、"其他"、"严重"、"恶劣"、"危险性"等话语在法律范畴内的争议也较为热烈。

同时,与词义学、人类学等密切相关,许多法律话语还具有形式上的"贫困化",影响有效沟通。譬如,David Mcllinkoff 在《法律语言》一书中勾勒了英美法律话语在表达形式上的不足或缺陷:(1)频繁使用常用词的不常用意义;(2)频繁使用古英语和中古英语中常用但现在罕见的词;(3)频繁使用拉丁词;(4)使用没有进入普通词汇的古法语和盎格鲁—诺曼语;(5)使用隐语;(6)使用专业术语;(7)多用正式词语;(8)故意使用意义不定的词语;(9)过分讲究准确。② 这些法律话语特征加上英美法庭令人眼花缭乱的"平等武装对抗",不时让当事人"目瞪口呆"。

法律话语的上述状况限制了其在法律实证研究中的应用能力。对于参与者而言,一旦知法程度较低或者缺乏法律素养,在沟通时也往往受制于信息不对称。这势必影响其参与的积极性和参与的有效性。在乡土意识中,仅仅以法律话语进行实证研究,多半会遭到沟通障碍,重演乡土意识研究危机中的几种形态。

2. 道德话语

在法律实证研究中,研究者与参与者进行沟通,道德话语在许多场合扮演着关键角色。这是因为,语言本身就有社会性。只有把语言放进特定的思想文化传统之中,与构成社会文化总体的认知系统、评价系统、心态系统、行为模式系统结合起来,对之进行多维、系统的分析,才能理解语言的内涵和意义。在社会性中,来自道德因素的认知和判断是人与人之间进行沟通和交往的重要媒介。任何人都具有关于正当和善的诉求。进行必要的道德训诫和引导是保障科学研究中伦理责任的一种有效方式。

灵活掌握道德话语,能在一定程度上弥补法律话语对法律实证研究的适应性。一方面,道德话语往往超越法言法语的适用场域,相对容易为参与者接受;另一方面,道德话语往往能吸附参与者的情感,实现研究者在伦理责任上的发挥。尤其是一些未成年人、残疾人、妇女、老人等弱势群体参与的实证研究,合理使用道德话语,可以减少他们对实证研究的抵

---

① 关于电是否属于盗窃罪构成中的财物的争议,参见〔法〕卡斯东·斯特法尼:《法国刑事诉讼法精义》,罗结珍译,中国政法大学出版社 1998 年版,第 143 页;关于盐酸是否属于武器的争议,参见〔德〕亚图·考夫曼:《法律哲学》,刘幸义等译,法律出版社 2004 年版,第 107 页。

② 董晓波:《语言与法律——谈西方法律语言研究方法的嬗变》,载《社会科学战线》2006 年第 2 期。

触心理,减少信用风险。

道德话语在法律实证研究中的运用,多需要转化为日常性语言,并具体贯彻到不同主体的具体沟通中。这时,需要克服的风险是,在乡土意识中,明确参与者的道德状况,分析其道德结构,这是分析其话语动机、行为模式的重要方法;当然,研究者也要避免被参与者的道德结构同化。一旦研究者出现消极的"道德结构同化",很可能被参与者"牵着鼻子走"。

3. 治疗话语

法律实证研究相比其他实证研究而言的一个重要特征是其载体是法律信息而且指向与该法律信息有关的人。在涉及法律信息场域的人,尤其是参与诉讼解决纠纷的人,其与周边社会的普通人相比,普遍面临诸多压力因素,譬如,法的强制力、利益损失、舆论压力等。在刑事司法中遭受羁押的犯罪嫌疑人、被告人及其近亲属,往往因被剥夺人身自由、被限制财产感受到"心力交瘁"。其中不免心理焦虑,甚至可能存在不同程度的心理疾病。

在法律实证研究中,针对一些制度发生变迁的场合,往往需要积极应对参与者的非理性责难或倾诉性诉求。在社会制度发生变迁,其社会结构的客观性因素和主体性力量发生变化时,往往会造成一定的负面效应。这是因为,一些主体性力量无法适应社会结构变革对自身利益的剥夺,加上其程序设置和实体处分超越自身预期的,会产生对制度变迁的抱怨。

即使社会制度稳定,其内部各阶层也会发生流动,其中,因贫困、疾病、灾难、失业等因素会造就一些人群心态脆弱化;因社会思潮的影响,也会造就一些对特定制度及其机构、人员持有怀疑、否定态度的人群。当这些人群参与到法律实证研究时,往往与持法律话语的法律机关人员、研究者出现沟通上障碍、误解。

有些因心理问题造成的沟通上障碍、误解是无法消除的。一般而言,在研究者与参与者的沟通中,治疗语言可发挥两重功能:一是宽慰功能,即分析参与者的心理压力和心理疾病,了解其精神领域的障碍,避免对其形成精神刺激;二是疏导功能,以疏导性语言,避免沟通上的障碍、误解对研究的消极影响,达到辅助法律话语、道德话语的运用。

在法律实证研究中,法律话语、道德话语、治疗话语体现的方法论要点表现在:一个理想的研究者,社会角色往往具有法学家、神学家、医学家等身份。通过法律话语,在沟通时分析人与人之间的纠纷状况;通过道德话语,疏通人的心灵误区;通过治疗话语,避免其心理障碍对研究的消极影响。在法律实证研究中,一个理想的参与者,有待形成具有沟通理性的公民文化。公民文化建设,它区别于传统具有臣民性、血缘性、人伦性的社会资本网络,其核心要旨在于促进公民建立起自由理性、宽容妥协、沟通理解、责任意识的公民文化和信任机制,形成一种合作的社会构造。[①]这些方法论要点在具体而现实的中国语境下会是如何呢?

三、中国语境:法律实证研究的根基

在中国开展法律实证研究,按照"西方法律移植论"的观点,应以西方法律的概念和术语作为主要语境,这与当前政府主导法制模式以及法律现代化的路径基本上是吻合的;按照"中国特色理论",解决中国问题,必须处理好西方法律概念、术语与中国法制的本土图景的契合问题,在此基础上创造出有中国特色的法律实证研究模式。在实践中,"中国特色理论"稍具优势。虽然西方国家的一些民间团体、学术机构开始陆续资助中国一些法律实证研究项目,但是受制于意识形态、司法体制、学术机制等因素,其介入模式基本控制在资金资助、方法论支持上。西方国家法律研究团队在中国直接进行法律实证研究的项目较为罕见。

在一些法律实证研究项目中,一个貌似浅显但内在复杂的例证是:在通过座谈的方式与法律机关沟通收集信息时,比较有"领导"参与的正式座谈会沟通和与"办案人员"进行的酒桌沟通——后者无论在信息的广度、深度,还是可信度上,多具有比较优势。这是为何?俗语道:"一方水土养一方人。"(参见表7-2)

表7-2　座谈会沟通与酒桌沟通的差异

	广度	深度	可信度
座谈会沟通(有领导参与)	中或强	弱	低或中
(与办案人员)酒桌沟通	中或强	强	中或强

分析中国社会情境及其语境,这是进行法律实证研究解决中国问题的基础性命题。

（一）法律实证研究应对的中国语境

中国现代化的过程,既是经济发展的过程,也是社会结构、生活方式、

① 参见马长山:《法治进程中的民间治理——民间社会组织与法治秩序关系的研究》,法律出版社 2006 年版,第 116—117 页。

道德观念、行为模式乃至国民性格不断变迁的过程。因此,探讨上述法律实证研究的资助模式、理论争议的一个前置性问题是:如何分析中国转型社会的特殊情境。对此,中国法学界应坚持怎样的分析、理解语境?

此前,社会学者们中形成了一种根深蒂固的批评性认识,中国法律未能有效解决中国传统法制文化与现代社会的继承问题。社会学家费孝通先生在五十余年前批评当时的法律和司法制度"破坏了原来的礼治秩序,但并不能建立起法制秩序"①。在其今后的论著中,在探讨社会学研究方法的转型与法律道路问题上,这种忧虑并未见减少。

来自法学界的质疑也不少。以都市为重心的"官方法"的强势地位与中国社会对法制的现实需求有很大的脱节,甚至未能有效掌握中国语境。苏力先生基于案件分析,认为在特定刑事案件中双方平等自愿进行"私了"所达到的各方面满意的效果可能是国家追诉原则所不能做到的;由此感慨:"即使经历了 50 年的时间以及当代中国社会的巨大变革,制定法的规则还没有根本改变这种已经深植入我们灵魂和躯体中的习惯"②。

法律实证研究应对的中国语境,与世界发达国家相比,是一特殊的转型时期"中国模式"——都市与乡土的距离客观存在,但也不乏被假想扩大或故意疏离③;在中国都市开展法律实证研究,与在中国乡土开展实证研究,并没有想象那样二元区分。在中国开展法律实证研究必须承认,中国模式它不是简单的西方都市模式,也不是纯粹的乡土社会,而是一个融合乡土意识的转型语境。

1. 在城市化的道路上,中国都市的形成、发展仍具有较重的乡土意识。其中,主要的判断依据有二:其一,来自乡土的人群对都市的巨大影响力,以及城乡结合部的渗透力,使得中国都市并未完成实现"陌生人"语境;其二,随着都市发展,都市正在通过人群回流、资金回流、政策倾斜等方式开始"反哺"乡土,二者的统筹互动、交流比起西方国家更为频繁。

2. 相比较乡土社会、乡土意识,承继"乡土社会"的理论建构,但有所

① 费孝通:《乡土中国 生育制度》,北京大学出版社 1998 年版,第 8 页。
② 苏力:《送法下乡——中国基层司法制度研究》,中国政法大学出版社 2000 年版,第 252页。
③ 在中国,用"乡土社会"这一分析性概念描述中国"最基层社会"并受到广泛关注,起因在于费孝通先生在《江村经济》、《乡土中国》等书中的理论建构和实证分析。它起初的含义是中国农村生活的概念化和一种"理想型"(Ideal Typer)。在方法论上,"乡土社会"的前期研究主要基于特定时空下的"村落事实",因此具有见树不见林的麻烦;但是,随着通过"村落事实"升华至"社会结构的分析"、社区研究法的多样性,见树又见林逐渐成为其理论优势。

突破。这是因为,随着社会结构的变迁、人口迁徙,以及新农村建设等,"乡土社会"在现实模式中不同程度地解体。但不可否认的是,在转型社会中,中国传统社会中一些社会特征依旧在一些地区不同程度地存在:(1)农业经济方式;(2)熟悉人社会以及家族观念;(3)缺乏现代商品社会民主政治传统;(4)权利和平等竞争的意识相对淡薄;(5)大事化了、息事宁人观念;(6)民间习惯法的存在。

可见,在法律实证研究中,乡土意识是分析中国语境的一条主线。在这里,不仅要协调来自传统、当今以及未来的时间问题,也必须应对东部、中部、西部等空间问题。如何将这一中国语境反映在法律实证研究的规划设计、实施过程以及评估推广中,坚持"中国式"沟通十分必要。在法制道路上,法学界日益认识到,只有在固有法与移植法、国家法与民间法等多元法律的"互动"与"互惠"中,在法学家、法律实践者和国家机构等多元主体之间的"商谈"和"沟通"中,才有可能"交往"地达成。

(二)法律实证研究的"中国式沟通"

中国文化的深层次结构决定了,西方法律概念、术语的理解式转换以及空间性适应,与中国人需求相比,仅仅只是一个方面。具体而言,中国社会与西方社会的语言与文化的差异决定了,在借用西方理论和概念,采用实证研究的方式收集资料时很有可能失去测量的效度。"中国式沟通",在法律实证研究中的意义在于,具体应用什么样的话语沟通能够取得研究的效果?

早期国内的学者借鉴荷兰人范德普尔等进行"社会资本"的研究,曾经一度是社会研究的热点,采用"提名法"来对"社会资本"进行测量,结果很快发现这一方法的"水土不服"[①]。这主要是与中国的调查对象对"关系人"的理解与西方人不同有关。这项研究成果的伟大意义在于在一定程度上证明了:在中国人与人之间的关系状态——"人情磁力场"和西方社会侧重商业成分、信仰成分的"人脉图谱"有一定差别。

1. 中国法律话语的适应性与法律实证研究

"中国式沟通"首先需要认识中国法律话语对中国社会语境的适应性。其适应性的程度直接影响法律话语在法律实证研究中的地位和作用。

---

① 张其仔:《社会资本论——社会资本与经济增长》,社会科学文献出版社 2002 年版,序言。

在中国,短短数年,法律话语经历了深刻的变化。法律实证研究如不及时跟进,可能加深"话语间性的负效应"。这些法律话语的主要来源有:(1)来自清末变法的法律移植;(2)来自20世纪中期苏联法学的引入;(3)来自执政党理论和政策;(4)来自司法实务部门的习惯;(5)来自社会公众以及新闻媒体的创造。在这中间,中国法律话语的变化特征是,绝大多数传统法律术语和概念被弃之"鼠舐尘封",西方法制化的术语和概念占据绝对化的主导性地位。

但是,来自法制史和诉讼法的许多研究正在反思,类似这种变革是否具有完全的正当性。实际上,许多传统法律概念和术语自有其特有的与中国社会的亲和力,甚至不逊于西方法律术语与概念。这些法律概念和术语在中国基层文化中还很有市场。这方面的争论,可见于有关"亲亲相隐"与"拒证特权"的辨析;有关"原情审断"的合理性论证;有关"息讼"中"亲民司法"方式的探讨;有关针对老幼妇残等"恤刑方式"的研究;等等。

不可否认,许多司法实务部门具有一些"根深蒂固"、行之有效的习惯和表达方式。当前,一些新闻媒体,尤其是网络文化的"疯狂制造",也生成了一大批与法律相关的"新兴话语"。譬如,不与办案机关沟通很难了解"疲劳战术"与"非法讯问"、"红色马仔"与"刑事特情"的界限;不掌握网络文化,很难直接定位"小三"与"婚外恋"关系、"人肉搜索令"与"隐私调查"关系;等等。

仅仅依据现有法律规范的术语、概念进行法律实证研究,往往不能完全和充分理解现实中复杂的权利义务关系、多变的人际关系和行为模式。存在不同的法律话语以及与法律相关的话语之间的隔阂,需要进行必要的沟通予以化解。

研究者与办案机关、作为参与者的当事人等在术语、概念的认识和使用上存在程度不等的差异。这些差异与各自表达立场、知识状况、利益诉求等相关。它们在科学性、规范性上不一而足,有的甚至与法律原则、法律规范直接冲突。这时需要进行及时修正。(参见例7-1,7-2)

例7-1 "未成年人取保候审"实验研究中法律话语差异

在涉及"取保候审"、"保证金"、"保证人"、"逃跑+制裁"等术语和概念上,研究者与办案机关、作为参与者的当事人等存在程度不等的差异。

譬如,在取保候审概念上,一些检察机关的批捕部门使用"定罪不捕"的习惯性称谓在严格意义上是与无罪推定原则等冲突的。根据无罪推定原则,在公安、检察的侦查、审查起诉阶段,乃至法院未作出有罪判决前,任何人不得被宣布定罪;"定罪不捕"在权限上也违反了人民法院独立定罪权。但是,其合理性在于,定罪不捕成为习惯性用语,一方面,可以警告被取保候审人及其近亲属具有定罪的确定性,在配合上必须积极,听从办案机关意见,才可以从轻、减轻;另一方面,可以威慑被取保候审人不发生逃跑。但是,来自参与者的调查表明,有的被取保候审人在得知定罪不捕时,反而加速实施逃跑行为,希望通过逃跑规避法律制裁。

又如,在取保候审概念上,在许多参与者中存在的"花钱处理"、"无罪处理"、"案件挂起"等观念即与取保候审法律规定有所冲突。这些概念之所以出现,一方面,与被取保候审人及其近亲属通过关系、人情影响办案机关,实现权力寻租,从而盼望达到这样的客观效果有关;另一方面,与被取保候审人及其近亲属在法院未判决前对案件事实、法律规定的理解都从利己主义、自身利益最大化有关。在取保候审实验研究中,如果不与参与者有效沟通,任其将取保候审与实体处理、权力寻租等挂钩,可能导致项目运行风险。这时研究者一般会积极发挥法制教育和引导功能,向参与者进行取保候审法律规定的专门解释。(参见表7-3)

表7-3　"未成年人取保候审"实验研究中法律话语差异

研究 A	办案机关	参与者 B	参与者 C	修正后表达
取保候审	取保候审 定罪不捕	花钱放人	无罪处理 案件挂起	取保候审,暂时不受关押
保证金	保证金	"公安搞钱"	花钱捞人	保证金,如不违反规定可退还
保证人	保证人	担保人	责任人	保证人,起到担保和监督作用
逃跑 + 制裁	脱逃 + 上 网追逃	跑路 + 没事 走人 + 麻烦	逃跑 + 抓人	逃跑 + 法律责任 + 追逃

例 7-2　"刑事和解"实验研究中法律话语差异

在"谅解、和解"、"协议"、"补偿"、"羁押"等术语和概念上,研究者与办案机关、作为参与者的当事人等存在程度不等的差异。

譬如,在和解概念上,在研究计划中,其词语的要素,根据实验内容,大致有三:多种方式补偿 + 心理方面原谅 + 法律轻缓处理;就其实质而言,加害方与被害人之间的主体性地位得到强调,但必须符合法律规范的基本要求,并接受办案机关的司法审查和司法保障。但是在办案机关的认识和使用上看,"调解"、"平和司法"、"和谐司法"较为盛行,主要原因是:一方面,在这些术语和概念中,其反映的办案机关仍居于主导性地位;另一方面,希望与当时流行的政治潮流、政策用语保持最大程度一致,以获得相关部门和社会公众的支持和理解。在加害人与被害人看来,"和解"与原先的"调解"以及"花钱捞人"的权力寻租具有一定类似性,因此,在认识和使用上,容易将其与"一手交钱、一手交货"等观念合拍。在进行和解的实验研究时,如果不与参与者有效沟通,任其将和解与实体处理、权力寻租挂钩,也可能导致项目运行风险。

又如,"救济"这一词语,在一般的语言表达上,具有人身上"抢救"和财产上"接济"两重含义。在西方国家,被害人专项救济基金发挥了重要的救济功能。在当前中国不存在国家或政府层面的被害人专项救济基金。救治主要指向:一是犯罪嫌疑人、被告人对被害人"赔礼道歉或物质补偿或公益劳动"。二是单位关怀,即在犯罪嫌疑人、被告人以及被害人的生存条件或家庭状况出现重大困难时,通过办案机关在经费方面适当予以补助,在社会人际、人事方面进行必要的关照。在加害人和被害人的语境中,由于金钱占据其生活、工作、家庭需求的重要地位,在法律领域往往成为衡量对方主观心态、诉讼行为的主要或核心标准。因此,双方在理解"救济"时,容易将其直接与"金钱给付"划等号。这样,实际上塑造了一个"交换"的平台,无论是占据主导地位的办案机关,还是加害人与被害人,将围绕"金钱"往返流盼,将其视为实现救济功能的重要或核心工具。(参见表7-4)

表7-4　"刑事和解"实验研究中法律话语差异

研究A	办案机关	加害人B	被害人C	修正后表达
谅解、和解	调解 平和司法 和谐司法	花钱从轻 无罪处理	作买卖 作交换	多种方式补偿+心理方面原谅+法律轻缓处理
协议	书面协议	合同	文件 书面的东西	签份类似合同的协议
补偿	赔偿	赔钱	给钱	通过金钱或劳务等方式补偿
羁押	拘捕、关押	关	被抓	关押在(看守所、监狱)
加害人	犯罪嫌疑人 被告人 犯罪人	嫌疑人	犯罪人 畜生、坏蛋 挨枪子的	被指控实施加害的犯罪嫌疑人与被告人
被害人+救济	被害人+帮助	对方+赔钱	受害人+给钱	被害人+赔礼道歉或物质补偿或公益劳动

2. 中国人道德观念状况与法律实证研究

"中国式沟通"在本质上归属人与人之间的道德交流。可以说,人在现代社会中可以根据学科研究区分法律人、经济人、制度人、文化人、理性人等。但最根本的,人是道德人。道德观念的状况在法律实证研究中直接影响研究者和参与者在伦理责任上的担当、在话语沟通上的可信度。

在中国数千年的封建历史中,仁、义、孝等"礼"的儒家道德观及其经义占据正统地位。但在当前市场经济建设中,传统道德观念遭遇较大冲击。一方面,改革开放之后,中国出现了多元价值观的互动,以及整体价值观与个体价值观融合、理想价值观与世俗价值观共存、精神价值观与物质价值观并重的变化。多数中国人既生活在依旧不变的"人情磁力场"中,也生活在复杂、多变的"陌生化"中。在一定人群中,道德在庸俗化。传统的"重义轻利"、"君子不言利"转换为"开口就谈钱"、"无利不起早",甚至不论对象、不分场合、不问过程、不计后果。这些都可作为法律实证研究的对象,但对于实证研究的沟通效果而言,意味着信任成本的增加。

来自社会学的实证研究表明,在中国转型期间封建因素和非诚信问题在一定领域还较为突出。传统文化中诚信机制在现代社会交往的某种程度上遭到不当舍弃,在新的诚信机制尚未有效形成的情境下,社会成员在交往行为中存在一种缺失诚信并实施失信行为的状态,此即诚信失范。诚信失范问题在宏观上主要受限于以下环境因素:一是随着计划经济转入转轨经济,随着血缘关系链条的收缩,随着城市化带动人口流动的增加,传统的基于血缘或家属纽带的信任削弱乃至缺失。二是强制关系的软弱无力,即旧的规制的不断淡出和死亡,而新的规制未必及时跟进和完善,催生了规则的不确定性和违约者摆脱制裁的"漏洞"。三是迷失方向文化,即不仅中国传统文化受到某种程度上的不当舍弃,反而受市场经济利己主义钳制,缺乏道德制约和控制。四是信息透明度低、不对称性高,即公共和私人信息总体上的透明度低,受信方和授信方信息经常不对称,建立在它基础上的信用关系显得十分脆弱,信任使用效率就低。五是经济基础依旧脆弱,即在一个社会人均 GDP 处于较低水平的市场经济初级阶段,收入不平等程度总体上对信用成长具有抑制效应,政府信用与基尼系数呈显著的负相关性,尤其在法制和文化交互失衡背景中容易诱发普遍性的诚信危机。①

---

① 参见姚明龙:《信用成长环境研究》,浙江大学出版社 2005 年版,第 40—47 页。

在一个道德观念和谐的语境里,法律问题可能实现简单化处理。因为来自权利义务的纠纷,来自加害与被害人双方的宽容比较容易实现。但是,在一个诚信文化存在失范、不时存在危机的语境下,开展法律实证研究较为困难。在实施调查研究、观察研究和实验研究中,参与者可能基于一定动机,呈现以下心理状态:

(1)怀疑。一些参与者由于持有"司法怀疑主义"的立场和态度,对法律信息的研究者与办案机关的角色区别和关系状态不甚明了。他们对研究者采取"猫抓老鼠"策略,虚构和隐匿各种有用的法律信息。身份怀疑制约着研究内容的真实性。

因此,在"干群关系"紧张、在对法律实证研究缺乏认识基础的区域开展法律实证研究,需要积极面对参与者的身份怀疑,进行事先的宣传和培训。

(2)人情。一些参与者由于习惯于"人情的磁力场",对于参与实证研究可能获取利益的,往往觉得对研究者产生个人的情感寄托和类似"恩人"的情感回报。

这种人情因素似乎有利于实现研究效果,但对于研究者个人而言,"人情博弈"稍有不慎,实际上容易被吸附到具体的利益交换中,出现个人法律风险。这些人情因素,需要研究者坚持实证研究中的伦理责任,同时保持必要的礼仪,做到其中的原则性与灵活性的统一。(参见表7-5)

表 7-5　"取保候审"实验研究中"人情博弈"

在实验过程中,个别被取保候审人的近亲属以及个别办案人员与研究者之间针对个案进行了"人情博弈"。(1—5 项:实验前;6—7 项:试验后)

	参与方亲属	办案人员	研究者策略
1	家访礼仪:切水果和送烟		坚持礼仪;对待特困家庭赠送水果
2	办公室拜访:捎水果或送烟	办公室拜访:个案非正式探讨	拒绝
3	饭局邀请	饭局推介:亲属名义或朋友名义	拒绝
4	娱乐邀请		拒绝
5	电话攻关:短信祝福或电话问候	电话过问:短信祝福或电话问候	坚持礼仪;回复信息
6	经济业务		拒绝
7	旅游邀请		拒绝

（3）责难。一些参与者往往认为，如果实证研究在正当性上超越法律，能带来法律之外的利益，往往产生一些理想主义或烂漫主义的期待；将促使其更加主动积极地进行"走关系"等"权力寻租"活动。一旦这些活动为实证研究项目所不容许，或因其他因素而终止，参与者可能在伦理责任上责难研究者，有可能带来项目的运行风险。（参见表 7-6）

表 7-6　"取保候审"实验研究中的责难

在实验前、采取实验措施时、实验后，个别参与者对研究者往往基于立即主义的考量对研究者作出截然不同的道德评价。

	实验前	实验措施	实验后
实验案件状况	（1）行为：走关系 （2）诉求：花钱放人或缓刑	（1）解释取保候审 （2）财保 （3）附加义务措施（赔礼道歉；物质补偿；公益劳动；定期汇报）	（1）判处非缓刑 3 年 （2）继续收押
对研究者态度	怀疑，但积极配合	"恩人"	责难： （1）"作不作实验一样" （2）"把人当猴耍"

责难的发生是多方面因素的结果，主要有：一是参与者对法律规范的本质和意义存在理解偏差，以利己主义为核心，具有短期理性的视角和立场；二是参与者对参与实证研究项目出现超越项目收益的诉求，而且，在这些诉求得不到正常满足时无法得到或拒绝理性的疏导。

（4）妥协。一些参与者在实证研究中往往惧怕来自伦理方面的负担，发生一些非自愿性的让步和妥协。严格根据法律规范，这里面存在权利义务的不平等关系。但是，在参与者看来，这种妥协在其外在环境看来是正当的、合适的。（参见表 7-7）

表 7-7　"酌定不起诉"实验研究中的妥协

以浙江省某市 2005 年施某(17 岁)涉嫌强奸(未遂)李某(19 岁)一案为例。该案尽管获得了被害人的谅解,但建立在妥协的基础上。由于缺乏对加害人应有的惩戒和必要的矫治,"酌定不起诉"的实验效果只能说被草率地完成了一半。

以下是研究者对被害人李某的访谈。

> 问:你是否同意检察院对施某的不起诉决定?
> 答:是的。我是希望他被判刑的。可是我还要嫁人,起诉到法院会被很多人知道我被强奸了,说出去不好。
> 问:施某的父母是否和你接触过?
> 答:他们主动要赔偿我五千块。我没要,虽然我很缺钱,但看到这些钱就恶心。
> 问:不起诉后,施某找过你吗?
> 答:没有了。不过,我知道他参不了军了,现在还是小混混的样子。

怀疑、人情、责难、妥协等构成参与者在法律实证研究中面临的一些普遍性困惑。解决这些困惑,仅仅运用道德话语是不够的。在一个不信任法律,怀疑司法的语境里,开展法律实证研究,对于研究者而言可能形成较大的伦理压力。开展法律实证研究,缓解道德领域困惑,必须结合背后的各种社会条件、人性基础等进行良性引导,尤其是促进诚信文化、守法义务等观念的生长。

3. 中国人心理结构状况与法律实证研究

"中国式沟通"在当前转型社会遭遇的最大问题之一即是来自心理问题的阻碍。这对法律实证研究而言,主要是一种非控性的因素。但是,研究者可以施加积极影响,及时疏导参与者的心理障碍。

在中国进行法律实证研究,其分析中国人的心理结构,应注意其中的变迁:一方面,心理问题及其健康调查已日益为社会各界共同关注,但总体状况却不容乐观。另一方面,不同社会人群心理的问题类型、健康状况、变化情况、影响因素有所不同。在法律领域,来自犯罪心理学、诉讼心理学的研究表明,遭遇法律纠纷的当事人心理比起其他未遭遇法律纠纷人群多处于高压或亚健康状态。其中,心理压力比较突出的场域及其群体,可列举以下五种:(1) 被审前羁押的犯罪嫌疑人及其近亲属;(2) 陷入债权纠纷同时面临债务压力的民事案件当事人;(3) 担心被错案追究或被要求限期破案的办案人员;(4) 处理群体性事件的行政官员;(5) 涉案上访、缠访、闹访人员;等等。

不可否认,如果参与者自称在法律活动中遭遇"说理没用"、"有理难说"、"说理不能"的困境,他在心理方面的障碍可能越重。在法律实证研究中,除非探讨精神病人的法律信息项目,在实际运行中,主要应对的是一般人群具有的抑郁、强迫、焦虑、恐惧、失眠、绝望、自卑等心理状态。而且,这些心理状态以渗透并影响参与者的沟通为标准。(参见表7-8,7-9)

表7-8 "刑事和解"实验研究中被害人家属访谈

在一交通肇事致人死亡的被害人家属访谈中,家属面临较大的心理压力,希望将这种压力的解决成本转嫁到加害人上,而且,其中包含一定的仇恨观念、心理焦虑。这是这起案件和解失败的重要原因。

访谈

研究者:根据法律规定和这起案件情况,赔偿数额为23万,肇事司机愿意赔偿30万。

家属:对,我知道。检察官和我说了。这个条件,我最终没有同意和他和解。我要求60万。

研究者:你不满意。

家属:是的。不满意。钱不是问题的关键。他没有考虑我们的心理感受。

研究者:在事故发生后,肇事司机对抢救比较积极,还到你家去看望,并表示积极赔偿。交通事故认定上司机是主要责任,你的丈夫也有一定的违反交通法行为。

这些行为你怎么看?

家属:花再多钱也买不回一条人命。他在的时候,跑买卖,一个月能赚几万块。你不知道人有多好……(大致十分钟,回顾日常家事,反映被害人工作经历、对家庭责任等)。我现在天天失眠,得买药吃。我也没心思做生意。这些他赔得起吗?(哭泣)

研究者:肇事司机的家境情况,根据了解,开车工资一月2000元,比较困难。如果他真心忏悔,你也不同意对他从轻处理吗?

家属:他忏悔有什么用?我都天天经受精神折磨。

研究者:你希望怎么解决这一案件呢?

家属:当然得赔钱。还得判他进监狱。

研究者:当时,如果肇事司机确实忏悔了,而且尽最大能力赔偿,要你提出从轻处理意见;办案人员也会依法公正地对他作出从轻处理,你会答应吗?

家属:我得要60万。他说拿不出来。

研究者:为什么多要30万?

家属:他有没有顾及我们的感受,他家死个人来试试。我愿意给他60万。你们也一样,根本不知道我们这个难受……(哭泣)

案件结果:在检察审查起诉阶段和解失败。检察机关依法向法院提出肇事司机认罪态度好、犯罪后积极表现等酌定情节的证据材料。

表 7-9　"证人出庭"拒绝出庭证人访谈

在一起人身损害赔偿案件要求证人出庭的访谈中,一重要证人拒绝出庭作证,其中主要原因是该证人认为一旦出庭作证,害怕对方当事人以"软"的方式报复,心理压力过大。

> **访谈**
>
> 研究者:当时,原告律师多次请求你出庭,能说说你为何拒绝?
>
> 证人:是的,他几乎求我了。还有通过我单位给我做工作。你可能还不知道,律师还想给我钱,说这个案子我不出庭就完了。我一再婉言拒绝。他还说,他把代理费大半给我。最后,他还给我脸色了。
>
> 研究者:你当时提了什么理由?
>
> 证人:我也知道,我觉得这起案件原告绝对有理。老实说,人活着要有良心,我也在现场。可是,我为此还失眠,心理压力很大。可是,对方你知道吗,人家有后台。我这就不方便说了。我研究了证人保护,人家报复你,不来硬的,来软的,你们这些专家懂不懂。我就是担心人家来阴的。
>
> 研究者:你感到了心理压力。
>
> 证人:是啊,做人难啊。我不作证,睡不着觉。作了证,可能没觉睡。我后来想了很久,其实一切都是利益。他让我作证,不也就为了那点钱吗,又不是啥的。比起我作证不作证的这种压力,小了。实在把我逼急了,我来出这点钱。
>
> 研究者:既然诉讼,可能不止是钱这么简单。你的这种压力我们能理解。
>
> 证人:能理解最好。我是这么想的,你们专家来这,几天可以拍拍屁股走人。我呢,生活在这个很实际的地方。我这个人也懂人性,希望你们在研究时别把我作反面典型。这是不是我的人权?
>
> 研究者:……

需要注意的是,任何一个心理问题的背后,都有一个社会因素的根源。这种根源,可能来自制度安排的不足或者过分,也可能来自人性内部的矛盾或者挣扎。法律实证研究穷尽全力,是否具有"慰藉心灵"的灵效? 其实未必。法律可以沾染宗教的色泽,却不能僭越宗教的终极功用。法律实证研究也一样,它们充其量只是一针强心剂,可以缓解暂时的痛苦,却不能给予终端的治疗。

进行法律实证研究,只要结合社会情境及其特定语境,就必然渗透着世俗规则和伦理责任的冲突。这对于中国知识分子而言,这也是一个深刻的心理矛盾。因为遵守世俗规则或潜规则,容易扭曲自己的良知,在人性的纯粹高度,这是一种入世的意义摧毁。但是,坚持纯粹的法律原则和学术伦理,在法律实证研究中,可能造成沟通上的困境以及运行中的"举步维艰"。在成都武侯祠中有一牌匾,上面字迹工整、卓有力道:"不审势即宽严皆误"。两者之间的度,何以把握,如何"审势"？一方面,与其说这是一个理性建构命题,不如说是一个经验法则问题。另一方面,水至清则无鱼,人至察则无徒。对研究者不能要求过高,因为研究者毕竟不是神。

第八章　法律实证研究中的资料分析

不入虎穴,焉得虎子。

——班超①

通过思想对真实性所做的检验,科学有助于研究工作能免于偏差、偏见以及单纯的愚蠢。

——〔美〕Kenneth Hoover、Todd Donovan②

在实证研究中,通过调查研究、实地研究、文献研究和实验研究等方式收集到相关资料后,如何将这些"稀缺性"的原始资料物尽其用,实现其价值,达到研究目的,就涉及资料分析与研究报告撰写。为了从搜集到的大量粗糙、杂乱的原始资料中揭示事物或现象的本质及内在规律,须对其进行整理与分析,这一过程就是资料分析。根据对象的不同,资料分析方法可以区分为量化资料的分析(定量分析)和质性资料的分析(定性分析)两大类型。定量分析和定性分析在研究类型上分别对应定量研究与定性研究。

应当说,法律实证研究在量化资料和质性资料的分析技术、方法上与社会学等相比并无明显差别。其特殊性在于,法律信息在量化资料和质性资料的类型、构成方面与其他学科有所不同。在法律实证研究的资料分析上,应结合法律信息的具体特征灵活安排。在中国法学中,实证研究

① 《后汉书·班超传》。
② 〔美〕Kenneth Hoover、Todd Donovan:《社会科学方法论的思维》,张家麟译,刘佩怡校,韦伯文化事业出版社 2001 年版,第 3 页。

还未成为一种普遍的研究方法,在进行资料分析方面的,与自然科学、其他社会科学相比,还有一定的差距,亟待进行体系化建构。

一、质性资料与定性分析

长久以来,社会科学的某些领域就是以质性资料为基础,尤其是人类学、历史学,以及政治科学。质性资料,是指以文字为原始形态的经验性资料,其主要形式是访谈记录、观察记录、文字档案、日记等文本资料或书面资料。相对于量化资料而言,质性资料的标准化程度相对低些,但形成了多样化的分析技术。

对质性资料的分析,即定性分析成为当代科学研究最为倚重的一种方法。有学者论述,在社会科学中,定性分析与以下诸多的词汇实际上都已经变成同义词了,这些词汇包括:民族志(ethnography)、田野法(field-methods)、质性研究(qualitative inquiry)、参与观察(participant observa-tion)、个案研究(case study)、自然取向研究(naturalistic methods)、响应式评估(responsive evaluation)。[①] 近十年来,越来越多基础学科与应用领域强化质性分析,这些应用领域包括心理学、社会学、语言学、公共行政、组织研究、企业研究、医疗保健、城市规划、教育研究、家庭研究、方案评估与政策分析等。

(一)质性资料的特征和弱点

质性资料主要是通过对经验现象的描述获得的。这使得质性资料具有鲜明的特征:(1)在描述和解释性研究中,可以连接不同的观点和经验,可以对一分析单位进行全过程、全方位和有实据的描绘,可以根据时间或空间维度,精确地分析某一事件的来龙去脉,并作出精彩的解释。(2)在探索性研究中,由于文字表达具有一种具体的、生动的、有意义的力量,将文字组成事件或故事之后,更能让人信服。根据一定的质性资料,往往能超越一堆简化的数字,取得更为确定性的外观。(3)在调查研究、观察研究和实验研究中,质性资料偶尔能给研究者带来意外的惊喜,直接修正研究者之前的研究假设或者发掘出新问题。在文献研究中,质性资料往往本身蕴含着研究结论。

但是,质性资料也有其内在弱点。(1)通过语言等表达的文字,在资

---

① 〔美〕迈尔斯、休伯曼:《质性资料的分析:方法与实践》,张芬芬译,重庆大学出版社 2008 年版,序言。

料收集时对分析单位有一定的要求,譬如来自沟通上的充分性、真诚性和可理解性。(2)在资料形式上,质性资料往往庞杂、不系统、不精确,内部多有矛盾和分歧,在处理时往往耗时、费力。(3)在资料使用上,由于质性资料依赖的案例有限,影响抽样的代表性,在一定程度上也限制了研究结论的信度和效度。(4)质性资料的分析较难预防研究者的伦理问题。一些研究者往往通过剪刀加糨糊直接嫁接他人观点,或者"裁剪"观点,或者断章取义。许多质性资料无论"耳听"而来,还是"眼见"而得,都是"虚"、"实"影绰、"真"、"假"难辨。

质性资料的上述特征引起了社会学研究者们的困惑:究竟定性分析是否有一套规范的、固定的规则和程序,进而适用所有情境的阐述?①

(二)定性分析的步骤与方法

多数社会学家认为,对质性资料进行定性分析,没有机械的、一成不变的规则和程序,但其基本的步骤和方法是通用的。② 大致包括初步整理、阅读分析、编码和档案建设以及深度分析四个方面。

1. 初步整理

对质性资料的原始形态进行初步的规范性整理,保障原始资料的真实性、准确性和适用性。初步整理后,可对每份质性资料进行编号。万事开头难。初步整理是将原始的、繁杂的质性资料进行规范化处理的第一道门槛,直接决定后续研究的面貌。

在初步整理中,一些是技术性的工作。譬如,在访谈记录中,如果是进行录音记录的,往往需要将录音记录转化为文字记录。这时的初步整理工作应坚持如实转换,不曲解也不提炼,将其中的语言行为实现客观的描述和记载。在初步整理中最重要的工作是信度审查和效度审查。信度审查和效度审查可保障质性资料的真实性、准确性和适用性。

信度审查——看资料是否真实、可靠地反映了分析单位的客观情况。对于真实性的信度审查是资料分析中最基本的要求。因为错误或者虚假的质性资料很有可能导致错误的研究结论,甚至导致整个研究的失败。一般而言,其可运用的方法有:(1)根据经验法则或常识进行判断;(2)根据资料的内在逻辑进行核查;将其中逻辑错误、前后矛盾之处予以修正或补充。(3)根据资料之间的比较进行审查;(4)根据资料的来源

---

① 仇立平:《社会研究方法》,重庆大学出版社 2008 年版,第 294 页。

② 同上。

进行审查,重点审查资料获得的途径、研究者的工作质量。

效度审查——看资料是否准确并适用于所研究问题。其主要功能是排除一些虽然符合客观情况,但不适用于研究问题所需的资料。其可运用的方法是:(1)审查资料是否符合研究方案规划设计的要求以及对所研究问题有效用的程度;(2)审查资料对事实的描述是否准确,是否存在分量不足、笼统模糊、模棱两可等情形。

根据信度和效度审查,一些"有鼻子有眼"的质性资料——把虚构的事物说得很逼真,活灵活现——将被驱逐出实证研究;一些"挂羊头卖狗肉"的质性资料也将无生存市场。

2. 阅读分析

对经过初步整理的质性资料进行提炼,发掘材料中的核心词汇和主要命题。通过阅读分析,研究者可与质性资料进行再次"沟通"。其中核心词汇和主要命题可以作为编码来源。

在阅读分析质性资料时,其最大的敌人是偏见。有些偏见是习惯的升华,有些偏见是傲慢的恶化。带有傲慢性的偏见容易忽视有实证研究价值的"核心词汇和主要命题",在阅读分析时有如"连澡盆中的婴儿一起倒掉"。发掘材料中的核心词汇和主要命题,要求研究者尽量坚持价值的中立性,克服偏见的消极影响,忠实于问题意识和研究目的。

3. 编码和档案建设

为便于质性资料的查阅、存储或调用,需要根据资料内容或语言等设置一定的编码单位,实现对文字的数字化处理。

在资料分析过程中,首先,可根据需要进行多次编码。其次,在编码处理后,需要将其记录在纸质文件或计算机软件中,并形成特定的资料库,即档案。(参见例8-1,例8-2)

例8-1 "个人信息"的编码

在分析"个人信息"时,针对访谈笔录,可以设置若干编码单位并以阿拉伯数字进行编码。譬如,

(1)家庭背景;(2)身体状况;(3)教育背景;(4)性格和意志;(5)情商和交际能力;(6)违法犯罪记录;(7)职业状况;(8)外在评价;等等。

例8-2 "立场"的编码

在分析涉及"立场"的质性资料时,可以根据回答设置若干编码单位

并以阿拉伯数字进行编码。譬如,

(1) 有利因素;(2) 不利因素;(3) 具有双重效果因素。

质性资料的档案往往较之量化资料的档案脆弱。它有一对深刻的矛盾关系:对"处理"前的原始质性资料即原始档案的保存往往需要较好的科技条件和物质投入;对"处理"后的数字形式的资料即再生档案的保存虽然可借助计算机技术等,但容易被篡改,而且在丢失原始档案情况下,纠正这种篡改较为困难。

4. 深度分析

在初步分析的基础上,运用类别分析或事件分析方法,把经验资料和理论分析结合在一起,用以诠释、说明或建构某种理论。

(1) 类别分析:即运用不同的质性材料进行比较分析,区分它们之间的一致性和差异性,进而得出研究结论。类别分析以描述质性材料的静态特征见长。

(2) 事件分析:即针对一质性资料,按照一定线索对其内在要素,譬如事件时间、过程、人物、情境等,进行全程的描述,反映事件的动态特征。

通过深度分析质性资料,往往能够归纳出一种"理论"的模型,实现理论的建构。这与下文将分析的定量分析形成鲜明差别:定量分析往往是针对一研究假设的"理论"的模型,运用量化资料进行检验。当然,这并不意味着定性分析不具有检测理论的功能。在确定研究假设之后,收集质性资料的过程以及定性分析时,就可能对该研究假设提出挑战。

(三) 法律信息的定性分析

在传统法学研究以及法律变革中,质性资料的来源比较狭窄,结论的得出多依据有限的调查,或者直接依据权威论者的观点。大行其道的是"我认为"。就其实质而言,这多是研究者本人的"质性资料"。定性分析在法律实证研究中具有怎样的特殊性?

1. 定性分析的发展状况

就法律规则的内容而言,在内部构成上除了数量关系的期限、期间、幅度等外,都具有实质关系的判断,譬如,法律关系的种类与性质等。定性分析是分析法律规则内部实质关系的重要方法,也是判断法律规则等在社会中运行状况、功能实现等的重要方法。

在西方国家法律实证研究中,定性研究是在超越思辨研究的基础上发展起来并日臻成熟的。我们看到,基本没有法律实证研究项目与定性分析绝缘。差别仅是与定量分析的结合程度而已。当然,近代以来,西方国家在社会事实和人方面的流变性或不确定性较强,相关定性研究的步骤和方法也在进行自我改革。

当前,在中国一些法律实证研究项目中,定性分析的各种步骤和方法,如初步整理、阅读分析、编码和档案建设以及深度分析等引起了学术界注意,并推出了一系列成果。譬如,类别分析和事件分析的方法分别在"侦查讯问三项制度"实验研究和"取保候审"实验研究中的运用。不足的是,中国尚未建设官方的较为发达的法律实证研究档案库。(参见例8-3,例8-4)

例8-3 "侦查讯问三项制度"实验研究中类别分析①

在"侦查讯问三项制度"试验研究的资料分析中,类别分析运用较多,而且在中国法律实证研究中产生一定影响。具体表现在以下几个方面:

(1)在试验组别的设置上,受美国维拉司法研究所及斯通教授(Prof. Christopher Stone)的启发,我们把纳入试验的案件分为目标组和对比组A。目标组是指采用新的三种讯问方式进行讯问的案件,对比组A是指采用现行讯问方式的案件,目的在于对目标组与对比组A从多方面进行比较分析、研究。

(2)为了防止试验过程中有的侦查人员没有严格按照试验要求进行操作,以致影响试验活动的真实客观性,譬如,犯罪嫌疑人在第一次选择讯问方式时受到侦查人员的误导或强制安排,我们在试验后期专门安排课题组的研究人员在侦查人员不在场的情况下,单纯与每个纳入试验的犯罪嫌疑人进行访谈,了解他们当时选择讯问方式是否出于自愿;如果是自愿的,出于什么考虑,为什么选择此种而不选择他种讯问方式,如此等等。通过这样做,一是检验试验活动的真实客观性,二是更直接地并且不受侦查人员影响地了解犯罪嫌疑人对侦查讯问程序进行改革的态度和看法。

(3)在目标组内部,我们也非常注意对三种讯问方式的对比分析和研究。例如,影响犯罪嫌疑人选择三种讯问的因素是哪些,选择同一种讯问方式的案件有没有共性,共性是什么?与选择其他讯问方式的案件有

① 顾永忠:《关于"三项制度"(试验)项目的实证研究方法及设计思路》,http://www.hks.harvard.edu/criminaljustice/publications/Gu_paper.doc,最后访问日期2008年11月8日。

哪些特点,如此等等。

(4) 在试验中,除了设有目标组和对比组 A 外,还设置了对比组 B,即在试验的后期,随机采取了一些没有纳入目标组和对比组 A 的案件,即对那些没有直接参加试验、没有选择讯问方式而是仍然由侦查人员按照常规方式讯问的犯罪嫌疑人,由课题组研究人员单独与他们每个人进行问卷调查,将其结果与目标组和对比组 A 的试验数据、结果进行比较分析,了解对比组 B 与目标组及对比组 A 有什么共同和不同之处,原因是什么等。

(5) 在试验中,我们还对各地的警察及律师进行了问卷调查,分析、比较这两种职业人员对于改革侦查讯问程序的态度是什么,有什么共性和差异,原因是什么等。

(6) 我们还对北京、河南、甘肃三个试验单位的试验数据和结果,进行对比分析研究。既要找出三个地区的共性,又要重视三个地区的差异,为在中国这样一个发展很不平衡但又是统一法制的国家如何开展侦查讯问程序改革提供参考依据。

例 8-4 "取保候审"实验研究中事件分析

在"取保候审"试验研究的资料分析中,事件分析运用较多,而且在中国法律实证研究中产生一定影响。以汪某取保候审申请被拒绝一案为例。[①]

汪某,17 岁,江西乐平人。2005 年 3 月 2 日,汪某与"小剑"(成年人)在 Y 市撬开一汽车后备箱盗取其中留存现金 6000 元。4 月 3 日,汪某在 Y 市邻县东阳闲逛时,被派出所民警盘问,汪某主动交代盗窃事实。该案被移送永康。4 月 10 日,汪某被批捕。汪某父母提出取保候审申请。其理由有:(1) 汪某系未成年人;(2) 在涉嫌盗窃一案中,系初犯、从犯;(3) 在某派出所被盘问时,系主动交代盗窃的犯罪事实,属于自首;(4) 到案后,已退还赃款;(5) 到案后,积极交代犯罪事实,未有翻供,悔改反思意识强(汪某与父母通信中态度诚恳,表示一定悔改,"不逃避法律责任,等判下来,服从法院判决";(6) 原在逃的成年同案犯"小剑"已经到案。此外,来自于汪某父母的情况是:(1) 汪某某、朱某在永康已经 3 年,个体承包建筑工程粉刷,近年仍在永康居住并在此长期从事个体承

---

① 参见雷小政:《论取保候审中的诚信失范及其缓和》,载方流芳主编:《法大评论(第四卷)》,中国政法大学出版社 2006 年版。

包；(2) 目前,汪某某、朱某正承包一建筑工程粉刷,费用结算在年终(附从老板处开具从事工作以及费用结算证明);(3) 案发后,朱某在收到汪某悔过信笺后,终日垂泪,回到江西乐平老家跑遍所有亲属,筹借到 5000元,"希望能保出其孩子";(4) 案发后,汪某某借钱买了一手机,希望能在其孩子可能被取保后,便于配合办案机关;(5) 汪某某、朱某、汪某的弟弟(在工地替人烧水作饭)与所在工地包工头、工友 17 人一块保证假如汪某取保候审后,让其在工地工作的保证(包括从事工作以及允诺工酬);(6) 4 月份到 6 月份,汪某某每周到人民检察院进行法律咨询与申请取保候审事宜;朱某骑自行车来人民检察院途中,被汽车刮翻在地(后买药花去 50 元);(7) 汪某某、母亲朱某的反思与保证书,包括反思以前教育孩子的疏忽,今后积极加强监护,并积极配合办案机关办案;(8) 汪某某、母亲朱某在老家江西乐平市乐港镇的妹妹朱某某和朱××保证配合办案机关办案。

公安机关对汪某父母提出的取保申请不予批准,其主要理由是以下质性资料:"对外地人不应太相信";"出来后,百分百会跑";"过几天我们就把案子送到检察院去了,到时到他们那去申请吧","又不在乎这几天"。

在审查起诉阶段,检察官拒绝适用取保候审,认为,汪某"可能还有其他案底,只是没有证据支持";"如果你申请取保候审,我就把案子放着,过段时间再办;如果你撤回申请,我们在一周内将案子向法院提起公诉";"现在即使取保出来,也就外面待几天,到时判决后还得关进去,没有多大意义"。

一周后,检察院以汪某涉嫌盗窃罪向法院提起公诉,法院判处汪某有期徒刑 1 年。

通过这一案例的动态描述,以及汪某被拒绝适用取保候审的事件分析,研究者得出的研究结论是:办案人员在适用取保候审问题受到一般性羁押偏好和对外地人的特殊羁押偏好的严重影响。其论证结构是:(1) 汪某本人、汪某父母、汪某的弟弟、所在工地包工头和工友 17 人、汪某的阿姨等人作出多方努力,积极表示诚信姿态,希望办案机关依法公正适用取保候审,总体而言,这是在制度内一合法、合情的诉求,符合《取保候审实验实施细则》要求;(2) 公安机关推定汪某逃匿的几率"百分之百"、将变更取保候审的"皮球"踢给检察院;检察官认为在诉前取保候审意义不大;检察官以没有证据支撑的"可能有其他案底"作为"搪塞"变更取保候审申请的理由等,反映了办案人员在取保候审上的职权性地位、羁押性偏好、对外地人员的偏见、非证据裁判思维等状况。

　　2. 定性分析的影响因素

　　在法律实证研究中,收集、分析质性资料往往是一个艰难的过程。这主要是因为,质性法律信息相比其他学科信息而言,受到提供主体法律意识、法律角色的影响;在提供过程中,受到法律场域的客观限制;在实际分析中,还需要处理资料分析与隐私权之间的矛盾关系。对法律质性资料的阐释,往往需要对法律信息所在的社会条件和人性基础等进行准确的判断,不可进行意义上的投射或者犯"形式主义谬误"。

　　(1) 法律意识的影响

　　法律意识的程度和水平在很大程度上决定法律实证研究获取质性法律信息的准确性。法律意识是人们关于法的各种现象的感知、情绪和意志的总和。从内容上看,它包括人们对法律规范和法律行为的把握、评价和态度;从形式上看,它表现为人们对法律现象的理解和认知。社会公众往往直接根据自身的法律意识来判断各种法律信息。公民在法律意识上的程度和水平往往影响其在法律实证研究中的参与程度和效果。

　　以中国一些法律实证研究为例。受制于教育程度、普法状况等因素的影响,社会各阶层之间的法律意识的程度和水平差异较大。这导致其在判断法律信息时出现观点各异,甚至截然相反的情况。(参见例 8-5)在一些参与者中,有的是因为不知法、不懂法或者对法律存在误解;有的是基于"人情的磁力场"或者基于利益诉求等"小九九"故意歪曲对法律信息的判断;有的是仅凭借个人意志作出对法律信息的判断。

　　例 8-5　有关"和解是什么"的争议

　　在"诉讼和解"调查研究中,有关"和解是什么"的问卷调查中,不同的人群答案迥异,大致有:(1) 在自诉或附带民事诉讼中允许双方协调处理的程序;(2) 在民事诉讼、行政诉讼中与调解区别的允许双方协调处理的程序;(3) 私了;(4) 辩诉交易;(5) 调解;(6) 其他。

　　对于实证法律研究而言,在初步整理质性资料时,需要明确法律意识对资料准确性的影响,对其中出现的矛盾或谬误予以处理。

　　(2) 法律角色的影响

　　在社会学研究中,社会角色与人际关系往往影响人的多数行为模式。法律角色是一种特殊的规定性角色,即法律关系主体因其特定的诉讼地位所决定的并且与该地位相适应的基本的诉讼行为模式、行为趋向和行为特征。

法律角色是社会角色在法律领域的独特表现,其独特性体现在以下三个方面。

其一,规范性。在法律领域,无论是职权主体,还是非职权主体,其地位和角色一般都是由法律加以规定的。不同主体之间的角色界限以及权利性行为或者义务性诉讼行为的法律界限十分明确,不容主体之间随意僭越或者互相代替。

其二,程式性。在法律领域,许多行为主体的法律角色只能随着法律程序的逐步展开而依次取得,角色行为也依照严格的程序依次施展。

其三,强制性。法律角色是一套以法律规范形式所固定和体现的行为期待系统,体现了国家意志,法律角色从规范角色到实践角色的转化受到国家强制力的保障,实践角色背离规范角色时,会产生某种消极的法律后果。

在法律实证研究中,在获取、分析质性资料时,应了解法律角色中的规范性、程式性和强制性要求。适当换位思考有助于研究者对不同法律角色下的行为模式进行更加深入、准确的把握。这也是消除学术界和司法实务界距离的较好办法。(参见例8-6,8-7)

但是,一些法律实证研究项目表明,过分超越这种角色基本要求的行为模式,往往会带来角色紧张、角色冲突等风险,影响法律实证研究的顺利进行。

例8-6　检察机关的法律角色

在有关强化辩护的法律实证研究中,研究者似乎强调检察机关对辩护人进行换位思考,甚至以辩护人的角色来实现对犯罪嫌疑人的无罪推定。但是,这种实证研究往往会受到检察人员的抵制,他们会认为这种实证研究与他们的检察工作存在一定冲突。

例8-7　研究者的多元角色

在很多法律实证研究中,作为学者的研究者往往容易突破其个体角色:

其一,试图接近法律机关的角色。这在通过观察、实验研究控制在法律机关手中的法律信息的项目中比较常见。因为,法律机关所代表的强制力往往能为法律学者在实证研究中提供"更为真实"的素材,以及当事人"更为积极"的配合。作为学者的研究者如何实现这种角色的突破？在司法实践中,具有学者挂职、应聘顾问等方式。

其二,偶尔客串社会工作者的角色。基于公共道德、学术伦理等,作为学者的研究者往往对参与实证研究的弱势群体试图施予超越法律的救济。譬如,在"取保候审"实验研究中资助特困被取保候审人及其家属等。这种超越法律的救济可能发挥对实证研究的配套制度功能,能带来个案的正义。但是,这种超越法律的救济会改变实验研究的变量关系,除非是专门将此项救济作为变量之一进行考察。

(3) 法律场域的影响

中国俗语道:"不入虎穴,焉得虎子。"在法律实证研究中,要获取真实可靠的信息,往往需要对一定场域进行深入、细致的研究。在法律实证研究中,获取质性资料,受到法律信息所在法律场域的影响。量化资料也存在类似的问题。首先,一些资料涉秘,一旦公布可能会造成不良影响。一些质性法律信息,尤其是一些重要人物的访谈,包括政治人物、污点证人、法律制定者等,一旦被曲解误用,会带来难以控制的影响。其次,在实证研究中,一些法律信息所在法律场域具有一定的人身危险性。譬如,监狱、刑场、突发事件所在地等。在这些法律场域进行实证研究必须具有安全保障措施。

(4) 与隐私权的关系处理

根据"隐私社会"理论,隐私环境和隐私信息,几乎涉及所有的行业和人的行为模式。在本质上,一个风险的社会,意味着一个隐私的社会。风险无处不在,隐私也无处不在。在社会学、人类学以及法律实证研究中,往往涉及个人隐私性资料。这些资料收集和分析不当,容易侵犯参与者隐私权。在商业组织和单位中,还涉及商业秘密。在这些隐私权资料中,绝大部分是质性资料,也有一部分是量化资料。

在资料分析中如何保障参与者的隐私权？一些隐私性的信息被不当泄露可能给研究带来直接的不必要的麻烦。在法律实证研究中,尤其是资料分析阶段,保护隐私权需要遵循两个底线:谁被许可知道什么,谁可以共享信息。(参见例8-8)所以,在西方国家的一些法律实证研究项目中,往往在研究方案中专门设置隐私保护计划。具体而言,从方法论角度,可规划以下七个步骤:

① 需要搜集和保存什么类型的信息？这样做会给个人带来益处吗,

还是会损害他们的利益？

② 是否需要从每个人那里获取不同的信息？

③ 怎样汇总、规范和清理信息？信息是否不会受到任何改动？

④ 怎样连接、关联和分析信息？信息可能被出售以牟利或可能被不当泄露吗？

⑤ 在搜集到信息之后，谁拥有、监控和管理这些信息？

⑥ 哪些信息应当共享？哪些信息应当受到保护？

⑦ 信息被出售以牟利或被不当泄露，有什么样的救济方案？

例 8-8　纪录片拍摄中的隐私权保护

在"未成年人取保候审"实验研究、"未成年人酌定不起诉"实验研究以及"刑事和解"实验研究中，都拍摄了专门的纪录片。纪录片中有许多访谈涉及法律质性资料的演示。在拍摄过程中，如何争取参与者的配合并保护参与者的隐私是一个难题。为此，我们采取了专门解释的策略，即说明纪录片只限于学术研究而不对外播放。但是，有一典型的拍摄素材，因为未成年人的父母的强烈反对而取消拍摄。其理由包括：一是"法律没有规定我们必须接受采访"；二是"担心采访后小孩心理受到影响"；三是"小孩有什么观点和感触，就采访我们好了"；四是"我们怎么知道你不会播放"。研究者尊重其父母意见，转为拍摄其他素材。

在资料分析中，保护隐私不仅仅是一个技术问题，还涉及一个组织的文化和隐私政策。它们不仅要规定一个安全的电子基础设施，还要规定管理步骤和物理保障措施。在中国法律实证研究中对隐私保护的专门规范较为少见。这与"隐私社会"理论和法律实证研究中隐私保护要求尚有不少差距。在当代中国，隐私立法有从医疗和金融行业等向其他领域拓展的趋势。但是否迅速惠及法律实证研究，有待进一步观察。

（5）形式主义的谬误

在法律实证研究中，对质性资料的分析，其往往直接指向研究问题的实质关系。但是，质性资料受社会条件和人性基础等因素影响较大，在资料分析时，不遵循客观性要求，容易犯"形式主义的谬误"（formalistic fallacy）。[①] 即不基于实质关系夸夸其谈、言必称赞外国东西，侧重主观层面的意义投射、猜想，忽视真实含义与历史背景。

---

① 林毓生：《中国人文的重建》，载《联合月刊》1982 年第 14 期。

根据形式主义的谬误，其所得的法律实证研究的研究结论，往往会产生"错爱皮毛为当骨髓"、"种植柑橘收获枳橘"、"播下'龙种'滋养'跳蚤'"等尴尬情形。在文献研究中，一些学者盛情赞誉英美证据法的鼎盛地位，并将其作为中国证据法制变革的导向。但是，饶有讽刺意蕴的是，实际上，根据美国学者米尔建·R.达马斯卡（Mirjan R. Damaska）的考察，对"三大支柱"（陪审团、对抗制、审判中心）的侵蚀已经成为20世纪英美证据法发生漂移的重要论据。①

在法律实证研究的定性分析中，最困难的地方是如何从繁杂、琐碎的资料中作出全面的性质判断。除了方法论的要求外，对研究者的耐心、细致状况也是一种考验。对于其中的风险管理，以往，我们多将注意力放在"数字造假"上；实际上，针对质性资料的造假、歪曲等也很严重，而且难以发现。

二、量化资料与定量分析

我们生活在数字当中，数字是每天我们都要打交道的一种存在。量化性资料是以数字方式存在的资料。自从数字产生以来，其在替代文字表达抽象意义上具有非凡的魔力。数学、统计学等的发展进一步建构了人类的"数字王国"。定量分析（quantitative analysis），即为了描述和解释观察所反映的现象而使用的数字表示和处理方法，在自然科学中大行其道，为人类社会的现代化作出了突出贡献。为寻求资料分析的"精确性"，近几十年来，社会科学研究的发展也日益重视使用定量分析。

（一）量化资料的特征与定量分析方法

根据前文所述，质性资料往往能超越一堆简化的数字，取得更为确定性的外观。这一效果的实现，对质性资料在内容和形式上都提出了较高要求。实践中，如此优秀"品质"的质性资料的样本以及样本规模往往难以得到。

相比较质性资料，量化资料在精确性上具有明显的比较优势。根据一定规模的样本，将其转化成数值形式后，量化资料可以统计形成其数字特征；通过对数字特征的描述和解释，可以检测研究假设，实现证立或证伪目的。在许多人看来，量化资料只要是真实的，对研究结论的证明力较

---

① 参见〔美〕米尔建·R.达马斯卡：《漂移的证据法》，李学军等译，中国政法大学出版社2003年版，第175—212页。

强,比起一定的质性资料更为精确。

这意味着,依托定性分析的定量分析更加客观。依托定量分析的定性分析更为精确。定性分析和定量分析具有辩证统一关系——定性分析可以作为定量分析的基本前提,没有定性的定量是一种盲目的、容易出现价值偏向的定量。可以说,没有正确的定性分析,定量分析就会迷失方向。但是,如果只重视定性分析,而忽视定量分析,就无法全面而准确地把握数量变化。在实际的资料分析中,一些质性资料也可借用量化分析方法,转化为数值形式。

在定量分析中,一般需要遵循以下步骤和方法:

(1)初步整理:通过审核、复查等手段检查原始量化资料的准确性、完整性、真实性与一致性,通过数据清理、纠正其中在数字幅度和逻辑上的错误。

在审核量化资料中,面对枯燥的数字和数值,往往需要结合一定的社会生活经验和社会学的知识,分析其是否与经验法则存在明显冲突。审核的类型可灵活选择是到实地进行审核、还是通过小组讨论进行审核,还是进行全面、系统的综合审核。

在复查量化资料时,应坚持回避原则,由非原来的研究者按随机抽样方法抽取5%—15%的个案去复查;应坚持全面原则,除了检查原始量化资料的质量外,还要检查研究者的工作质量,以分析可能出现的错误及其根源。

(2)编码录入:将原始量化资料按照资料的内容分门别类、整理成系统的资料后,设置一定的编码单位,即转换成计算机能识别的符号,并输入计算机储存起来或登录在表格上。

(3)统计整理:运用统计方法简化资料,对编码录入资料分类(组)和汇总,使资料更加条理化和系统化。其具体方法包括以下三种:

① 统计分类或分组:其本质是根据研究对象的某些特征将其区分为不同种类或组别。分类适用于全部数据,分组只限于测量层次较高的数据。主要有根据现象类别进行分类和根据本质属性进行分类。由现象分类到本质分类反映了研究者的理论背景和对现象的概括能力以及概念的抽象能力。

② 统计表:统计整理中最常用的方法,即在对原始数据整理、汇总、分类或分组统计以后,把被说明的事物及其统计指标和数值用表格形式表示出来的方法。

③ 统计图:即将抽象的统计数字,通过点、线、面、体等几何图形,实物形象,地图以及各种色彩等绘制的,整齐简明而又容易获知其数量关系的图形。具体可以区分为条形图、圆形图、折线图、直方图、线性图等。

统计表和统计图,与质性分析相比,其最大的特点是把统计数据通俗化,直观、形象、生动地把事物或现象的全貌呈现出来,使人印象深刻,方便理解和记忆。但是,许多实证研究者的毛病是存在一种将科学等同图形的倾向。与"图腾"崇拜不同的是,这种倾向将实证研究图形以复杂为美、以怪异为美,刻意模仿自然科学论文。实际上,许多社会科学中的命题是经验性的、常识性的,简单的图形足以一目了然。

(4)统计分析:通过统计提高对数字的控制能力,透过繁杂数字特征及其数值形式把握社会现象的规律性特征。具体而言,根据其中数量的变化描述实证研究中变量之间的关系特征或者作出推论,以证立或证伪一研究假设。当然,由于变量之间的关系特征在用函数关系表达时,其严格性不一而足。统计分析可分析研究变量之间是否虚假关系,确定变量之间是否有真实关系,包括实际上无关、实际上相关、实际上具有因果关系。

总体而言,统计分析在定量分析中具有以下三种功能:一是简化并描述量化资料,即通过统计将繁杂数字特征及其数值形式作出清晰的描述;二是对研究变量之间的关系进行描述和深入分析,判断变量之间是否相关、关系程度以及在相关的情形下的关系内涵、关系系数等;三是通过样本资料推断总体,即以概率论为基础,根据调查的大量样本资料推论到总体并积极分析这种推论的误差和对推论的把握等。

在科学发展史中,许多研究者在定量分析中触犯伦理原则的"高压线"。在论述实证研究伦理责任时所举韩国黄锡禹"干细胞研究"造假事件即是典型例证。在众多原因中,以下两个方面尤其关键:

其一,对数字和数值表达方式的依赖切断了人们对原始资料收集过程的判断,导致了审核、复查上的困难,也给"机会主义者"制造了机会;

其二,定量分析在决策研究中占据重要地位,容易符合一些功利性的制度需求和评价标准,使得一些科学家宁愿牺牲学术伦理"铤而走险"。

我们心酸地看到,在现代社会,人们正在日益沦为"数字的奴隶"。许多实证研究并不严肃,对数字增长的崇拜以及数字造假的泛滥,不仅严重影响了人们对定量分析的印象,而且严重冲击了人们的心灵结构。在相对严肃的法律实证研究中,对法律信息的定量分析如何应对这一挑战?

（二）法律信息的定量分析

许多法律信息属于量化资料。譬如，在法律规则的内容中，对期限的界定、对效力的判断等都需要通过时间维度的数字加以表述。在法律的实施中，某一法律规范在适用上的量能直接造成一定人和事件的数量变化。譬如，逮捕条文的适用可以造就逮捕率，死刑条款的适用可以造就死刑率等。定量分析法律信息，可以发挥以下功能：一是描述法律信息本身的数量关系；二是描述法律信息引发的外部数量关系。

在定量分析法律信息时，由于法律信息受到的影响因素较多，在审核、复查原始量化资料的准确性、完整性、真实性与一致性上，往往较之其他学科遭遇更多的困难。因此，在分析法律量化资料时，意味着在一些方法上的特别要求。

1. 逻辑关系的判断

在法律信息的量化资料中，有些问卷设计不可避免一些相互关联的问题。这在有关法律原则与具法律制度的研究中较为常见。针对这些相互关联问题，许多参与者可能作出相互矛盾的回答。这并非是参与者"不诚实"的表现。很多情况下，这是他们在法律意识上缺乏一体性思维的反映。这也正是法律人与非法律人的一个典型区别。（参见例8-9）

例8-9　在无罪推定上的矛盾回答

在"诉讼公正——无罪推定"的调查中，参与者在"是否认为法院判决前应假定犯罪嫌疑人为无罪的人"中选择"是"；但在"对于侦查环节中自杀的犯罪嫌疑人，应如何认定？A属于畏罪自杀，继续侦查起诉；B有罪无罪不能认定时，应作无罪处理；C认为构成犯罪的，根据缺席程序继续侦查"中有选择A的。实际上，将侦查环节中自杀的犯罪嫌疑人直接定性畏罪自杀，严格意义上，与无罪推定原则具有冲突。针对这种逻辑上的矛盾关系，并不一定需要将问卷直接判定无效；反而可以说明参与者本身对法律规范理解的多元性：参与者具有一定程度的无罪推定意识，但在对待侦查环节中犯罪嫌疑人自杀这一问题上，仍然存在有罪推定观念。

此时，法律实证研究者不应"干瞪眼"，需要对这种矛盾作出是否影响实证研究的判断，进而将其归入有效或无效的范畴。

"枯木"尚且可以"回春"。① 对待这些逻辑矛盾不应弃之如"鸡肋"。实际上,他们恰恰是人类内在矛盾和外部世界矛盾的反映,可以凭专门建立变量进行进一步法律实证研究,寻求因果关系或相关关系。

2. 经验法则的运用

在法律信息中,许多逻辑矛盾可能运用定量分析难以发掘。这是因为,在涉及法律意识和法律文化等方面的研究中,许多命题很难描述以精确的数量关系和严格的逻辑关系。由于法律实证研究方式在地域、时间上的客观限制,很难得出完全精确以及普适的结论。

所谓经验法则,是指根据经验归纳总结得出的知识和经验,包括日常生活中的法则、自然法则以及专门科学上的法则。当收集的量化资料揭示的数量关系或定量分析的过程、结论与经验法则相互矛盾,应该怎样处理?

许多法律实证研究项目采取的是"比照法",即在量化资料、定量分析和经验法则之间往返流盼,进行比照、核查。一般有两种结果,一些量化资料及定量分析带来重大的理论发现,纠正经验法则;一些量化资料及定量分析受制于社会条件、人性基础以及研究方式等因素,为经验法则所修正。(参见例 8-10)

例 8-10　"中学生对待涉嫌犯罪同学态度"调查

在"中学生对待涉嫌犯罪同学态度"的问卷调查中,项目组在 Y 市两所中学各选择初一、初二、高一、高二一个班进行问卷调查。其中一问题是:如果你的同学因涉嫌犯罪被取保候审了,你怎么对待他。在 405 份问卷中,选择"犯罪的人讨厌"和"不愿和他们接触"的共计 155 人,选择"应当帮助他们"的计 218 人,选择"不知道"的 32 人。可见,达 38.27% 的人对取保候审人有一定的歧视。由此,是否可以得出结论:"Y 市相当一部分中学生对涉嫌犯罪同学有一定歧视。"但是,随机抽取其中 20 名中学生问卷进行个案访谈,有 17 人都谈到数天前发生在校园旁边的抢劫案及其带来的恐惧性心理。根据经验法则,普通人面临恐惧心理时容易作出不同常态的判断。由此,不难推论,Y 市相当一部分中学生对涉嫌犯罪同学有一定歧视这一结论建立在一定的前置条件下:参与者遭遇犯罪带来的

---

① 《五灯会元·卷十四含珠哲禅师法嗣》:"僧问:'枯树逢春时如何?'师(大乘山和尚)曰:'世间希有。'"其含义是:如果将枯木比喻为佛性的话,那么逢春则是随上了机缘,开花则为妙用。

恐惧心理。忽视这一条件,上述结论的科学性是值得商榷的。

3. 价值权衡的运用

法律信息与其他信息的区别之一,即是多为法律机关控制。在实践中,许多法律机关在统计法律信息时,往往不能做到及时、充分。一些个案可能由于潜规则等因素,在法律定量分析中难以体现,甚至不便被摄入实证研究。其中,这些潜规则包括地方保护、权力寻租、职业利益等,它们的消极影响有:一是它们往往内部通行或者认可但未向外界公布,一般较难发现和统计;二是它们往往隐藏在数量关系背后,成为不可控因素。这时,需要结合法律实证研究的研究性质、研究目的以及该法律领域的特征进行价值上的权衡。

在刑事司法的相关实证研究中,经常遭遇的困境是,虽然不难确定统计层面的"案件总数",但许多个案无法查证,尤其是不予追究刑事责任的情形。这时,一种处理方式是迎难而上、溯本求源,对这些"隐性"个案即使"挖地三尺",也要让它"原形毕露";另一种处理方式是在案件总数上进行削减,对其他案件进行专门性研究。

从效果上看,前者在个案研究的意义上比较突出,许多据此进行的"事件分析"往往有震撼性的效果,但消极性在于,这种深度挖掘可能会损及一些既得利益集团,有碍一些法律机关的积极配合,有时可能带来研究者个人风险。这在一些法制题材深度报道中有类似教训。(参见例8-11)

例8-11 法制题材深度报道中的风险个案——西丰警察进京抓捕记者案[①]

据《中国青年报》报道,1月4日,辽宁省西丰县公安局多名干警以《法制日报》下属《法人》杂志记者朱文娜此前的一篇批评报道涉嫌诽谤罪为由,带着拘传通知,赶到法制日报社内,欲抓捕该记者,未果。这起事件起因于一调查性报道。2008年1月1日出版的《法人》杂志刊发了记者朱文娜采写的《辽宁西丰:一场官商较量》,文章说,西丰县商人赵俊萍因为拆迁事务不满西丰县委书记张志国,编发短信对张进行了不点名批评,赵俊萍因此被通缉抓捕,并被以偷税、诽谤两项罪名判刑。2月5日,

---

① 刘万永:《报道涉辽宁西丰县委书记负面 警方进京抓记者》,载《中国青年报》2008年1月8日。

铁岭市委召开常委会听取调查组汇报后认定,张志国身为县委书记,法治意识淡薄,同意西丰县公安局介入并拘传记者,对事件负有不可推卸的直接领导责任。为此,市委决定,责令张志国同志引咎辞职,并向市委写出深刻检查。

后者具有"委曲求全"的品性,而且为一些法律机关乐见其成、不伤和气。但是,从方法论而言,定量分析中忽视特殊现象,造成"模糊地带",可能制约研究结论的有效性和普适性。目前有一些乖巧的做法试图缓解这种紧张关系,譬如,对这些"隐性"个案进行标记并作出特别说明,俗称"技术性处理"。应当说,在法律实证研究中,定量分析完全避免"技术性处理"是不可能的。需要注意的是,为保障研究结论的有效性和普适性,这些"技术性处理"的程度和频率应严格限制。

4. 与业务考评相结合

在许多国家和地区,上级法律机关为规范下级法律机关及其人员的职务行为,往往进行数量关系的绩效考核,以实现督促、奖惩等功能。此即业务考评。法律机关的业务考评结果已成为法律信息量化资料的重要来源;在定量分析中,与业务考评相结合,能够节约实证研究成本,增强研究结论的有效性。(参见例8-12)

例8-12 中国刑事司法领域基于数量关系的业务考评种类

在中国刑事司法领域,数量关系方面业务考评集中在:(1) 关于"量"的考评体系。即将"数量"作为重要指标,规定"基础办案数量",一般是对完成或超越"基础办案数量"的予以加分,对未达到的予以扣分。个别指标加扣分标准恰好相反。其功能主要是督促办案机关提高案件效率、案件质量。譬如,公安系统中大要案破案数、移送起诉数、"百名民警办案基数";检察系统渎职侵权立案数、贪污贿赂立案数、民行监督案件数、立案监督数、侦查监督数;法院系统平均审结案件数、实刑数等。(2) 关于"率"的考评体系。即将"比率"作为重要指标,规定"基础办案比率",一般是对完成或超越"基础办案比率"的予以加分,对未达到的予以扣分。个别指标加扣分标准恰好相反。其功能主要是督促办案机关提高案件效率、案件质量。譬如,公安系统的成案率、拘留率、被批捕率;检察系统的案件线索处理率、案件法定期限结案率、自侦案件起诉率、不起诉率、有罪判决率;法院系统的年审结率、上诉率、改判率、调解结案率等。

与数量关系方面业务考评相结合,研究者还可以获取一些具有保密性的专业化法律信息。这是一种独到的优势。因为在科学研究中,不可否认一些"风景"是在"险峰"之中的。当然,更多的问题集中在,我们如何处理多样、复杂的考评数字。但是,正如量化研究容易沦为"数字的奴隶"一样,数字化的负面效应,伴随政绩观等,已经程度不等地侵蚀了业务考评制度。"不相信数字"成为一些学者固守传统思辨研究的一个重要论据。(参见例8-13)

例8-13 中国刑事司法领域基于数量关系的业务考评问题

在中国刑事司法领域,在其数量关系方面业务考评中,人为规定一些"基础办案数量"或"基础办案比率",确实能激发办案效能,在当下转型社会中具有促进司法工作对市场经济、社会秩序的稳定功能;但是,问题在于,这些考核指标在数字化上的片面追求,导致一些负面效应:在未达到基数前,司法过程具有"凑数字"现象;达到基数后,司法过程才得以正常流转;有一些部门,譬如职务犯罪侦查,往往在完成当年任务后便进入"歇业期";学术界对于不起诉率、有罪判决率等的控制也多有批评。

在与业务考评相结合的过程中,定量分析需要全面、真实统计分析司法过程中的数量关系,其中也需要合理判断逻辑关系、运用经验法则、运用价值权衡,处理好与定性分析关系。

三、研究报告的撰写规则

在对资料进行定性或定量分析之后,实证研究即进入一收尾阶段:如何根据资料分析的结果,结合规划设计、研究方式、风险管理、伦理责任等撰写研究报告。

研究报告是以文字语言的形式向读者呈现的规范化的研究成果,既是科学研究过程的延续,也是知识建构的主要方式。因此,在作用上,其具有结论性,这是区别于研究方案的重要区别。

究竟什么样的研究报告才是一份好的研究报告?对此,众说纷纭。显然,在研究报告的撰写上,自然科学与社会科学的差异是比较大的。许多社会科学者在阅读自然科学一些研究报告时会感觉走进数字和图表的迷宫,"一头雾水";许多自然科学家在阅读社会科学一些研究报告是感觉走入"意识流"和"词汇"的表演赛,"瞠目结舌"。

但这不妨碍在实证研究中,无论自然科学,还是社会科学,在撰写研究报告时会有一些一般性的规则发挥着指导性的作用。

（一）一般性规则

撰写研究报告，一般包括四个步骤：一是根据自己对资料的分析拟定初步的写作提纲，包括章节结构和资料的大致分配；二是进入写作，完成初稿；三是修改初稿，包括对内容与形式两方面的完善；四是讨论和再修改，确保研究报告的学术质量；五是定稿，再检查一下文章形式方面是否有瑕疵。

撰写研究报告，在内容上应考虑实证研究的本质特征，有一系列一般性规则：

1. 目的性规则

在研究报告的撰写中，应明确该报告是"理论性"，还是"应用性"研究报告，该研究报告能否有利于促进研究目的的实现。根据研究目的，在描述、解释与探索性研究中，各自研究报告在内容上各有侧重点。在描述性研究中，研究报告的特点是依据资料分析客观归纳一系列现实问题或者描述理论的系列实践样态，其现实性较强；在解释性研究中，研究报告的特点是依据资料分析解释制度上的变迁或者诠释一种理论假设，其学术性含量较高；在探索性研究中，研究报告的特点是依据资料分析建构新的理论类型、模式或者建构具体的建议和对策，其应用性较强。

2. 实证性规则

在研究报告的撰写中，应体现"实证性"特点。即坚持"大胆假设，小心求证"进行发现性研究，这对研究报告的行文规范提出了诸多要求：

（1）在语言上，要求语言准确，语句简短。这意味着要积极减少繁琐的叙述、带有情感成分的表达、夸张的描述以及华而不实的辞藻。

（2）在人称上，一般采用第三人称或非人称代词，例如："本研究认为……"，"根据资料，可以发现……"，"以上数据表明……"等。多一些"我发现"，少一些"我认为"。

（3）在推论上，强调论证的严谨和明显的逻辑关系，一般不对事实作价值判断，强调将事实告诉读者。

3. 结构性规则

可能很多人会疑问，什么样的结构才是实证研究报告的最佳选择？实际上，科学没有提供这么多的最佳选择。在不同学科中，其研究报告的写作风格差异较大。有的还受到研究者个人研究习惯的影响。

但这不妨碍可以总结一些实证研究报告的基本结构。许多学科实证研究的研究报告具有结构上的类似性，即一般遵循规划设计、研究方式、风险管理、伦理责任、资料分析等基本方法。对此,有学者将实证研究报告比喻为沙漏。研究报告在结构上包括导言、方法、结果、讨论、小结或摘要、参考文献、附录等。从广阔的导言开始,逐步转变为较为专业化的研究领域,形成研究结果,这是"沙漏"最为狭窄的部分;之后,研究报告逐步拓展到一般讨论领域,展示研究结果的价值及应用。[①] (参见图 8-1)

图 8-1　沙漏

具体而言,研究报告的基本结构可以细分以下 8 个部分:

(1) 引言或导言部分:主要阐述研究问题,研究性质与研究目的,揭示研究的理论意义与现实意义。

(2) 文献回顾和述评:通过文献述评说明既有的科学理论,提出研究假设。在某种意义上说,文献质量往往直接决定了研究的质量,体现了其学术底蕴。

(3) 研究方案:主要阐述实证研究在规划设计、研究方式、风险管理、伦理责任、资料分析等方面的规划和设计。譬如,对研究方式的选择、对风险的预防和救济方案、对学术伦理责任的保障和对资料分析方式的选择等的说明。

(4) 研究结论及其论证:归纳总结通过实证研究获得的研究结论,分析其如何解释或解决研究问题;对研究结论进行逻辑的、经验的论证。在探索性研究报告中还要根据研究报告所发现的问题提出具体的建议和措施。

(5) 进一步讨论或思考:归纳研究中存在的问题以及有待进一步考

[①]　袁方主编:《社会研究方法教程》,北京大学出版社 1997 年版,第 677 页。

证的疑点;这部分具有讨论性质,包括:对自己研究的基本评价,研究结论的学术贡献和存在风险,需要进一步讨论的问题等。

(6)中英文摘要:主要简单概况研究的问题、主要结论以及关键词。

(7)注释:运用注释的方法(脚注、尾注、夹注加参考文献)对研究报告中直接引用和间接引用的他人研究成果、观点、资料进行说明。

(8)附录:主要是将一些重要的量化资料,如问卷和量表等,以及一些重要的质性资料,如访谈笔录等,以及测量工具等附录在研究报告之后,以供审查以及借鉴。

(二)法律实证研究报告

应当说,与其他学科实证研究报告相比,法律实证研究报告也遵循目的性规则、实证性规则和结构性规则,但也有其鲜明个性。这主要表现在,受法律人思维方式、法律信息类型以及法律实证研究项目特殊风险等因素影响,其研究报告包含一些特殊规则。

在法律实证研究项目,针对法律规范、法律文化、法律载体、诉讼案件、法律制度等法律信息进行实证研究,其在法律领域的功能有描述法律现象、解释法律原因、预测法律规则、评价法律效果、作为立法或司法依据等。这意味着,法律实证研究报告应充分考虑其在法律领域的特殊性。

反映在法律实证研究报告中,其撰写应遵循如下特殊规则:

(1)安全性规则。即注意来自国家安全、宪法秩序、意识形态独立性、法律信息保密性等方面的特殊要求。这意味着,除非是经过特别批准或进行专门性研究,法律实证研究报告中的研究结论不得触及国家安全、宪法秩序、意识形态独立性、法律信息保密性要求。这也是由法律与政治之间的密切关系决定的。

(2)伦理性规则。即在语言表述、研究结论等方面不应对参与者的隐私权等合法权益造成损害;在研究结论的获得、论证上,要坚持学术伦理的基本原则,防止数字造假和文义歪曲等。法律实证研究报告突破隐私权保护以及学术伦理基本规则,其可能造成的社会影响力、破坏力往往较其他实证研究更为恶劣。

(3)谨慎性规则。即在研究结论的论证上,要注意抽样的代表性,并认识到依此进行法律移植、司法改革的谨慎性。不可否认,许多法律实证研究发现了法律信息的规律性认识,纠正了以往许多常识性的谬误。但是,法律领域也有一定范围内不可知领域,实证研究在一定条件下具有可错性。在法律实证研究报告中,应保持必要的谦虚和十分的谨慎,不可盲目夸张,否则容易在推广研究结论时"摔跟头"。

（4）独立性原则。即在研究结论的获取和论证上,研究者应与法律机关意见保持合理的距离。在法律实证研究中,研究结论可能出现与法律机关的个体需求不吻合,甚至截然相反。这时,法律机关可能对研究者施加影响,促使其得出有利于己的结论。对于研究者而言,要从气节上避免沦为"部门性学者",坚持学术研究的独立性;在研究报告撰写中,要避免法律机关需求至上,避免法律机关负责人需求至上,使研究结论忠实于来自法律层面、社会层面的制度需求。至于研究结论与法律机关的个体需求的矛盾,应认真分析其中的矛盾及其根源。

实证研究的研究报告,相比思辨研究类论文而言,对格式化程度要求更高。一般认为,定性分析和定量分析可以强化研究报告的科学性、规范性。这也是法律实证研究报告将来的发展方向。

但是,一些实证研究的研究报告也很糟糕。正如前文反思的,一些自然科学的研究报告让人觉得走进数字和图表的迷宫,而一些社会科学的研究报告则让人感觉走入"意识流"和"词汇"的表演赛。"快餐化"、"数字化"的法律实证研究报告也偶尔在中国法学界"出没"。

不难假设,如果我们生活在史诗年代,也许研究报告只需雕琢"极少数的词句"即可"闻达天下"。可惜,人类已经进入了信息技术时代、知识经济时代,日益显出对文字和数字的亲昵、依赖——没有洋洋洒洒的"千言万语",似乎难以证立或证伪一些"理论"。归根结底,是人类把问题搞复杂了,还是问题把人类搞复杂了?

实证研究的研究报告应该拒绝废话。但是,这种"度"如何把握? 其实,真正的诗歌创造,除非天才,多数是艰难的。在中国,有许多诗句描述其中三昧:"二句三年得,一吟双泪流"(贾岛)、"一更更尽到三更,吟破愁心句不成"(杜荀鹤)、"吟安一个字,捻断数茎须"(卢廷让)、"为求一字稳,耐得半宵寒"(顾文炜)。对于那些"快餐化"、"数字化"的法律实证研究报告而言,来自诗歌创作的启示似乎有些遥远,但无比贴切。研究报告可以惜字如金,但需要切中要害。

第九章　法律实证研究的评估与推广

假如法律是一座墙,则墙的缺口,即法律的漏洞;墙依其本质本应完整无缺,其有缺口,实违反墙之为墙的目的及计划,自应予以修补。

——王泽鉴①

在实证研究中,撰写研究报告并形成研究结论后是否意味着"万事大吉"? 其实不然,更重要的工作在后头。对一研究报告及其研究结论还需要进行有效性评估。所谓评估,是指特定主体依据一定原理和逻辑对研究报告及其研究结论进行有效性检验:一方面,阅读并评价研究报告,验证实证研究的规划设计和实施过程是否合理,另一方面,确定研究结论的准确性程度、可推论范围、普适度,判断该研究项目可否进行可持续的推广。在实证研究中,有效性评估是防止"伪实证研究"的阀门,是推广"有益实证研究"的前提。评估的方法和技术是否发达,评估的过程是否客观,在某种意义上是反映一学科实证研究质量和水平的"测量器"。

在法律实证研究中,结合社会学、人类学等学科评估的基本方法,有利于促进法学理论在检测和建构上的规范性,并促进其积极推广。在中国法学界,由于法律实证研究还未成为主要研究方法,其相应的评估方法和具体技术尚处于探索阶段。中国目前进行的一系列法律实证研究范本,也需要进行专业性的评估和可持续的推广。

一、评估与推广的基本方法

在西方国家,对实证研究的评估方法论给予"特殊关注"始于 20 世

---

① 王泽鉴:《法律思维与民法实例》,中国政法大学出版社 2001 年版,第 254 页。

纪50年代。它由美国著名社会学家P.拉扎斯菲尔德创建。其产生在当时科学发展状况下主要是解决两个问题：

其一,20世纪50年代统计学和定量研究的发展促使学术界逐步意识到,许多实证研究在实施过程中存在诸多技术性差距,影响了研究结论的真实性和准确性。

其二,随着研究报告的日益增多,对研究报告如何进行验证,避免其"以讹传讹"成为当时学术界普遍关注的问题。"伪实证研究"的泛滥是催生评估方法论产生的直接动因。

到70年代,以社会学为代表,日益形成一套相对独立、日臻完善的评估方法体系。① 评估的基本方法,一般先将实证研究项目进行基本要素的解析。(参见表9-1)

表9-1　实证研究项目评估方法体系

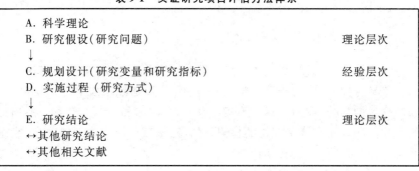

评估的基本方法,根据评估的主要内容,可以区分为理论检验与经验检验,前者侧重从原理、逻辑层面对研究结论进行评估,后者侧重分析研究结论是否符合经验法则。

评估的基本方法,根据评估的主要方向,可以区分为内部效度与外部效度,前者侧重从实证研究基本要素本身进行评估;后者侧重与其他研究结论和其他相关文献研究。

理论检验与经验检验及内部效度与外部效度是可以相互组合,共同参与评估的方法论体系。在评估属于有效的场合,在理论性研究中具有理论检测为真或理论得到合理建构的效果。推广是以有效评估为基础的。推广具有狭义和广义之分。

---

① 袁方主编:《社会研究方法教程》,北京大学出版社1997年版,第699页。

其一,狭义的推广是指实证研究项目本身的推广。譬如,进行实证研究项目的基本要素推广。其要求,该项目的研究假设、规划设计、实施过程、研究结论以及相关的伦理责任、风险管理中部分或全部基本要素获得学术研究或司法实务的认可。其中,科学、规范的研究方式往往是最容易吸引目光的因素,也是推广较多的领域。

其二,广义的推广还包括在应用性研究中,将该研究结论解决实际问题。探索性的实证研究项目得出解决实际问题的研究结论,有的被直接运用,有的需要进行进一步评估。在一些改革措施中,实证研究项目可能直接运用于改革的过程。这取决于实证研究项目在应用性上的品质和决策层的理性能力、可接受程度等。

当然,推广除了需要进行有效评估外,还需要依赖一定的技术性手段,譬如新闻媒体宣传、相关专家论证等;对于研究者而言,还具有沟通艺术、人际因素等方面的要求。

二、法律实证研究中的特殊性

与其他学科相比,在法律实证研究中,其评估与推广的基本方法并无太大差异。但是,由于法律信息的特殊性,尤其是涉及法学理论检测、法学理论建构、立法或司法建言等实证研究,在评估和推广上具有一系列鲜明个性。尤其是在法学理论的检测评估、法学理论的建构评估、立法或司法建言的评估方面,具有其特殊性。

(一)法律实证研究的评估

在法律实证研究中,进行评估时都需对法律实证研究项目进行基本要素解析。法学理论、研究假设、规划设计、实施过程、研究结论以及相关的伦理责任、风险管理。对于这些基本要素,本身设计是否符合科学、规范要求,要进行逐步判断。

无论是法学理论的检测评估、法学理论的建构评估、立法或司法建言的评估,都要对法律实证研究中基本要素进行细节性描述,此即内部效度分析。对其中质性资料和量化资料,依次进行理论检验与经验检验。进行基本要素解析是法律实证研究中进行有效性评估的基础性方法。在法学理论的检测评估、法学理论的建构评估、立法或司法建言的评估中,还有一些应特殊注意的方面。

1. 法学理论的检测评估

在法学理论中,良莠难分。许多研究结论,往往通过相当规模的样本

分析实现对法学理论的证立或者证伪。要评估这些证立或者证伪是否成立,需要进行以下操作:

(1)对被证伪的法学理论进行特殊检验。证伪一法学理论,其知识贡献不亚于,甚至在一定程度上超越建构一新法学理论。尤其是针对历时多年的权威性法学理论。为体现谨慎性规则,这时,一方面,可结合其他法律文献或相关研究结论进行外部效度分析;另一方面,可增加实证研究的频率和程度进一步检验被证伪的法学理论。譬如,强化对之前实证研究的回访;扩大实证研究的样本容量;改变研究方案进行对比性实证研究等。

(2)对被证立的法学理论进行再次检验。经过实证研究,证立一既有的法学理论,这对该法学理论的生命力和持续发展具有重要作用。由于法律信息在实证研究上对社会条件和人性基础等的依赖性,所以其证立是在一定制度环境下产生的。脱离该制度环境,这一被证立的法学理论是否有效?一些"理论发现"往往命运如同樱花绚丽凋谢,原因即在此。所以,增加实证研究的频率和程度,对证立的法学理论再次检验成为多数研究者倾向的选择。

2.法学理论的建构评估

通过法律实证研究,其知识贡献之二是在研究假设的指引下建构一新的法学理论。这一新的法学理论的解释力和解决力如何?可以预见,任由模棱两可,甚至制造新问题的法学理论盛行,将对法学研究和法律变革产生误导效应。

法学理论建构的评估,从西方国家法律实证研究项目来看,主要有两种特殊方法:

(1)强化伦理责任,通过学术自我评价机制予以"自治性评估"。这种方法的论据在于,研究者掌握了专业科学知识以及实证研究的各种步骤、方法,他们比其他人能更准确、全面地预见这些科学知识的可能应用前景;在伦理责任的约束下,他们比其他人更有能力、更能权威地预测、评估有关科学的正面和负面的影响,防范各种风险。

当然,"自治性评估"的效果实现有赖于一系列"软条件"的完善,譬如,法律人职业群体品质得以提高,法律人思维方式得以优化,法学论文发表机制得以完善等。

(2)根据中立性规则,通过外在评价机制予以"监督性评估"。根据研究的经费来源,这种监督性的评估可区分国家机关评估、社会团体评估、专家组评估、个体赞助商评估等。这些监督性评估的方法,一般是审查研究结论与原先通过的研究方案之间的关系,审查研究结论与其他法学理论、相关法学文献以及经验法则之间有无矛盾,审查该研究结论在样本上的代表性和在方法上的科学性等。

法学理论建构的评估,在"自上而下的知识生产体系"中往往受到官僚主义倾向、部门利益观等因素的消极影响。在"自下而上的知识生产体系"中容易受到社会事实和人的不确定性等因素的消极影响。有时,一些知识领域的傲慢和偏见也会对新建构法学理论产生消极影响。一种新建构的法学理论,通过一次、两次评估往往是不够的,需要经历不同时空条件的反复检验。

3. 立法或司法建言的评估

通过法律实证研究,立法机关或司法机关可以对法律的漏洞、司法的困境进行描述和解释,以提供解决方案的探索性研究报告。这时,研究报告主要体现为立法或司法建言。有效的立法或司法建言能促进立法、司法机关明确认识其法律活动的基本问题、可接受程度和改进途径等;无效的立法或司法建言一旦被采纳,往往成为"恶法"的来源。

立法或司法建言的评估,与法学理论检测和法学理论建构的评估不同。

(1) 其评估的机构具有专业性和权威性,同时,这些专业且权威的机构也可吸纳国内外法学专家、社会团体、新闻媒体等的参与。

中国当前许多法律实证研究项目都以提出立法或司法建言为重要的研究目的。由于没有统一的评估模式,这些项目的评估与推广多采取专家论证、部门审核、媒体宣传、重复研究等方式。当前,通过国际会议进行评估和推广也日益增多。(参见例9-1,例9-2,例9-3)

例9-1 "未成年人取保候审"实验研究的评估与推广

在"未成年人取保候审"实验研究中,课题组在评估和推广阶段,主要采取以下方式:一是召开以国内知名学者和"六机关"参与的研讨会;二是邀请法制类媒体予以报道;三是出版《取保候审适用问题与对策》(中国人民公安大学出版社2007年版);四是在H省市进行再次实验研究,而且将实验对象扩展包括成年人。

例9-2 "侦查讯问三项制度"实验研究的评估与推广

在"侦查讯问三项制度"实验研究中,课题组于2006年4月由项目组发起在北京召开了"侦查讯问程序改革国际研讨会"。来自中国、美国、德国、俄罗斯、香港等国家和地区的专家和学者参加了会议。中国立法机关、最高法院、最高检察院、公安部等中央有关部门的有关领导也出席了会议。与会专家学者和有关领导对"三项制度"项目给予了积极评价,并围绕侦查讯问程序的改革问题进行了深入的探讨、广泛的交流。为促进该试验研究的推广,研究者著述了《侦查讯问程序改革实证研究——侦查讯问中律师在场、录音、录像制度实验》(中国人民公安大学出版社 2006年版)等一系列研究成果。

例 9-3　"刑事和解"试验研究中的评估与推广

在"刑事和解"试验研究中,课题组于 2008 年 11 月和 2009 年 1 月在北京分别召开"恢复性司法与刑事和解座谈会"和"刑事和解与刑事诉讼法修改研讨会"。除了邀请外国专家参与座谈会、研讨会等外,该实验研究确立的评估与推广主要有以下三种具体方式:一是出版一些研究成果;二是在其他地区继续进行实验研究;三是提出立法建议以供审查。

(2)其评估的程序具有规范性、程式性。在评估立法或司法建言时,可通过内部审核、专门讨论、征询意见、会议通过或有关机关批准等程序,实现评估。

(3)其评估的方法一般包括:① 观察研究结论与宪法规范、基本法规范以及经验法则有无冲突,以及这种冲突在价值权衡中的状况;② 通过增加实证研究的频率和程度进一步检验立法或司法建言的有效性。譬如,强化对之前实证研究的回访,扩大实证研究的样本容量,改变研究方案进行对比性实证研究等。

对立法或司法建言的评估,还涉及法律方法的运用。法律发现、法律解释、法律推理、价值权衡、漏洞补充和法律论证等,可帮助评估法律实证研究结论与现有法律规范之间有无冲突,冲突程度;可帮助评估法律实证研究结论是否对法律规范进行了灵活的处理——通过解释深化还是创造了法律;可帮助评估法律实证研究项目中各种步骤和方法在法律逻辑层面是否自洽和融通;可帮助评估法律实证研究结论与司法实践既有习惯和经验法则之间是否契合,契合程度;可帮助评估法律实证研究结论在价值类型上的选择、取舍,这些选择和取舍是否与法律文化、司法体制、社会观念、意识形态契合等等。

当然,立法或司法建言的通过与否,并不简单取决于评估。它与一国或政府决策层的理性程度、接受能力以及当时面临的各种制度环境具有密切关系。

（二）法律实证研究的推广

通过有效评估，被证立的法学理论、建构的新的法学理论、被认为有效的立法或司法建言，可进行积极推广。一个有效的法律实证研究结论，对于法律规范而言，可能指导立法者填补法律漏洞；对于司法操作而言，可能指导司法者解决司法困境；对于法学研究而言，可能作为一种主要的检测理论的方法加以借鉴。

一个有效的法律实证研究结论，应具有可持续的生命力。它能应对来自法律机关、社会公众、其他研究人员、新闻媒体等多元主体的质疑。

推广一法律实证研究项目，一般要考虑以下具体要点：

（1）该法律实证研究项目是否经过有效评估；

（2）现有知识积累是否能理解并掌握该研究项目的基本要素；

（3）原先实施该研究项目的研究者及其团队是否提供了明确的方法学指导；

（4）是否对该研究项目的风险因素已经具有明确的了解；

（5）周围的制度环境是否与该研究项目适应，是否可能遭遇来自个人、群体、组织、社区等的抵制；

（6）推广该研究项目的直接收益、预期收益如何；

（7）推广该项目是否具有经费支持；等。

推广法律实证研究项目，对研究者的伦理责任和操作经验都是一种考验。有些实证研究者"王婆卖瓜，自卖自夸"，说得比唱得好听；有些研究项目"金玉其外，败絮其中"，好看不中用；有些研究项目从设计、实施到推广，属于"赶鸭子上架"……推广法律实证研究这一"产品"，负责的态度是准确告知社会公众预期收益、存在隐患和可能风险。这才是一种真正的宣传艺术，也是为制度所真正需求的"广告"。

三、中国范本：评估及其推广

在评估和推广法律实证研究项目时，必须考虑一国家或地区的社会情境。与其对应的是，许多法律实证研究项目试图寻求"普世"价值，超越一国家或地区的社会情境。世界上究竟是否存在"普世"的价值，即放之四海而皆准，就是无论何时何地何种情况，都可行的统一的规则体系？

从人类发展史看，几乎没有形成从古至今不变的、适用于所有人的

"普世价值"。在近代殖民主义中,民主、自由和人权等被认为是西方的普世价值被强制性推广,但事实证明,推广必须是适应性的、策略性的,并与一地的"地上之神"契合,否则推广的效果会大打折扣,甚至发生功能异化。

虽然不应从绝对的抽象意义上来讨论普世价值,但还是可以从相对性或者说现实的角度来理解普世价值,这是全球化语境下的一个普遍趋势。具体而言,只有具备或者大致具备了下列条件的命题,才可勉强称为"普世价值命题":它必须不仅在理念上,而且在实际上都能够适合人类绝大多数个体的生活方式和切身利益,并且为当地人们的经验法则和制度条件所认同。

这其实是一种关于人和土地关系的方法论。人必须适应土地以及"地上之神"。由此,评估和推广法律实证研究项目,其必须超越绝对的抽象意义的"普世价值",具体指向一种具体的为绝大多数人认同、接受的方法论。

探索中国问题,发掘中国模式,提出中国理论,这是在中国进行法律实证研究的精髓所在。通过法律实证研究的评估和推广,可否实现对中国法学理论的检测与建构功能?可否优化中国法律在制度上的变迁?这有赖于以中国语境为基础探讨其评估与推广的现状与走向。

(一)政府主导与社会转型:有效性问题的制度环境

1. 评估与推广的基本特征

在中国开展的一系列法律实证研究中,其评估方法和具体技术尚处于初步发展,但不发达阶段。这也影响了研究项目的可持续性推广。其基本特征是:

其一,多数法律实证研究项目希望解决转型社会下的复杂问题,在一个研究项目中基本囊括解释性、描述性和探索性研究。这导致了评估上的操作性困难。在实际的法律实证研究项目中,并未有效区分法学理论检测评估、法学理论建构评估以及立法或司法建言评估。

其二,存在程度不等的研究者"自治性评估",发表学术论文和出版学术著作成为其主要形式。这种评估往往受到较多质疑——人们担心,在中国目前法学方法和法律方法状况下,很难期待研究者自身进行有效评估。

其三,由于目前中国法律实证研究基本上以课题经费资助、司法改革调研等方式进行,多为"自上而下的知识生产体系"。这使其在评估方法上主要依赖"监督性评估"。其具体方法主要有课题资助方审查、专家鉴定会、新闻发布会、主题(国际或国内)会议等形式。

其四,在推广上,现有法律实证研究成果往往依赖于来自政府力量的引导和保障,包括法律机关的支持和配合。

在法律机关和学者联合进行的实证研究中,一旦法律机关控制绝对的话语权,这可能给评估和推广带来的消极影响是——产生"对己性评估"和"复制式推广"。前者是指由实施实证研究的法律机关评估自身的研究结论,这可能造成实证研究的"成功率"畸高;后者是指在推广实证研究时法律机关往往顾及自身政绩观,对负面效果缺乏关注,在推广时倾向选择复制此前"成功模式"。

上述特征是如何形成的? 不可否认,这与中国目前学术体制具有密切关系。因为开展实证研究以及进行评估需要耗费大量的经费和人力,选择思辨研究检测理论或理论建构成为法学界多数学者的倾向。这也限制了评估方法和具体技术的应用。更重要的是,上述特征体现了法律实证研究评估与推广在方法论上对中国法制现代化的适应性和对中国转型社会的适应性。

2. 对中国法制现代化的适应性

当前,"政府主导"的法制现代化路径或模式,是影响中国法律实证研究项目评估和推广模式的最核心因素。

在西方国家,其法制现代化基本上是按照"摸索—创新"的方式从内部发展起来的,主要属于"社会演进"模式,实证性和探索性比较强。在中国,自清末变法以来,历经百年的法制现代化,主要是在外部的压力和示范作用下按照"借鉴—结合"的方式进行的。对于当前法律实证研究项目而言,其要获得制度认可并持续发展,从功利主义的角度,需要根据"政府主导"法制模式进行评估和推广,只有将评估的决定权和推广的实施权中的核心部分交给"政府",这样才能获得课题经费支持和凭借"政府"资源积极推广。

可以说,中国的法制现代化建设是由政府倡导起来的,又是在一种明确的目标指导下,通过政府的力量来组织实施的。在我国,这种主导作用具体体现在观念启蒙作用、总体设计作用、实施保障作用。①

（1）观念启蒙作用。政府主导对传统的法律文化中的落后观念进行深刻的反省和批判；政府投入进行大规模的、全民性的法律启蒙教育和法律知识传播；政府大力资助以部门法律和法律解释为体系的法律类课题；等。

（2）总体设计作用。国家对法制现代化的目标和实施方略作出宏观决策；政府自上而下地领导和推动法律现代化；逐步地、随着社会改革的深入而不断深入地提出法制现代化建设的任务；等。

（3）实施保障作用。政府提出并实施庞大的立法计划，迅速扩充法官与公安队伍，政府法制的全面恢复和加强，形成与完善法律监督机制；等。

3．对中国转型社会的适应性

在中国，转型社会理论对于法律实证研究的评估与推广而言，提出的方法论要求是：一是能否描述、解释中国转型社会的复杂特质，使得法律实证研究项目具有针对性；二是提出的研究结论是否对于解决中国转型社会问题有所帮助。

事实上，许多中国法律实证研究项目之所以如同樱花早谢，或者束之高阁，难以担当变革中国法制现代化路径或模式的任务，既与其方法论有欠发达状态有关；更多的是，在中国改革开放以来，社会结构的急剧分化、不同社会力量的角逐、社会规范的片断化，使得中国各种发展潜能和发展方向的共时存在，并导致了其基本的社会安排难以定型。

关于社会转型的含义和研究类型，在国内学术界，代表性的观点有②：

（1）从宏观社会制度变迁的角度阐述

将"社会转型"视为从传统社会向现代社会的转变，是对社会转型最基本特征的概括，也是学术界普遍认同的观点。陆学艺、景天魁在《转型中的中国社会》一书中，将社会转型定义为"是指中国社会从传统社会向现代社会、从农业社会向工业社会、从封闭性社会向开放性社会的社会变迁和发展。"刘祖云将社会转型视为一种特定的社会发展过程，它包括三

① 蒋立山：《论政府主导型的法制现代化》，载《法学杂志》1995 年第 3 期。

② 参见："当代中国社会转型研究文献综述（一）、（二）"，载 http://www.tt65.net/zonghe/lilun/keti/mydoc008.htm；最后访问日期 2008 年 11 月 20 日。

个方面:一是指社会从传统型向现代型转变的过程;二是指传统因素与现代因素此消彼长的进化过程;三是指一种整体性的社会发展过程。吴忠民认为社会转型是指由传统社会向现代社会的过渡、结构性变动和整体性转化。它主要包括五个方面的内容:一是由农业社会向工业社会转化;二是由乡村社会向城市社会转化;三是由封闭半封闭社会向开放社会转化;四是由分化不明显的社会向高度分化的社会转化;五是由宗教准宗教社会向世俗社会转化。孙立平、王汉生等人认为改革前中国是一个总体性社会,改革后,社会结构各方面都发生变化,逐渐转变成为一个分化程度较高的社会。社会结构的变迁促使中国由一个总体性社会向分化性社会转变。

(2)对社会转型的主体要素进行阐述

郑杭生、李强、李路路等在《当代中国社会结构和社会关系研究》一书中,对社会转型下的定义是:"社会转型,意指社会从传统型向现代型的转变,或者说由传统社会向现代社会转型的过程,就是从农业的、乡村的、封闭的半封闭的传统社会,向工业的、城镇的、开放的现代型社会的转型,着重强调的是社会结构的转型。在这个意义上,它和社会现代化是重合的,几乎是同义的"。李培林在《另一只看不见的手:社会结构转型》一书中,把社会转型定义为"社会转型是一种整体性的发展,是一种特殊的结构性变动,而且还是一个数量关系的分析概念"。他强调社会转型的主体是社会结构,真正决定一个国家是否实现现代化的因素是社会结构的转型,社会结构各基本要素的变迁是社会发生转型的重要标志。金耀基在《从传统到现代》一书中认为转型社会具有三个特征:一是异质性,即传统因素与现代因素杂然并存;二是形式主义,即应然与实然不相吻合;三是重叠性,转型社会是结构分化与不分化、功能的专化与普化相互重叠。

宏观而论,中国法律实证研究项目在评估和推广上要保持对中国法制现代化路径和中国转型社会的适应性,在这一过程中不妥协变质,反而促进二者的积极变革,需要实现在方法论上的反思与超越:

其一,从法治主义角度,法律实证研究项目在实质上可以作为两种法制现代化路径的中介:其蕴含的实证精神与"社会演进"模式的特质是一致的,并可以由此积极影响"政府主导"模式的方法论从官僚主义倾向向社会自发秩序中的自然主义倾向靠拢。

其二,从秩序生长的角度,法律实证研究项目的评估与推广应坚持多元主体的参与,但是,作为基础,在评估方法上应注重政府机构、社会机构的参与；在推广方法上应关注政治结构因素、社会制约因素。这是促使上述评估与推广在当代中国具有生命力的重要方面。

（二）基于个案范本的反思：有效性问题的具体对策

除了宏观叙事之外，通过个案质性资料和量化资料的对比分析、事件分析等，可以推论中国法律实证研究项目在评估和推广上遭遇的一些基本问题。

在中国法律实证研究项目中，许多研究者吸收研究方式的方法论特征，将其纳入到评估的具体技术中，形成一些饶有特色的评估技术，譬如，"回访式评估"、"观察式评估"和"调查式评估"等。通过这些评估技术，这些研究者饶有信心地推广其研究项目。在某种意义上，这可以作为中国未来评估和推广法律实证研究项目的参照。

下文以"未成年人取保候审"实验研究和"侦查讯问中三项制度"实验研究为例，采取"研究目的——研究结论——制约因素"的论述结构，加以分析。

个案范本一："未成年人取保候审"实验研究分析

该法律实证研究项目总体上遵循《刑事诉讼法》和相关司法解释的相关规定，主要针对司法实践中的具体做法，进行改革实验。即在取保候审条件上，改变原有操作方式，对可能判处3年以下有期徒刑、管制、拘役或者独立适用附加刑、根据评估取保风险小的，原则上取保候审；对可能判处3年以上有期徒刑，根据评估取保风险小的，可以取保候审。（参见图9-1，图9-2）

1. 研究目的

（1）扩大取保候审的适用，降低目前司法实践中审前程序高羁押率；

（2）探索相关的社会配套措施，避免因扩大取保候审所带来的负面影响；

（3）总结实践经验，提出完善立法的建议，推动取保候审制度改革。

2. 研究结论

（1）通过实验细则取保候审的适用效果总体上要优于之前的取保候审。

在评估中，研究者设置了以下研究指标，通过"回访法"论证了上述结论的有效性：比较依据实验细则适用取保候审的33人与依据原有操作方式适用取保候审的8人，前者的总体效果优于后者。主要体现在：取保期间在校就读率（7/33：0/8）、重新犯罪率（2/33：2/8）、被不起诉

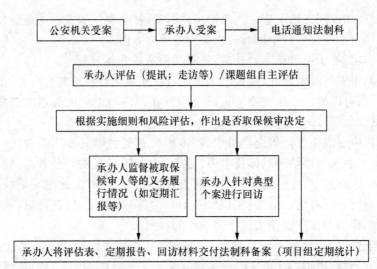

图 9-1　公安机关直接作出取保候审或拘留后作出取保候审实验

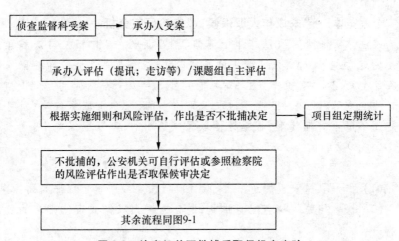

图 9-2　检察机关不批捕后取保候审实验

率（10/33：0/8）。但是，在取保候审期间工作率（14/33：4/8）、逃匿率（2/33：0/8）等指标上，前者的效果不及后者。

（2）课题组主导模式的适用效果总体上要优于办案机关主导模式。

在评估中，研究者设置了以下研究指标，通过"回访法"论证了上述结论的有效性：在实验组案件中，比较课题组介入的 23 名被取保候审人与办案机关自行办理的 10 名被取保候审人中，前者总体效果优于后者，主要体现在：取保期间在校就读率（6/23：1/10）；履行附加义务优秀率（12/23：2/10）；被不起诉率（9/23：1/10）；逃匿率（1/23：1/10）；重新犯罪率（0/23：2/10）。

（3）扩大取保候审适用有利于降低审前羁押率。

（4）扩大取保候审适用，应对取保候审进行权利化改造。

（5）扩大取保候审适用，应设计一种以原则和例外相结合的取保候审条件体系。

（6）对未成年人案件，应更加扩大取保候审的适用。

（7）扩大取保候审时，应强化对不履行取保义务的制裁。

3．制约因素

（1）法律内制约：取保候审逃匿情形下缺失有效的制裁措施。

在改革实验中，最大的法律障碍之一，是被取保候审人发生逃匿行为时如何处理。由于除了没收保证金和罚款之外没有其他制裁措施，加之追逃成本高，证明保证人有过错十分困难，所以，实践中难以对被取保候审人和保证人形成有效拘束力。

（2）体制内制约：扩大取保候审将降低司法资源配置效率。

在改革实验中，取保候审从信息收集、风险管理、具体监管等都需要司法资源的投入。扩大取保候审，在当前司法体制中与人少案多问题形成冲突；一旦因取保候审增加的工作量不能与工作绩效挂钩，反而降低其效率，这会导致办案人员拒绝适用取保候审。

（3）社会观念制约：取保候审具有花钱放人和权力寻租的空间。

在改革实验中，不少被取保候审人由于知法程度等因素，认为"取保候审就是没事了"、"取保后到外地去，过了风头，就没事了"、"取保就得花钱疏通关系"等观念。这种观念可能导致取保候审适用中被取保候审人违反法定义务的行为。

（4）执法理念制约：扩大取保候审可能放纵犯罪，不利于刑事诉讼目的实现。

在实验研究中，一些办案人员认为"审前羁押有利于折抵刑期"、"可能判处实刑的人很可能逃跑"、"对外地人员适用取保候审风险极大，可以说百分百"、"扩大取保候审容易形成民愤"、"未成年人犯罪恶化，危害性也在扩大，扩大取保候审有过分偏袒成分"等观念。这些观念是造成审前高羁押率、低取保候审适用率的直接原因。

（5）社会支持制约：扩大取保候审缺乏有效的社会配套制度的支持。

在实验研究中，流动人口犯罪虽然符合取保候审的法定条件以及实验细则,也往往无法取保候审,因为在本地无固定住所或稳定工作被普遍认为是取保候审的禁止条件。在未成年犯罪中,因为办案机关、家庭、学校、企业、村(居)委会之间普遍没有建立有效的共同监管机制,加之缺乏技术监控手段,使办案人员在"可保可不保"的案件前顾虑重重,偏向不予以取保候审。

个案回访表明:在社会配套措施缺失的情况下,适用取保候审,对于特定犯罪嫌疑人来说,不一定属于最佳选择,甚至为其近亲属反对。(参见例9-4)

例9-4　法定代理人对取保候审的异议

个案回访:王某,未成年人,涉嫌盗窃,被取保候审后,其母亲楼某认为王某平日桀骜不驯,"应该让他在看守所多待两个月再取保候审,那样他就更懂事、听话些了,更知道厉害些"。楼某还认为:"有时候,现实就是,一些孩子当兵不行、上大学上不了,与其在社会上混,不如坐牢,就不敢乱来了。"

评述:在上述未成年人取保候审实验研究中,其对研究结论所用的评估方法,除了项目审核、专家论证等外,主要特点是"回访式评估"和"观察式评估"。

"回访式评估"和"观察式评估"在这一实证研究项目评估中的比较优势是:

(1)回访和观察时评估指标的设置可观察、可测量,具有经验性,可评估实验研究结论是否有效。这些指标的内容基本包含了未成年人在取保候审后的学习、工作、生活、履行先前义务、事后守法状态等基本情况,考虑了案件的类型特征和参与者的状况。

(2)回访和观察时的社会条件与实验研究前、实验研究期间具有一定的差异性,这可作为取保候审实验研究在社会条件发生变化的情境下,检测其研究结论的普适性,比起项目审核、专家论证等而言,更具有逻辑和经验的优势。

在上述未成年人取保候审实验研究中,在其研究结论的推广上,分析了一系列制约因素,具体包含法律内制约、体制内制约、社会观念制约、执法理念制约、社会支持制约,这一方面反映了在中国推广法律实证研究项目时需要应对各种复杂的制度环境;另一方面也反映了针对这些复杂的制度环境,有效的关于取保候审的立法或司法建言应妥当利用。

个案范本二:"侦查讯问三项制度实验"研究分析

"侦查讯问三项制度"实验是指除了法律规定的常规讯问方式外,在侦查人员对犯罪嫌疑人第一次讯问之前,允许犯罪嫌疑人自愿选择进行录音、录像或安排律师在场方式进行讯问。① (参见图9-3)

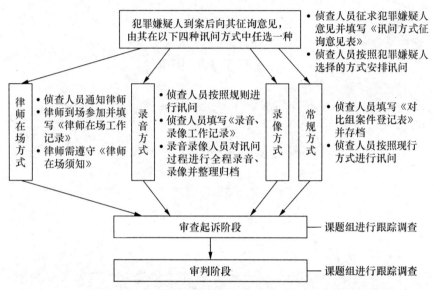

图9-3　"侦查讯问三项制度实验"研究流程

1．研究目的

(1) 通过对实验活动的总结、汇报和观察,以研讨和证实在我国刑事诉讼侦查讯问中构建律师在场和录音、录像制度的必要性和可行性;

(2) 研究总结如何进行实证研究,归纳实验研究的方法论。

2．研究结论

(1) 三项制度可以把侦查讯问活动置于监督之下,从制度层面遏制刑讯逼供。

(2) 三项制度可以促进侦查人员提高侦查讯问水平,逐步消除口供主义的影响。

(3) 三项制度可以证明讯问过程的合法性,固定犯罪嫌疑人的供述,避免翻供。

---

① 樊崇义、顾永忠主编:《侦查讯问程序改革实证研究——侦查讯问中律师在场、录音、录像制度试验》,中国人民公安大学出版社2007年版,第7页。

（4）三个地区犯罪嫌疑人对四种讯问方式的倾向性顺序依次为律师在场、录像、录音、常规方式。犯罪本身越复杂、白领犯罪、文化程度高的人犯罪、不认罪的嫌疑人更希望得到律师帮助,愿意律师在场。

（5）讯问方式的改革需要多元化,而不能"一刀切"。(参见调查摘要9-1)

调查摘要 9-1

调查时的典型评价

犯罪嫌疑人的看法：

"我害怕上电视,害怕警察打我骂我,律师对案件比较清楚,所以选律师。"

"我当时很害怕就随便选了一个录像。后来觉得挺好的,警察不能打我,骂我。如果他打我,法官就可以全部看到了。如果再让我选一次,我还会选录像,录音法官又看不到,我的案情简单不需要请律师。"

对"三项制度"普遍认为可以监督公安,对他们公平,合法权益得到保障。

警察的看法：

"三项制度"完整记录讯问过程,证据力度提高;规范办案秩序和执法行为;促进平时加强业务学习,迫使寻找口供以外的实务证据,提高办案水平。保护警察,避免遭受不白之冤。

律师的看法：

"律师在场"制度可以说既保障被告人的合法权益,又避免翻供保护公安干警。"律师在场"制度也见证了询问程序合法,提供法律咨询帮助,遏止刑讯逼供,从而促进文明办案,规范执法,提高侦查人员的办案水平。推广的人力财力因素困难。

检察官、法官的看法：

对传统的讯问模式冲击大,但提高了对人权保护的认识。一定程度上杜绝了刑讯逼供,提高民警自身素质,规范讯问程序,防止犯罪嫌疑人有意诬陷侦查人员。

3. 制约因素

（1）法律内制约：与三项制度密切联系的有效辩护原则在法律规定中存在不足。

在中国当前《刑事诉讼法》中，公安机关在侦查阶段的权限普遍较大，缺乏有效的司法审查和控制；犯罪嫌疑人具有如实供述义务，辩护律师在程序参与时经常遭遇权利手段的不足。一系列刑讯逼供案件、冤假错案的发生以及强化人权保障构成三项制度改革的基本背景。

（2）体制内制约：三项制度的推广受到公安司法机关现有资源配置的制约。

目前，一些基层法律机关在司法资源配置上存在程度不等的紧张状况。在开展"三项制度"项目时，三个基层公安机关都没有录音、录像设备，只能从项目经费中予以解决。录音、录像的技术成本和操作便利的不同也决定了各自存在的空间。

（3）社会观念上制约：三项制度对传统讯问方式的冲击可能影响打击犯罪。

在实验研究中，一些社会公众认为在三项制度中犯罪嫌疑人和律师的地位获得提高，在当前法律环境以及律师状况下，可能带来的消极后果是，强化了他们反侦查的能力，影响打击犯罪。

（4）执法观念上的制约：三项制度的推广将会加重法律职业上的负担。

根据调查，北京海淀公安分局的侦查人员在受访过程中，对于"改革现行侦查讯问方式有无必要"的问题，选择"无必要"的人数明显多于"有必要"的人数，而焦作、白银两地都是选择"有必要"多于"无必要"。究其原因，主要是因为北京海淀公安分局的办案负担要比河南焦作、甘肃白银重得多，在这种情形下，他们中有不少人不愿意改变现状。

（5）社会支持制约：三项制度的推广受到地区发展不平衡的制约。

在项目推广的论证上，我国地区发展的不平衡成为一典型的制约因素。譬如，律师在场方式的采用就受到律师资源的制约。根据调查，目前我国尚有二百多个县没有执业律师。在项目的推广上，来自人力、物力因素上的困难往往居于重要位置。

评述：在上述侦查讯问三项制度实验研究中，其对研究结论所用的评估方法，除了项目审核、专家论证等外，主要特点是"调查式评估"，包括调查问卷、结构性访谈等。

"调查式评估"在评估法律实证研究项目时的优势是实现了评估主体多元化，包括犯罪嫌疑人、律师、警察、检察官、法官、社会公众、国内外法学专家等，这实际上赋予了实证研究在民主方面的特征。

在上述侦查讯问三项制度中,在其研究结论的推广上,分析了一系列制约因素,具体包含法律内制约、体制内制约、社会观念制约、执法理念制约、社会支持制约等。其与在未成年人取保候审实验研究中具有共性:保障法律实证研究项目的有效性并积极推广,必须适应中国社会的制度环境,在此基础上逐步改良这些基础条件。

通过上述两个范本的分析,可以归纳出在中国评估和推广法律实证研究项目,需要考虑以下具体对策:

(1)在评估主体上,为实现民主功能,应实现在主体上的多元化,减少单个主体评估的情形;

(2)在评估方式上,应注意对研究规划和研究过程、研究结论的基本要素的评估,分析其内部关系是否符合逻辑规则和经验法则;尽量结合相关文献研究和其他实证研究进行对比分析;

(3)在推广主体上,应结合来自行政机关、法律机关的制度性资源,同时,吸纳多元主体的参与和评价;

(4)在推广方式上,应与法制现代化和司法改革的进程契合,充分考虑现实社会条件的制约性;

(5)针对一实证研究项目,应根据地区的差异性等,增强实证研究项目的频率和程度。

第十章　法律实证研究中法律人的立场与贡献

> 如果所确立起来的规则，经公正评判，其运行已不能实现法律服务的目的时，就必须予以修正。这种修正是一项精细的工作，不能交给粗心或冒险的人，以免过度牺牲法律的确定与有序，但也不能交给胆小怕事或懒惰懈怠的人，以免后者推卸责任。

——〔美〕本杰明·N.卡多佐①

通过对法律实证研究的全方面检视，不难发现，法律实证研究是一个综合的社会系统工程。它运行于社会系统之中，需要与制度环境进行沟通与互动。法律实证研究涉及多元化的主体以及多元化的方法，其中，来自法律人的立场和贡献最为关键。但是，与立法、司法等不同的是，法律实证研究在本质是一项研究。与纯粹的自然科学研究相比，其明显受到法律文化、司法体制、社会观念、意识形态等因素的影响。来自法律人的思维方式、知识状况、学术伦理等也深刻影响着法律实证研究的成就与风险。

在根本意义上，所有法律人在实证研究中是平等的。法律实证研究的发达，仰仗于法律人整体思维方式、知识状况、学术伦理的进步。也只有当这些法律人的立场和贡献普通化、日常化，法律实证研究才真正称上具有夯实的根基。

在现实意义上，当法律人内部存在良莠不齐的现象时，一时一地的法律实证研究就需要作出特殊的制度安排。这种特殊性的关注，对于一个

---

① 〔美〕本杰明·N.卡多佐：《法律的成长 法律科学的悖论》，董炯、彭冰译，中国法制出版社2002年版，第67页。

群体来说,既是意义,也是责任。其中,来自法学家的知识贡献和司法精英的实践技艺,是法律实证研究实现飞跃的"一双翅膀"。(参见图 10-1)

图 10-1 《蝴蝶》剧照

法国电影《蝴蝶》蜚声世界。8 岁的莉莎与搜集各种美丽花蝴蝶的爷爷偶然相遇。通过寻找全欧洲最稀有、一只名叫"伊莎贝拉"的蝴蝶,他们展示了对人生的认识和体验。冷静严肃的爷爷就某个层面来看,也只是另一个小孩子。在法律的实证研究中,法学家和司法精英们也在寻找"伊莎贝拉"的道路上相遇,只是他们的"伊莎贝拉"叫——法治精神。

一、法学家的知识贡献

法学家是以法学研究为职业的群体。在历史上,法学家与神学家、医学家等一道,在构建从心灵秩序到制度秩序的道路上,贡献不菲。从公元前 3 世纪到公元 6 世纪罗马涌现出"其他古代法律体系中没有出现过的一个专业法学家阶层"。这些"具有卓越和杰出人格的以法为业者的群体"以务实的精神对法的概念、分类、体系、结构进行精细的辨析界定,开启了西方法学独立研究的新时代。"他们的法学天赋已经成功地使西方国家的法学达到一个顶峰,使其法律原则和法律制度获得了永恒的价值。"法学家真正成为法律制度变迁的动力之一,可以从罗马法学家们开始。①法学界五杰的"巴比尼安、盖尤斯、乌尔比安、保罗士和莫特斯蒂努斯"不仅成为法的解释者,其法学著作也被赋予法律效力。

在大陆法系,法学家扮演"影子立法者"角色。在美国,推动刑事诉讼程序革命的最高法院大法官们也多是学者型法官。在当代法学方法论中,法学家也是推动、践行价值权衡的重要力量。对此,罗斯科·庞德指出,在法律调整或安排背后,"总有对各种互相冲突和互相重叠的利益进行评价的某种准则","在法律史的各个经典时期,无论在古代和近代世界里,对价值准则的论证、批判或合乎逻辑的适用,都曾是法学家们的主要活动"②。

在法律实证研究中,法学家们的知识贡献必不可少,并往往决定着法律实证研究的质量和水平。相对司法精英而言,法学家们在参与、评估、推广法律实证研究项目上更强调科学性、规范性,突出理论检测和理论建构方面的功能。这种知识贡献的核心内容,在法律实证研究中体现在:

（一）发现特殊漏洞和特殊困境

在流变的社会情境中任何正式法典都不可能"完美无瑕"。在法律漏洞、"习惯法"、"行动中的法"等语境下,法学家们发现法律往往具有特殊立场、特殊视角。对此,英国学者罗杰·科特威尔的观点十分独到而精辟:"法学家们主要是关心社会生活中的反常现象,而不是正常现象,另外,即便讨论这些反常现象,他们所关心的也不是裁决争诉的规章制度的整体结构,而是一些特殊而有限的规章制度,即指导法官或其他官员如何判断案例的规则。"③

在发现法律方面的特殊漏洞和司法方面的特殊困境上,法学家的工作可以深化研究假设的问题意识、强化研究中的风险管理、促进研究结论的有效性。这对参与法律实证研究的法学家而言,意味着"独具慧眼"——克服平庸的全面,而走向深刻的片面。目前,凝聚许多法学家心血的法律实证研究项目,在民商法、诉讼法、行政法、法理学等中都获得较为普遍的运用,令许多国家的法律研究和运行面貌焕然一新。

以美国的经验为例。五十多年前的美国法学界法学方法偏重于实用

① Peter Stein. Roman Law In European History. Cambridge University Press, 1999. p. 130.

② 〔美〕罗斯科·庞德:《通过法律的社会控制——法律的任务》,沈宗灵等译,商务印书馆1984年版,第55页。

③ 〔英〕罗杰·科特威尔:《法律社会学导论》,潘大松等译,华夏出版社1989年版,第31页。

主义,法学方法基本沦为一种"法律技术"的研究,这导致法律与社会的距离经常遭受批评。关于实证研究在法律领域的"贫困"状况,波斯纳曾一针见血地指出,以前的法律中缺乏的是严格的理论假说、精密的测试设备、精确的语言、对实证研究和规范性研究的明确分辨、资料的数量化、可信的受控实验、严格的统计推论、有用的技术副产品、可测定结果的显著干预等等。① 事实上,由此指导立法、司法和法学研究,常常带来许多经常性谬误、以讹传讹以及严重误导。自从 1955 年在密歇根大学召开"法学研究方法会议"后,美国法学界逐步从对法条和判例的解释的热衷中反思,开始强调法学与其他学科交叉性研究,尤其是实证研究,产生了大批"双栖"学者、"新学者"。② 美国法律实证研究的发达与法学家们的贡献密不可分。

(二)提出多元方法和多元对策

在法律实证研究中,法学家和"学术流氓"的区别在于,法学家们身系伦理责任,在研究结论上倾向于发现"良法",而非"恶法";发现"活法",而非"死法"。

在方法论的探索和具体对策的建构上,法学家们与司法精英的区别在于,除了积极证立或证伪一些法学理论、建构一法学理论外,法学家们往往更有能力提出多元方法和多元对策,供立法、司法等机关作出选择。

当然,在法律实证研究中,所提出的多元方法和多元对策要保持与社会的适应性,这对于法学家们而言,往往意味着知识上的多元要求以及特殊的伦理责任:法学家更应坚持求真意识、独立立场、科学精神。

在法律实证研究中夹杂私利、偏见,往往导致严重后果,尤其是在人们信奉、"迷信"法学家的社会情境中。理想的情境是,在一社会中"一般理性人标准"足够发达,人人都是法学家……

二、司法精英的实践技艺

在法律实证研究中,另一必须倚重的群体即是司法精英。许多法社会学家主张,司法过程并非机械适用法律。与司法中的困境是法律实证

---

① 〔美〕理查德·A.波斯纳:《法理学问题》,苏力译,中国政法大学出版社 1994 年版,第 89 页。

② 〔美〕理查德·A.波斯纳:《证据法的经济分析》,徐昕、徐昀译,中国法制出版社 2001 年版,序言。

研究中问题的重要来源相比,司法精英在司法过程中的实践技艺,尤其是经验法则,往往是法律实证研究顺利运行以及积极推广的有力保障。

尤其是在法律机关参与或主持的法律实证研究项目中,司法精英的实践技艺发挥了重要的引导、规范功能。根据卡多佐对英美法系法官的论述,其中的司法过程是一个"酿造一种化合物"的过程,基于裁判义务的法官类似一个药剂师的角色。其中的"化合物"即是哲学的方法、历史的方法、传统的方法以及社会学的方法,在具有司法创新潜力的少数案件中,综合、有机地利用的这四种具体方法,行使着法律发现以及有限的造法功能。①

作为"药剂师"的司法精英,在参与、评估、推广法律实证研究项目时,往往比法学家们更强调操作性、有效性,突出应用性研究。这种实践技艺的核心内容,在法律实证研究中体现在:

(一)掌握司法过程的研究变量

司法的过程是复杂的。正如人的社会行为,往往折射出传统、人性以及知识诱因一样,在司法裁决的依据和资源上,各国司法普遍受到亚文化和多元主义的影响。美国学者劳伦斯・M. 弗里德曼(Lawrence M. Friedman)阐述了其"法律亚文化群和法律多元主义"观,主张"多元主义有各种形式:它可以是平面式的,即各亚文化群或次要制度具有同等地位或合法性;可以是垂直式的,即按等级安排,有'较高'和'较低'级法律制度或文化"②。这些亚文化和多元主义在不同国家和地区表现形式不一,导致的问题性质和类型也有所不同。来自潜规则、隐性诉讼、案件社会特征、权力寻租等方面的研究强化了人们对司法过程中不可控因素的担心,也强化了司法精英常常具有的"保守"、"实用"的角色特征。

相比法学家们,司法精英对影响司法过程的因素往往耳熟能详,因此,对于法律实证研究中的不可控因素,也往往更有能力识别和控制。所以,在许多法律实证研究规划设计研究变量时,司法精英的参与变得必不可少。它能通过司法精英的"保守主义"、"实用主义"等帮助减损法学家们因"激情主义"、"浪漫主义"等带来的风险。

---

① 参见〔美〕本杰明・N.卡多佐:《司法过程的性质》,苏力译,商务印书馆 2002 年版,第 69—70 页。

② 〔美〕劳伦斯・M.弗里德曼:《法律制度》,李琼英、林欣译,中国政法大学 1994 年版,第 229 页。

（二）实现与工作机制的良性转换

如果说，法律实证研究项目在法学家们手上往往是理论的检测器的话，它在司法精英手中，可以成为工作计划的前奏。在经验主义和实用主义看来，后者对于法律和社会的作用更具体、及时。实现与工作机制的良性转换，是司法精英参与、评估、推广法律实证研究项目时所具有的独特魅力。

相比于耗时费力的立法修改以及掣肘众多的司法改革而言，实现工作机制的转换是许多法律机关参与实证研究的主要动力：一方面，通过实证研究分析自身对法律发现、法律解释、法律推理和法律论证等方面的技能和"产品"是否符合方法论的要求；另一方面，通过实证研究获取的研究结论革新自身在精神层面的落后司法习惯、在行为层面的司法操作方式。

司法精英的上述工作往往能吸引法学家们羡慕而嫉妒的眼神。但是，实现与工作机关的良性转换，其所需要的条件是综合的。譬如，针对研究结论有效性的评估、决策层的理性程度和接受能力、既有利益集团的工作机制和对改革的反抗等。

法律实证研究的未来，要实现人、制度和技术的全面超越。其中的反复与纠缠，正是人类社会发展中必须承受的成本和代价。可以期待的是，法律实证研究的成就日益显著，它为我们减损现代性的危险带来了很多的信心和福音。正如美国著名大法官卡多佐在描述法律生长的规律时所指出的：法律就像旅行一样，必须为明天做准备。它必须具备成长的原则。我们期待的是，法律所传达的是一种超越暴力、超越权利的声音，它所划定的权利边界虽然无形，却深深地刻画在人们的心灵之中。在这个无穷无尽的检验和再检验的过程中，有对渣滓的不断的扬弃，也有对任何纯粹、合理和精致的东西的不断保留。①

---

① 〔美〕本杰明·N.卡多佐：《司法过程的性质》，苏力译，商务印书馆出版 1998 年版，第113 页。

主要参考书目

一、中文著作

1. 北京市地方志编撰委员会:《北京志 政法卷 检察志》,北京出版社 2007 年版。

2. 杨国枢等:《华人本土心理学》,重庆大学出版社 2008 年版。

3. 马长山:《法治进程中的民间治理——民间社会组织与法治秩序关系的研究》,法律出版社 2006 年版。

4. 费孝通:《乡土中国 生育制度》,北京大学出版社 1998 年版。

5. 苏力:《送法下乡——中国基层司法制度研究》,中国政法大学出版社 2000 年版。

6. 张其仔:《社会资本论——社会资本与经济增长》,社会科学文献出版社 2002 年版。

7. 姚明龙:《信用成长环境研究》,浙江大学出版社 2005 年版。

8. 《后汉书·班超传》。

9. 张文显:《二十世纪西方法哲学思潮研究》,法律出版社 2006 年版。

10. 瞿同祖:《中国法律与中国社会》,中华书局 1981 年版。

11. 樊崇义、顾永忠主编:《侦查讯问程序改革实证研究——侦查讯问中律师在场、录音、录像制度试验》,中国人民公安大学出版社 2007 年版。

12. 彭小瑜:《教会法研究》,商务印书馆 2003 年版。

13. 何勤华、洪永红:《非洲法律发展史》,法律出版社 2006 年版。

14. 左卫民等:《中国刑事诉讼运行机制实证研究》,法律出版社 2007 年版。

15. 杨仁寿:《法学方法论》,中国政法大学出版社 1999 年版。

16. 徐昕主编:《司法程序的实证研究》,中国法制出版社 2007 年版。

17. 吴宗宪:《西方犯罪学史》,警官教育出版社 1997 年版。

18. 俞孔坚:《部级领导干部历史文化讲座》,北京图书馆出版社 2005 年版。

19. 曾小华:《文化、制度与社会变革》,中国经济出版社 2004 年版。

20. 仇立平:《社会研究方法》,重庆大学出版社 2008 年版。

21. 白建军:《法律实证研究方法》,北京大学出版社 2008 年版。

22. 李其瑞:《法学研究与方法论》,山东人民出版社 2005 年版。

23. 柳长华主编:《李时珍医学全书》,中国中医药出版社 1999 年版。

24. 俞孔坚:《设计时代——国内著名艺术设计工作室创意报告之土人景观》,河北美术出版社 2002 年版。

25. 边燕杰等:《华人社会的调查研究——方法与发现》,牛津大学出版社(香港)2001 年版。

26. 杨念群主编:《空间 记忆 社会转型——"新社会史"研究论文精选集》,上海人民出版社 2001 年版。

27. 王泽鉴:《法律思维与民法实例》,中国政法大学出版社 2001 年版。

28. 天津图书馆、天津社会科学院历史研究所编:《袁世凯奏议》,天津古籍出版社 1987 年版。

29. 陈向明:《质的研究方法与社会科学研究》,教育科学出版社 2000 年版。

30.《五灯会元·卷十四含珠哲禅师法嗣》。

31. 方流芳主编:《法大评论(第四卷)》,中国政法大学出版社 2006 年版。

32. 袁方主编:《社会研究方法教程》,北京大学出版社 1997 年版。

33. 刘桂生、张步洲编:《陈寅恪学术文化随笔》,中国青年出版社 1996 年版。

34. 雷小政主编:《原法(第 2 卷)》,中国检察出版社 2007 年版。

35. 刘黎明:《契约·神裁·打赌——中国民间习惯法习俗》,四川人民出版社 1993 年版。

36. 赵旭东:《权力与公正:乡土社会的纠纷解决与权威多元》,天津古籍出版社 2003 年版。

37. 左卫民等:《中国刑事诉讼运行机制实证研究》,法律出版社 2007 年版。

38. 吴经熊:《法律哲学研究》,清华大学出版社 2005 年版。

39. 赵海峰执行主编:《欧洲法通讯》(第一辑),法律出版社 2001 年版。

40. 赵其宏:《商业银行风险管理》,经济管理出版社 2001 年版。

41. 黄仁宇:《万历十五年》,中华书局 2007 年版。

42. 李汉林:《中国单位社会——议论、思考与研究》,上海人民出版社 2004 年版。

43. 杨一凡:《中国法制史考证》,中国社会科学出版社 2003 版。

二、中文论文

1. 蒋立山:《论政府主导型的法制现代化》,载《法学杂志》1995 年第 03 期。

2. 潘绥铭:《中国人的性生活系列报告之二:我们是怎样调查的?》,载《人之初》2002 年第 2 期。

3. 韩秀桃:《民国时期法律家群体的历史影响》,载《榆林学院学报》2004 年第

2 期。

4. 张利兆:《对 99 人不批捕,公安为何均无异议》,载《检察日报》2006 年 1 月 27 日。

5. 张缓鸣:《结案释法:让当事人心服口服》,载《江苏法制报》2007 年 8 月 13 日。

6. 刘金林:《附条件逮捕:人权保障背景下的探索》,载《检察日报》2008 年 9 月 5 日。

7. 杜萌:《记者探访:首部救助特困刑事被害人的地方立法有望启动》,载《法制日报》2008 年 6 月 11 日。

8. 喻中:《法律立场·人文考量·社科眼光》,载《检察日报》2007 年 02 月 12 日。

9. 高斌、王惠:《专家聚焦“附条件不起诉”》,载《检察日报》2007 年 12 月 15 日。

10. 王新友:《羁押巡视:辽源探索监督司法新路径》,载《检察日报》2008 年 12 月 1 日。

11. 黄东、居敏:《江阴“关爱基地”显大爱》,载《江苏法制报》2008 年 8 月 28 日。

12. 金煜:《与大猩猩零距离接触的女科学家》,载《新京报》2007 年 3 月 8 日。

13. 赵凌:《司法酝酿重大改革》,载《南方周末》2003 年 8 月 14 日。

14. 白建军:《少一点“我认为”,多一点“我发现”》,载《北京大学学报》(哲学社会科学版)2008 年第 1 期。

15. 肖显:《伦理与科学的驱动 三成科学家曾作假背后》,载《世界科技报道》2006 年 01 月 24 日。

16. 孙笑侠:《法律家的技能与伦理》,载《法学研究》2001 年第 4 期。

17. 林毓生:《中国人文的重建》,载《联合月刊》1982 年第 14 期。

18. 刘万永:《报道涉辽宁西丰县委书记负面 警方进京抓记者》,载《中国青年报》2008 年 1 月 8 日。

19. 董晓波:《语言与法律——谈西方法律语言研究方法的嬗变》,载《社会科学战线》2006 年第 2 期。

20. 吴艳红、J. David Knottnreus:《日常仪式化行为:以知青为例的研究》,载《社会》2005 年第 6 期。

21. 樊春良:《美国国家科学基金对学科交叉研究的资助及启示》,载《中国科学基金》2005 年 19 卷 2 期。

22. 简义明:《返乡的历程》,载《读书》2007 年第 5 期。

23. “当代中国社会转型研究文献综述(一)、(二)”,载 http://www.tt65.net/zonghe/lilun/keti/mydoc008.htm;最后访问日期 2008 年 11 月 20 日。

24. 吴树德:“温良书生 人中之龙——怀念父亲吴经熊”,http://rjjdt.bokee.com/4734006.html 最后访问日期 2008 年 11 月 17 日。

25. 顾永忠:《关于“三项制度”(试验)项目的实证研究方法及设计思路》,http://www.hks.harvard.edu/criminaljustice/publications/Gu_paper.doc,最后访问日期

2008 年 11 月 8 日。

26. "宗教故事",http://www.hbsz.cn/tushu/77/kwdw/ts077055.pdf;最后访问日期 2008 年 11 月 18 日。

三、中文译著

1. 〔德〕卡尔·拉伦茨:《法学方法论》,陈爱娥译,商务印书馆 2003 年版。

2. 〔英〕马林诺斯基:《西太平洋的航海者》,梁永佳、李绍明译,华夏出版社 2002 年版。

3. 〔美〕富兰克林:《富兰克林自传》,崔晓燕译,中央编译出版社 2003 年版。

4. 〔法〕托克维尔:《论美国的民主》(上卷),董良果译,商务印书馆 2004 年版。

5. 〔美〕柯文:《在中国发现历史》,林同奇译,中华书局 1989 年版。

6. 〔英〕戴维·萨顿:《社会研究方法基础》,陆汉文等译,高等教育出版社 2008 年版。

7. 〔英〕J.G.弗雷泽:《金枝》,徐育新、汪培基、张泽石译,新世界出版社 2006 年版。

8. 〔法〕涂尔干/迪尔凯姆:《自杀论》,冯韵文译,商务印书馆 2003 年版。

9. 〔意〕利玛窦、〔比〕金尼阁:《利玛窦中国札记》,何高济、王遵仲、李申译,何兆武校勘,中华书局 1983 年版。

10. 〔德〕斐迪南·腾尼斯:《共同体与社会》,林荣远译,商务印书馆 1999 年版。

11. 〔德〕马克斯·韦伯:《韦伯作品集》,康乐、简惠美译,广西师范大学出版社 2004 年版。

12. 〔美〕伯尔曼:《法律与革命》,贺卫方等译,中国大百科全书出版社 1993 年版。

13. 〔古罗马〕奥古斯丁:《忏悔录》,周士良译,商务印书馆 1994 年版。

14. 〔德〕马克斯·韦伯:《社会科学方法论》,韩水法、莫茜译,中央编译出版社 1999 年版。

15. 〔美〕约翰·亨利·梅利曼:《大陆法系——西欧拉丁美洲法律制度介绍》,顾培东、禄正平译,知识出版社 1984 年版。

16. 〔英〕马林诺夫斯基:《原始社会的犯罪与习俗》,原江译,法律出版社 2007 年版。

17. 〔日〕野中郁次郎、竹内弘高:《创造知识的企业——日美企业持续创新的动力》,李萌、高飞译,知识产权出版社 2006 年版。

18. 〔美〕Kenneth Hoover、Todd Donovan:《社会科学方法论的思维》,张家麟译,刘佩怡校,韦伯文化事业出版社 2001 年版。

19. 〔日〕千叶正士:《法律多元》,强世功等译,中国政法大学出版社 1997 年版。

20. 〔英〕赫胥黎:《天演论》,(清)严复旧译,杨和强、胡天寿白话今译,光明日报出版社 2007 年版。

21.《列宁全集》(第 43 卷),人民出版社 1987 年版。

22.〔美〕罗伯特·C.埃里克森:《无需法律的秩序——邻人如何解决纠纷》,苏力译,中国政法大学出版社 2003 年版。

23.〔美〕保罗·拉比诺:《摩洛哥田野作业反思》,高丙中、康敏译,商务印书馆 2008 年版。

24.〔英〕马凌诺斯基:《文化论》,费孝通译,华夏出版社 2002 年版。

25.〔美〕本杰明·N.卡多佐:《司法过程的性质》,苏力译,商务印书馆 2002 年版。

26.〔英〕J.D.贝尔纳:《科学的社会功能》,陈体芳译,商务印书馆 1982 年版。

27.〔英〕约翰·齐曼:《知识的力量——科学的社会范畴》,许立达等译,上海科学技术出版社 1985 年版。

28.〔英〕J.D.贝尔纳:《历史上的科学》,伍况甫等译,科学出版社 1959 年版。

29.〔美〕劳伦斯·M.弗里德曼:《法律制度》,李琼英、林欣译,中国政法大学 1994 年版。

30.〔日〕川岛武宜:《现代化与法》,王志安等译,中国政法大学出版社 1994 年版。

31.〔德〕阿图尔·考夫曼:《法律哲学》,刘幸义等译,法律出版社 2004 年版。

32.〔法〕迪尔凯姆:《社会学研究方法论》,胡伟译,华夏出版社 1998 年版。

33.〔法〕奥古斯特·孔德:《论实证精神》,黄建华译,商务印书馆 1996 年版。

34.《马克思恩格斯选集》(第 4 卷),人民出版社 1995 年版。

35.〔日〕川岛武宜:《现代化与法》,王志安等译,中国政法大学出版 1994 年版。

36.〔英〕安东尼·吉登斯:《社会学方法的新规则———一种对解释社会学的建设性批判》,田佑中等译,社会科学文献出版社 2003 年版。

37.〔英〕约瑟夫·拉兹:《法律的权威:法律与道德论文集》,朱峰译,法律出版社 2005 年版。

38.〔美〕理查德·A.波斯纳:《法理学问题》,苏力译,中国政法大学出版社 1994 年版。

39.〔美〕唐纳德·布莱克:《社会学视野中的司法》,郭新华等译,法律出版社 2002 年版。

40.〔美〕博登海默:《法理学——法律哲学及法律方法》,邓正来译,中国政法大学出版社 1999 年版。

41.最高人民检察院法律政策研究室组织编译:《所有人的正义:英国司法改革报告（中英文对照)》,中国检察出版社 2003 年版。

42.〔美〕艾尔·巴伦:《社会研究方法》,邱泽奇译,华夏出版社 2005 年版。

43.〔美〕理查德·A.波斯纳:《证据法的经济分析》,徐昕、徐昀译,中国法制出版社 2001 年版。

　　44.〔美〕吉姆·帕森斯等:《试点与改革:完善司法制度的实证研究方法》,郭志媛译,北京大学出版社 2006 年版。

　　45.〔美〕艾·爱因斯坦、L. 英费尔德:《物理学的进化》,周肇威译,上海科学技术出版社 1962 年版。

　　46.〔美〕克利福德·吉尔兹:《地方性知识》,王海龙、张家瑄译,中央编译出版社 2004 年版。

　　47.〔意〕恩里科·菲利:《实证派犯罪学》,郭建安译,中国人民公安大学出版社 2004 年版。

　　48.〔意〕恩里科·菲利:《犯罪社会学》,郭建安译,中国人民公安大学出版社 2004 年版。

　　49.〔英〕约翰·伊特韦尔等:《新帕尔格雷夫经济学大辞典》,金瑞得译,经济科学出版社 1992 年版。

　　50.〔英〕玛丽·道格拉斯:《洁净与风险》,黄剑波等译,民族出版社 2008 年版。

　　51.〔英〕安东尼·吉登斯:《失控的世界》,周红云译,江西人民出版社 2001 年版。

　　52.〔德]〕乌尔里希·贝克等:《自反性现代性》,赵文书译,商务印书馆 2001 年版。

　　53.〔德〕霍尔斯特·斯泰因曼、阿尔伯特·勒尔:《企业伦理学基础》,李兆雄译,上海社会科学出版社 2001 年版。

　　54.〔日〕木川统一郎:《民事诉讼法改正问题》,成文堂 1992 年版。

　　55.〔美〕约翰·罗尔斯:《正义论》,何怀宏等译,中国社会科学出版社 2001 年版。

　　56.〔英〕A. J. M. 米尔恩:《人的权利与人的多样性——人权哲学》,夏勇、张志铭译,中国大百科全书出版社 1995 年版。

　　57.〔美〕威廉·布罗德、尼古拉斯·韦德:《背叛真理的人们——科学殿堂中的弄虚作假》,朱进宁、方玉珍译,上海科技教育出版社 2004 版。

　　58.〔英〕哈耶克:《自由秩序原理》(上),邓正来译,三联书店 1997 年版。

　　59.〔英〕安东尼·吉登斯:《现代性与自我认同》,赵旭东、方文译,三联书店 1998 年版。

　　60.〔日〕千叶正士:《法律多元》,强世功等译,中国政法大学出版社 1997 年版。

　　61.〔美〕哈罗德·J. 伯尔曼:《法律与革命——西方法律传统的形成》,贺卫方等译,中国大百科全书出版社 1993 年版。

　　62.〔德〕马克斯·韦伯:《社会学的基本概念》,顾忠华译,广西师范大学出版社 2005 年版。

　　63.〔德〕哈贝马斯:《在事实与规范之间:关于法律和民主法治国的商谈理论》,

童世骏译,三联书店 2003 年版。

64.〔美〕布赖恩·比克斯:《法律、语言与法律的确定性》,邱绍继译,法律出版社 2007 年版。

65.〔美〕萨丽·安格尔·梅丽:《诉讼的话语——生活在美国社会低层人的法律意识》,载北京大学出版社 2007 年版。

66.〔德〕阿图尔·考夫曼、温弗里德·哈斯默尔主编:《当代哲学和法律理论导论》,郑永流译,法律出版社 2002 年版。

67.〔美〕迈尔斯、休伯曼:《质性资料的分析:方法与实践》,张芬芬译,重庆大学出版社 2008 年版。

68.〔美〕米尔建·R.达马斯卡:《漂移的证据法》,李学军等译,中国政法大学出版社 2003 年版。

69.〔美〕本杰明·N.卡多佐:《法律的成长 法律科学的悖论》,董炯、彭冰译,中国法制出版社 2002 年版。

70.〔美〕罗斯科·庞德:《通过法律的社会控制——法律的任务》,沈宗灵等译,商务印书馆 1984 年版。

71.〔英〕罗杰·科特威尔:《法律社会学导论》,潘大松等译,华夏出版社 1989 年版。

四、外文资料

1. Mike McConvile, "*Videodeotaping Interrogations: police behaviour on and off camera*," Criminal Law Review532, 1992.

2. David Dxion, *Law in Policing*, Carendon, 1997.

3. John Baldwin, *Video Taping Police interviews with Suspects—An Evaluation*, Home Office Police Department, 1992.

4. A. Kodwo Mensah-Brown, *Introdution on Law in Contemporary Afica*, Conch Magazine Linited Pubishers 1976.

5. Andrews, D. A. , Bonta, J. (Wormith, J. S. (2006), "*The recent past and near future of risk and /or need assessment*", Crime and Delinquency, 52.

6. Bonta, J. (Rugge, T. (2004). "*Case Management in Manitabo Probation*". http://ww2. pesepc-sppc. gc. ca/publications/corretions/200401 e. asp.

7. Jan Bellard: Victim of offender mediation, The Fall 2000 issue of "*The Community Mediator*", the newsletter of the National Association for community Mediation.

8. Peter Stein. *Roman Law In European History*. Cambridge University Press, 1999. American Association for Public Opinion Research, By-Law (May 1977).

9. Beck, U. 1992, *Risk Society: Towards a New Modernity*. Sage Publications.

10. N. Luhmann, 1993, Risk: A sociological theory, Berlin: de Gruyter.

11. Stevevn L. E. manuel:《刑事诉讼程序》(影印本),中信出版社 2003 年版。

12. Miranda v. Arizona, 384 U. S. 467(1966).

13. Harris v. New York, 401 U. S. 222 (1971).

14. New York v. Quarles, 467 U. S. 649 (1984).

15. Mary A. Glendon, Michael W. Gordon, Paolo G. Carozza:《比较法律传统》(影印本),法律出版社 2004 年版。

后 记

　　当我阅读到白建军教授在《法律实证研究方法》一书中"多一点我发现,少一点我认为"、"中国问题,世界方法"时,我心情久久不能平静——我相信法律实证研究在中国必将发达,虽然这是一条荆棘的道路。在奔赴地方拍摄《未成年人取保候审酌定不起诉试点纪录片》、《实践中的和解纪录片》时,许多公安司法人员对我们的法律实证研究项目感到吃惊:"原来法律还可以这样研究!"我期待,学界同仁不仅能"回归乡土意识",较为精确地提炼出中国问题,建构中国模式,促成中国理论,而且能迎面全球化挑战,对世界问题、普世模式、科学理论作出积极贡献。

　　在创作《法律生长与实证研究》的过程中,我坚持这样一种信念:法律实证研究方法论,意味着对传统法学研究和法律变革方式的改变,这对于中国法律、中国社会而言,是一个嘹亮的号角。在论证了其必要性后,关键是如何探讨可行性?八仙过海,各显神通。目前,中国许多法律实证研究项目日益科学、规范。在创作中,费孝通教授、袁方教授、仇立平教授、赵旭东教授等社会学名家的著作给予了我许多启示。

　　德不孤,必有邻;学不孤,必有群。就我个人而言,参与法律实证研究也是一段对知识、对法律的"朝圣"路程。在这一路程中,我能比较迅速地实现从思辨研究向实证研究的过渡,并激发对规划设计、风险控制、沟通话语、评估推广等的强烈兴趣,主要得益于许多志同道合者的鼓励和帮助。我们在一系列法律实证研究项目中相识、相交。在这里,殊值感谢博士生指导老师宋英辉教授、博士后指导老师陈卫东教授的悉心指导和无私教诲。感谢美国维拉研究所研究人员、"蓟门法雨"读书会成员、《原法》编委会编辑、中国人民大学诉讼法 2008 级博士生等给予我的帮助。殊值感谢浙江金华、湖南郴州与益阳、黑龙江齐齐哈尔与大庆、安徽芜湖、新疆乌鲁木齐、河北石家庄、江苏南京与无锡、云南昆明与普洱等地相关公安司法机关的支持。在付梓出版中,特别感谢北京大学出版社的支持。

雷小政

2009 年 7 月于人民大学青年公寓